国家社科基金（18BGL142）主要成果

创意旅游

——新乡村，后都市

潘海颖 著

中国原子能出版社

图书在版编目（CIP）数据

创意旅游：新乡村，后都市/潘海颖著．—北京：中国原子能出版社，2020. 7（2021.9重印）

ISBN 978-7-5221-0687-8

Ⅰ. ①创…　Ⅱ. ①潘…　Ⅲ. ①旅游—创意—研究—中国　Ⅳ. ①F592

中国版本图书馆 CIP 数据核字（2020）第 124085 号

创意旅游——新乡村，后都市

出版发行　中国原子能出版社（北京市海淀区阜成路 43 号　100048）
责任编辑　付　真
装帧设计　赵　杰
责任校对　冯莲凤
责任印制　潘玉玲
印　　刷　三河市明华印务有限公司
经　　销　全国新华书店
开　　本　787 mm×1092 mm　1/16
印　　张　13. 75
字　　数　343 千字
版　　次　2020 年 7 月第 1 版　2021 年 9 月第 2 次印刷
书　　号　ISBN 978-7-5221-0687-8　　定　价　**58. 00 元**

网址：**http：//www. aep. com. cn**　　E-mail：**atomep123@126. com**
发行电话：**010-68452845**

目　　录

第一章
旅游与创意

第一节 文化创意产业

一、文化创意产业

进入21世纪以来，创意、创新成为社会经济发展的新动力。“创意”与很多词汇联用，出现了创意产业、创意城市、创意经济、文化创意，等等。创意在英文中与创造同义。从中文来看，“创意”既有活动的意思，也包含理念的意思。因此，创意一方面指代创新、创造活动，另一方面也指代创造、创新理念。创意经济是发展中的经济，它的核心涵盖三大领域：媒体与娱乐业、艺术与文化遗产、创造性的企业对企业的服务①。公共选择理论、制度经济学促进了经济学与公共政策的互相理解。在过去20多年间，许多国家的文化政策进行了重新定位，各国政府在促进文化多样性、文化遗产保护、鼓励创造性的表演艺术等方面给予政策支持。

1998年，英国工党政府在《创意产业路径文件》中第一次提出“创意产业”的概念②。英国政府提出创意产业的大背景是20世纪80年代的经济重组，文化经费的削减，以及传统工业的衰败。从某种意义上说，创意产业是为挽救传统产业、振兴经济而提出的“文化+经济”组合拳。之后，英国确定了与创意产业相关的13个领域，包括广告、建筑、艺术与古董市场、工艺品、设计、时尚、影片和视讯、互动休闲娱乐软件、音乐、表演艺术、出版、软件及计算机游戏、电视与广播等。

（一）文化/艺术与产业的关系

虽然20世纪50~60年代，文化的产业化、艺术的商品化遭到了很多学者的批判，随着时间的推移和消费社会的不断扩张，文化艺术的经济价值得到了社会广泛的确认。随着对文化艺术全面价值的审视和拓展，社会赋予文化艺术更广泛和更深远的社会意义。文化艺术与产业的关系变得不那么疏离，反而在实践中凭借产业平台有了新的发展，具备了别样的活力。对于文化艺术来说，不仅在经济领域有了自身的贡献，也逐

---

① 兰德利．创意城市［M］．杨幼兰，译．北京：清华大学出版社，2009：22-23.

② 张玉蓉，郑涛．创意旅游：理论与实践［M］．成都：西南财经大学出版社，2014：3.

步确立了自身的地位。

联合国教科文组织对文化产业的定义是："结合创造、生产与商品化等方式，运用本质是无形的文化内容。这些内容基本上受到著作权的保障，其形式可以是货品或服务。"联合国教科文组织认为，文化产业的产品和服务需要具备工业化生产的四个特征，即系列化、标准化、生产过程分工精细化和消费的大众化。虽然，文化通过产业平台，通过标准化、系列化的生产模式推动了文化的传播，使更为广泛的大众享受文化艺术的作品，也因其被市场所左右的消费倾向在实践领域存在争议。联合国UNESCO和UNDP联合发布的《2013创意经济报告》认为，文化创意产业的结构呈圈层模式，包括：核心艺术表达、其他核心创意产业、广义创意产业、相关艺术产业四个圈层。其中核心艺术表达包括文学、音乐、表演艺术、视觉艺术；其他核心创意产业包括电影、博物馆、美术馆、图书馆、摄影；广义文化产业包括遗产服务、出版和印刷媒体、电视和广播、录音、游戏产业；相关产业包括广告、建筑、设计、时尚①。

（二）文化创意产业的社会经济价值

一般说来，文化包括创意，文化的产品更不能离开创意；同时，创意不仅存在于文化领域，也广泛存在于科学技术产业之中。因此在产业领域，文化和创意的语词界限始终有所争议，其边界也未能得到各国各界的公认。进入21世纪，由于创新创意的重要性日益凸显，很多国家已经把创意提升为国家的创新体系中的核心要素。

在社会价值方面，文创产业对促进文化传播、促进创新创造、提升地区软实力、丰富人民精神生活以及提升人类福祉无疑有着举足轻重的作用。

文创产业对促进文化传播的作用。文化需要传播，文化可以消费，这都需要产业化途径来推动。日本的动漫产业，美国的好莱坞星工场，不仅为产业带来了巨大的利润空间，更为文化的传播提供了渠道。提及亚洲文化，欧美的年轻人也许不会想到中国，即便想到中国的文化，恐怕还停留在李小龙中国功夫的形象。与此同时，《千与千寻》《功夫熊猫》不仅吸引了观众的眼球，创造了票房，更传播了文化。

文创产业对促进创新创造的作用。新内容、新渠道是文创产品的优势和生命力。进入21世纪，人们知识更新、信息更新的速度越来越快，对新内容的需求也格外迫切。为了适应产业和市场的需要，一方面，需要更专业的人做更专业事情，体现了产

① 联合国教科文组织世界遗产中心［EB/OL］.［2017-07-13］. http：//whc. unesco. org.

品的精准性和定制化；另一方面，需要各种领域的跨界联合，才能有可能在原因的模式中推陈出新。这就要求文创产业本身不断进行创新创造，通过产业的带动，激发行业和用户的创新创造力。

文创产业对提升地区软实力的作用。国家、城市、农村都在竞争的态势中。21 世纪的比拼是综合实力的竞争，尤其看中软实力的提升。所谓地区软实力，一般包括文化发展水平、人文环境和体制机制等。近年来，我国在农村倡导的美丽乡村建设和全域旅游，从整个地区形象提升的角度，为地区发展提供了方向，也取得了很好的效果。文创产业，植入城市和农村，城市古老历史街区活化利用，老工业厂房再造更新成为艺术中心和休闲中心；农村的田间地头，出现了咖啡茶吧，出现了休闲书屋。不仅城市和乡村的面貌有了提升，体现着地方发展的历史印记和独特的文化魅力，点点滴滴也浸润和感染着普通老百姓的生活观和价值观。

文创产业对提升人类福祉的作用。中国通过 40 年改革开放的努力，对地方 **GDP** 的简单考核已经成为过去时，在下一个阶段中更多考量人民的幸福感和获得感。物质生活水平提高了，精神文化生活不仅是老百姓的需要，也是国家发展和地区治理中需要重点考虑的方向。创新创意意识越普及，社会普遍的创新能力越强，社会持续发展的可能性就越大，国富民乐的实现也更具有可能性。

在经济价值方面，文创产业除了因其产业的基本特性，能够为地方经济带来收益，为地方经济加添活力以外，更为重要的是其能够为产业转型升级带来活力，并持续激发产业的更新再造，为产业的持续创新提供动能和文化源泉。随着人民物质生活水平的改善，对第三产业的产品服务的需求越来越多。需求结构的变化必然导致产业结构的变化。文创产业集内容创新、渠道创新、技术创新为一体，整合各种资源，新兴业态的出现，旧业态的升级换代，代表着经济振兴的方向和趋势。

二、文化创意产业的分类

在英国系统全面推进创意产业以后，欧美各国的相关产业有了很大的发展；在亚洲，日本、韩国、新加坡、中国台湾等纷纷关注创意产业。总体上看，文化创意产业的概念比较宽泛，产业部门包括了来自音乐、美术、设计、时尚，也融合了日益发展的科技领域企业。文化创意产业的构成尚存争议，不同国家的界定和称呼都不尽相同。按照英美国家的定义，创意产业一般涉及所有生产创意产品的经济产业参与者，有的还包括事件和活动管理方，独立的艺术设计工作室。在法国，高级烹饪也包括在创意产业中；丹麦的文创产业涵盖了体育运动业；德国称之为“文化创意经济”的产业包括游戏和软件产业；日本“内容产业”和“感性产业”的称呼并用；美国有“版权产业”和“文化艺术生产”卫星账户的不同提法。中国内地多称为“文化产业”，中国香港称之为“创意产业”，中国台湾用“文创产业”的概念较多。不同的称呼，反映了创意产业的发展过程和不同的产业内容的侧重点。各国的文化创意产业包括的具体产业分类不仅不同，即便在同一个国家，也存在细分行业不断更新不断被替代的情况。比如英国，在2012年，英国技术战略委员会构建出英国创意产业新的集群划分：服务集群：包括广告、建筑和设计（含时尚设计）；内容集群：包括游戏、电影、电视、广播、出版、音乐和表演艺术；手工艺集群：包括高级艺术品和手工艺品。在我国，一般把“文化创意”作为文化产业中的一个领域。

（一）一些国家和地区文创产业的分类①（见表1-1）

表1-1　文创产业分类

产业名称	国家（地区）	分类
创意产业	澳大利亚	7类：制造（出版、印刷等）、批发与销售（音乐或书籍销售）、财务资产与商务（建筑、广告及其商务）、公共管理与国防、社区服务、休闲服务、其他产业
	新西兰	10类：广告、软件与咨讯服务业、出版、广播电视、建筑、设计、设施设计、音乐与表演艺术、视觉艺术、电影与录制制作
	新加坡	3类：文化艺术、设计、媒体
	中国香港	11类：广告、建筑、设计、出版、数码娱乐、电影、古董与艺术品、音乐、表演艺术、软件与资讯服务业、电视与电台
文化产业	韩国	17类：影视、广播、音像、游戏、动画、卡通形象、演出、文物市场、美术、广告、出版印刷、创意性设计、传统工艺品、传统服装、传统食品、多媒体影像软件、网络
	芬兰	9类：文学、雕塑、建筑、戏剧、舞蹈、影像、电影、工业设计、媒体
	联合国教科文组织	6类：印刷、出版、多媒体、视听产品、影视产品、工艺设计
文化创意产业	中国台湾	13类：视觉艺术、音乐与表演艺术、文化展演设施、工艺、电影、广播电视、出版、广告、设计、品牌时尚设计、建筑-设计、创意生活、数字休闲娱乐

① 陈桂玲．日韩文化创意产业国际化发展经验解读及启示［M］．北京：经济日报出版社，2018：8.

（二）日本感性产业的分类（见表1-2）

表1-2 日本感性产业分类①

产业	内容制造产业	休闲产业	时尚产业
	1. 个人电脑、工作站、网络电视 2. 电视 3. 多媒体系统构建 4. 数码影像处理 5. 数码影像数字发送 6. 录像软件 7. 音乐录制 8. 书籍杂志 9. 新闻 10. 汽车导航	1. 学习休闲 2. 鉴赏休闲 3. 运动设施、学校、补习班 4. 体育比赛 5. 国内旅游 6. 电子游戏 7. 音乐伴唱	1. 时尚设计 2. 化妆品
数量	10 项	7 项	2 项

（三）中国文创产业的分类（见表1-3）

根据国家统计局《文化及相关产业分类》，将文化产业分为核心层、外围层和相关层。

表1-3 我国文化及相关产业分类②

层次	类别	具体内容
核心层	新闻服务	新闻服务
	出版发行和版权服务	书、报、刊出版发行 音像及电子出版物出版发行 版权服务
	广播、电视和电影服务	广播电视服务 广播电视传输 电影服务
	文化艺术服务	文艺创作、表演及演出场所 文化保护和文化设施服务 群众文化服务 文化研究与文化社团服务 其他文化艺术服务

① 陈桂玲．日韩文化创意产业国际化发展经验解读及启示［M］．北京：经济日报出版社，2018：7.
② 陈桂玲．日韩文化创意产业国际化发展经验解读及启示［M］．北京：经济日报出版社，2018：7-8.

续表

层次	类别	具体内容
外围层	网络文化服务	互联网信息服务
	文化休闲娱乐服务	旅游文化服务 娱乐文化服务
	其他文化服务	文化艺术商务代理服务 文化产品出租与拍卖服务 广告和会展服务
相关层	文化用品设备及相关文化产品的生产	文化用品生产 文化设备生产 相关文化产品生产
	文化用品、设备及相关文化产品的销售	文化用品销售 文化设备销售 相关文化产品销售

第二节　创意旅游内涵与特征[①]

一、创意旅游的内涵

创意旅游所带来的旅游变化和旅游新形式，引起了世界旅游组织、业界和学界的持续关注。学界对创意旅游产生的背景、概念、特征进行了理论探讨。2000 年，新西兰学者理查德斯（Richards）和雷蒙德（Raymond）把创意旅游定义为：“通过让游客对旅游过程的积极参与，和从其选择的度假目的地学来的经验，为游客提供发展其创意潜质的机会”[②]。联合国教科文组织（UNESCO）指出，创意旅游为旅游者提供具有原真性的、可直接参与体验的旅游活动，从而更好地学习当地的艺术、传统以及具有当地特色的象征性文化[③]。厉无畏较早在我国倡导创意产业的发展，并进行了相关的研究，他指出：“创意旅游是利用创意产业的思维和发展模式整合旅游资源，创新旅游产

① 潘海颖，张莉莉．创意旅游之内涵特征、构建图谱与发展前瞻［J］．旅游学刊，2019，34（05）：128-136.
② 理查兹．世界文化遗产与旅游［J］．旅游休闲研究，2000，25（1）．
③ 联合国教科文组织世界遗产中心［EB/OL］．［2017-07-13］．http：//whc. unesco. org.

品，锻造旅游产业链，以适应现代旅游经济发展转型的全新模式”[①]；周钧、冯学钢认为：“创意旅游是指旅游者与旅游目的之间以创意性互动为核心要素的一项旅游产品，旅游者通过此过程实现知识或技能的输入，开发个人创意潜能，形成个性化的旅游体验及旅游经历”[②]。王昊和周凤杰提出，“创意旅游是指旅游者在游览过程中以旅游吸引物为创意主体，在旅游者与旅游吸引物发生互动时，所体验到的一种不同寻常的旅游经历[③]。”

由于创意旅游的跨界性质，给创意旅游以及创意旅游产业进行划界和定义并不简单，而且这些关于创意旅游的定义和特征描述，多侧重于产业和产品方面，表明的是旅游产业模式的发展，表明的是旅游新产品的策划和设计。其实，创意旅游的最大特点在于“创意”二字，参与、体验、文化、互动、提升是重要的关键词。在此语境下，“旅游创意”的提法更侧重创意的文化意义，侧重于表述旅游者在旅游过程中自我价值的提升。

我国提倡和引导创意产业大致始于2007年前后，创意旅游的出现也是近十年的事情。尤其是近五年来，随着全社会创新创意思维的传播，随着供给侧全域旅游理念的重视和推广，创意旅游在创意要素方面有了更多的拓展，展现出强劲的发展势头。因此，创意旅游的出现是旅游者消费需求改变和旅游产业谋求创新发展共同作用的结果。

张胜男指出，创意旅游注重文化性和创意性，具有生产过程和消费过程的双重属性。创意旅游具有三个核心要素：互动要素、个性化要素，促进个人发展[④]。“创意旅游是以文化为卖点，以创意为手段，以技术为支撑，将旅游业与创意产业的各种资源加以整合与再利用的新型旅游发展模式，具有旅游资源广泛化、旅游项目体验化、旅游产品创意化、旅游营销多元化的特点”[⑤]。跨越边界实现旅游产业的融合渗透是创意旅游的基本特征。创意旅游的巨大效应和创新模式的积极意义在于产业链的构建，在于对城市整体转型的促进，以及旅游产业价值体系的形成和增值，旨在形成文旅共赢的有智增长（Smart Growth）新模式[⑥]。“创意旅游主要作为一种旅游发展战略、旅游产品类型、旅游活动理念而存在，创意旅游实质上是旅游创意应用到旅游产业发展中的产物，是旅游创意产业化的重要体现；旅游创意具有旅游创意具有创造性、内隐性、

① 厉无畏，王慧敏，孙洁．创意旅游：旅游产业发展模式的革新［J］．旅游科学，2007（06）：1-5.
② 周钧，冯学钢．创意旅游及其特征研究［J］．桂林旅游高等专科学校学报，2008（03）：394-397+401.
③ 王昊，周凤杰．论文化创意旅游——以北京798艺术区为例［J］．旅游纵览（下半月），2014（03）：135+137.
④ 张胜男．创意旅游发展模式与运行机制研究［J］．财经问题研究，2016（02）：123-129.
⑤ 汪德根，钱佳．“创意旅游”时代的旅游规划体系创新思考［J］．旅游学刊，2014，29（05）：13-15.
⑥ 厉无畏，王慧敏，孙洁．创意旅游：旅游产业发展模式的革新［J］．旅游科学，2007（06）：1-5.

关联性、体验性、增值性等五大特征”①。创意旅游以文化为本位，以创意元素为基准，需要旅游者与旅游目的地共同协作②。王欣认为，中国文化创意旅游发展类型可以分为创意产品、创意设施、创意景观、创意活动、创意社区③。原勃和白凯提出了“以传统文化旅游为基础，以创意资本为支持，以游客技能提高为导向，以创意活动过程为手段，以实现游客自我提升为目的”的创意旅游发展模式，构建了基于游客体验的创意旅游互动关联模式④。

创意旅游发展十年来，旅游的市场形势（供给侧、需求侧）究竟发生了哪些改变？这些改变又如何影响旅游目的地开发、旅游项目的策划和旅游产品的设计？

从经济角度来看，100 多年前，熊彼特把创新定义为“建立一种新的生产函数”，内容包括：采用一种新产品或一种产品的新特征，采用一种新的生产方法，开辟一个新的市场，掠取或控制原材料或半制成品的一种新的供应来源，实现任何一种工业的新的组织⑤。毋庸置疑，创新理论的经济学指向非常明确，各种物质生产活动的革新，包括技术创新、管理创新、制度创新等，带来并构成了整体经济系统的革新与改良。

从文化角度来看，创意旅游的最高境界是实现休闲、工作、生活的合一，促进地区文化的永续发展，促进人们“文化自觉”的形成和“自由全面发展”。“旅游的根本目的是促进人的自由全面发展。作为异地休闲生活方式的旅游在促进人的个人能力或素质、人的社会关系、人的需要和人的个性诸方面的全面发展有着重要作用”⑥。创意旅游有较多的虚拟元素，感官的刺激与感觉化的消费，也许给人带来很多不确定感和虚无感。但正是这种虚拟与想象孕育了创意和创造精神。文化由故事构成，生活由体验构成。史海钩沉之中，创意是文化得以延续、生活得以品味的永恒气质。进入知识创新阶段，创新创造价值，工作也变得像艺术，工作也变得像休闲；创意旅游既是创造性休闲，也是创造性生活，也可能成为创造性工作。要实现旅游开发理念的创新，对历史、文化底蕴的了解和再挖掘非常重要；随着新媒体出现的传播模式和渠道的创新，不仅为创意旅游的发展提供了新理念，也提供了新的营销路径，从而推动旅游全产业链的创新。

---

① 李庆雷．旅游创意：缘起、内涵与特征［J］．北京第二外国语学院学报，2011，33（01）：26-33+16.

② 周钧，冯学钢．创意旅游及其特征研究［J］．桂林旅游高等专科学校学报，2008（03）：394-397+401.

③ 王欣．中国文化创意旅游的发展与思考［J］．学术交流，2013（10）：102-105.

④ 原勃，白凯．创意旅游理论及实践［J］．城市问题，2008（11）：97-101+30.

⑤ 代明，殷仪金，戴谢尔．创新理论：1912-2012——纪念熊彼特《经济发展理论》首版 100 周年［J］．经济学动态，2012（04）：143-150.

⑥ 李杜红，蒋剑岚，曹诗图．试论旅游与人的全面发展［J］．旅游研究，2011，3（04）：31-36.

在创新包罗万象无处不在的时代，在创新不断自我颠覆的时代，为创意旅游给出一个全面的定义也许很难。但从学理的梳理上，又迫切需要诠释创意旅游的内涵。创意旅游从哪里来？其根基是什么？创新理念从何而来？如何进行旅游创意？创意产生了何种价值？因此，构建创意旅游图谱，以期梳理创意旅游的来源、内涵、特征及指向。

创意旅游构建图谱（见图 1）中，第一层级是旅游理念创新。理念创新来自历史的挖掘、文化的碰撞、技术的创新，以及基于来对市场需求的再理解、对市场需求的创新性引导而形成的市场再造。

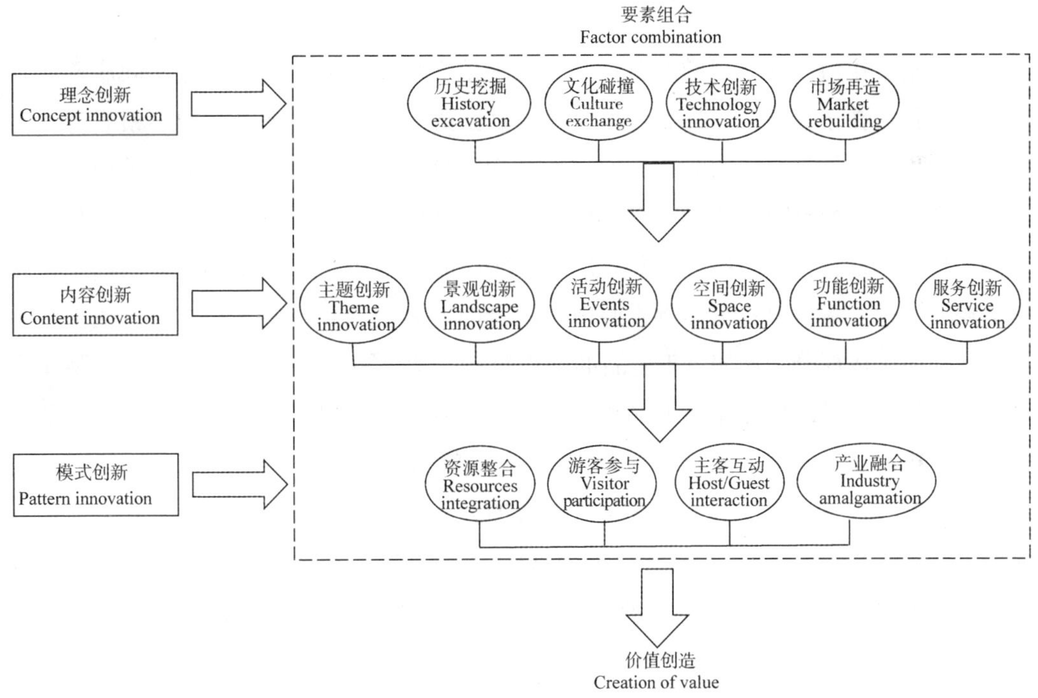

图 1　创意旅游构建图谱

第二层级是旅游内容创新。以创意策划为核心，通过主题、景观、活动、空间、功能、服务等或单一、或多元旅游元素的创新，激发旅游者想象力和创造力，获得新体验的旅游活动。从产业系统来看，创意旅游是促进旅游策划者和消费者角色互动，有利于激发参与者的创造潜能，释放其创新能力，具有高度开放性的旅游产业链。

第三层级是旅游模式创新。创意旅游是通过资源整合、游客参与、主客互动、产业融合的模式创新创造新价值的过程。资源整合与产业融合是创意旅游存在和发展的基本动力，价值创造是创意旅游的重要结果。如果说创意旅游发展之前，旅游开发是

“跟着资源走”，那么，创意旅游开发就是“带着资源走”。在更为开放的开发设计理念的指导下，旅游资源的边界不仅在扩大，旅游资源甚至可以被创造出来。在各种资源整合、跨界经营和产业融合的共同作用下，创意旅游不仅创造出新的价值，同时也为未来创造出新的文化遗产。理念创新-内容创新-模式创新既一脉相承，也互为因果。

综合来看，创意旅游是以创意策划为核心，通过主题、景观、活动、空间、功能和服务等旅游元素的创新，激发旅游者的想象力和创造力，促进旅游者参与和互动，使其获得新体验、创造新价值的旅游活动。

二、创意旅游的特征

创意旅游作为一种新型的旅游活动，区别于文化旅游、生态旅游等不同旅游活动的重要落脚点在于“新”。根据熊彼得对于“创新”的定义框架，我们不禁思考：与以往各种旅游活动相区别的创意旅游究竟新在何处？出现了哪些新产品？采用了哪些新的生产方法？拥有哪些新的原材料供应来源？开辟了什么样的新市场？从这几个问题的逻辑排序来看，新材料、新方法是产生新产品和新市场的根基和来源。因此，就创意旅游来说，新材料就是创意旅游中所融合的要素资源，这些要素资源以往未必是旅游活动的组成部分。比如，工艺品的制作过程，原本并不是一种旅游活动，制作完成的工艺品以往只是作为旅游商品出售。现在，游客不仅可以观看，也可以学习并体验制作过程，还可以把自己的作品带回家——这就构成了创意旅游活动。新生产方法，对于创意旅游来说，非常重要的就是旅游者的介入。在很大程度上，旅游者成为创意旅游生产过程中的一部分。因此，基于创意旅游活动的性质和创意旅游活动中旅游者所扮演的重要角色，来分别探讨创意旅游活动的特征和创意旅游者的特征。

（一）创意旅游活动的特征

第一，创新性。创意旅游意味着创新的旅游产品，以及旅游产品组合方式的改变，意味着旅游吸引物范围的不断扩大，意味着新的旅游市场细分的产生，同时需求的改变也倒逼旅游生产组织的改变和创新。

旅游产品呈现方式的创新和旅游产品组合方式的创新是非常关键的。旅游生产企业同其他工业制造业不同，旅游业从本质上来说并不生产什么。借用农夫山泉的一句广告语：“我们不生产水，我们只做大自然的搬运工”。旅游业本身也不生产什么，只是将美好的东西呈现出来。当然，在呈现的背后，还需要对资源进行开发、规划、策划、营销。因此，旅游产品的创新包含了开发理念的创新、目的地规划的创新、项目策划的创新、呈现方式的创新、营销方式的创新和组织机构的创新等。

创意旅游的出现，带来最大的理念变革是旅游资源边界的扩大。旅游资源，简单说来就是旅游吸引物。什么是旅游吸引物？在观光旅游的盛行的时代，主要是指美景，包括自然旅游吸引物和人文旅游吸引物。进入休闲旅游时代，旅游者在别处的生活，体验别处的生活方式成为新旅游吸引物。从 798 中心到废弃的厂房，从主题公园到古村古镇，都可以是旅游资源。

第二，独特性。创意旅游一定是“小众”的。不论从旅游者的数量还是创意旅游的某一个“创意”来说，创意旅游都是旅游的一个较小的细分市场。虽然这个细分市场占据的市场份额会逐步增加，创意旅游所包括的类别会越来越多，但每一个类别的创意旅游产品数量并不会多。创意旅游的出现，是建立在对“大众旅游”批判和摒弃的基础上的。创意旅游源于人们对个性的寻找和彰显。创意旅游的独特性不仅意味着旅游目的地吸引物本身的创新，还包括了吃、住、行、游、购、娱——各种旅游要素可能给旅游者带来的独特感受。旅游的重要动机在于人们的好奇。人们总是愿意去到不同的地方，去看不同的风景，去接触不同的人和生活方式。独特是旅游本身非常重要的特征。其中，创意旅游的参与者更是容易厌倦的。在北京参观了 798、到广州未必会去红砖厂、去了伦敦的蜡像馆、到香港再去蜡像馆，则满意度会大大降低。因此创意旅游存在和可持续发展的意义都在于不断创新，凸显自己的独特和个性。没有独特性，体现不了差异，创意旅游也就没有根基和生命。

第三，体验性。创意与体验之间有着必然的联系。弗洛里达曾说，当人们对自己的所有体验完全开放的时候，他的行为就会富有创意，而且这种创意具有本质上的建设性。旅游者去台湾，逛诚品书店也许不算创意旅游，但如果在那里参与某项文化创意活动，就成为创意旅游的一部分。来到草原，人们不满足于住蒙古包，而是去体验搭建蒙古包，去体验牧民生活。创意旅游的设计者从价值观上看，尤其重视消费者的变化以及他们的体验满意度。牛栏咖啡，猪栏茶吧……一方面是“土”得很的场景，另一方面又是“洋气”十足的氛围。既满足人们逃离都市的渴望，也是原有生活方式的延续。体验不仅是创意旅游的一部分，同时也孕育着新创意的产生。

第四，文化性。创意旅游是文化与经济互动的结果，创意旅游植根于文化，创意旅游本身也生产新的文化。文化空间不仅成为创意空间，也成为旅游空间。首先文化作品成为旅游的资源，影视、文学等艺术作品成为人们关注的对象，英国出现了《哈利·波特》情节串成的旅游线路。同时，各种文化元素丰富了旅游活动和旅游内容，拓展了旅游要素原本的功能意义。在少数民族地区举办一场具有少数民族情趣的婚礼，既是旅游，也具有文化的纪念意义。在英国乡村的城堡中小住几天，得以体验真正的英伦文化。各类民宿的发展，让住宿有了更多的文化内容和主题风格。旅游者选择住民宿不单单是解决异地住宿的问题，更多地是想去体验目的地文化。旅游者的互动、感受、分享与评价，不仅成为各具特色的民宿文化的一部分，也形成新的旅游住宿文化。文化元素是改变千城一面的突破口，区域文化差异，民族文化差异是突破有形资源约束的突破口——文化的差异性是产生创意的无尽源泉。创意旅游引导或指向历史与文化的积淀，或体现时尚与传统的兼容。

第五，有智性。弗洛里达曾归纳创意经济发展的3T原则：技术、人才和宽容。创意旅游不单建立在技术层面之上，而是知识、技术与创造力碰撞的结果；创意旅游是不断更新的，更是智慧的。有智，不仅旅游设施设备趋向智能化，不仅参与创意旅游活动的各个要素是“有智”的，更重要的是整个创意产业链都是“有智”的。多个“有智”产业的叠加会产生出新的“有智”产业，出现“1+1>2”结果。不论是“吃住行游购娱”各个旅游要素，还是参与创意旅游中的人，服务者、体验者，甚至旁观者，“有智”都占据了非常重要的地位。智慧旅游与创意旅游在某种意义上有了交叉融合与协作迸发。同创意旅游一样，智慧旅游也是一个新的概念，在业界和学界的定义没有得到共识。但有一点，技术一方面是路径、是手段。另一方面也可以成为目的和内容本身。“智慧”通俗地说就是便捷、好玩，便捷是手段，“好玩”本身就成为目的和意义。同样，创意旅游有一些需要通过技术的手段来实现，反过来，技术创新的过程也成为旅游的资源和目的。各种功能的旅游APP一方面为旅游者提供了出游的便捷，同时玩转这些APP已经成为新一代旅游者热衷的过程。无意间，这些技术方式也成为旅游活动的一部分。旅游达人通过智慧化手段体验某项创意旅游活动，通过自媒体进行传播，成就新的创意产业。

第六，开放性。对新思想的开敞氛围是孕育创新的基本环境。创意产业本身不是一个单一产业、单一部门的概念。创意旅游活动是跨界的结果和体现，这里的开放和融合主要是指创意旅游项目的体系化，体现出产业融合、时空融合的特征。创意旅游不是某一个人的突发奇想，也不是旅游产业本身的奇思妙想，而是创新体系化的产物，在项目策划中提供人机对话、人人对话、人景对话、业态对话的可能。当旅游已然成为人们新的生活方式的时候，仅仅旅游业的自主创新是不够的。创意旅游是满足旅游者创意需求的产品组合，需要多行业、多领域的跨界和融合。好的产品需要现代科技的介入，需要现代媒体的传播，需要生命科学的联动，需要创新思维的突破；IT、医疗、农业、园艺和制造业等，都可以与旅游业融合发展，得到创新。比如位于日本九州熊本县的“阿苏农场”，定位为“人、自然、元气”，是一个集农业体验、森林元气恢复、火山温泉治愈、个性住宿、美食购物等元素为一体的多体验集合。该农场1995年开业，开业10年接待量便多达440万人次①。人类一直有着跨越时空的梦想，通过旅游产品的开发和策划，“未来世界”“远古部落”“童话王国”等主题公园，可以实现或至少部分实现人们时空交错的梦想。

第七，兼容性。根据卡普兰的注意修复理论，包文德·考尔·克勒研究了旅游与修复之间的关系。卡普兰双氏发现，环境要想提供修复作用，必须具备四中属性：魅力、逃离、延伸和兼容。魅力指的是一个环境具有诱发无意识注意的潜能；逃离提供一种自由，使得人们摆脱任何心理活动所需要的引导性注意，并因此促进魅力的发生；延伸出现在当前环境是更大地方或整体的一个局部的时候；兼容代表一种个体与环境之间的积极匹配。在创意旅游范畴内讨论其兼容性，这种积极匹配，其实是双向的。既包含创意旅游活动和环境为旅游者的融入和参与提供可能，也包含旅游者主动寻找创意旅游场域和环境，甚至通过对旅游场域的建构来重构主客间的关系。

（二）创意旅游者的特征

创意旅游者具有双重身份，他们既是旅游者，也是旅游活动的创造者；既是消费者，也是生产者和建构者。创意旅游目的地集创意工作-创意学习-创意体验-创意消费-创意休闲为一体，旅游者的角色身份是多样而变化的。创意旅游鼓励普通旅游者的创造性参与，旅游者成为开放性创新系统的一部分。“随着经济全球化和向知识经济时代的转变，社会阶层构造发生了根本性的变化，在劳动阶层和服务阶层之外，兴起了新的创意阶层。他们既是创意产业的开发人才，也是创意旅游的主要消费群体”②。

第一，能动性。创意旅游者一定是高度参与的，不仅参与旅游的过程，还参与“前旅游”“后旅游”阶段。旅游开始之前，创意旅游者是旅游活动的组合者、策划者，一般对旅游活动比较熟悉，对将要开始的旅游有一定程度的了解，对单体的创意旅游活动有想象和准备。旅游中，通过参与创意旅游项目，获得体验感，并通过自媒体分享旅游的过程。旅游完成后，也比较倾向于使用网络游记、网络服务评价等手段来回顾和分享旅游的心得。当然，旅游过程中的参与是最主要的。创意旅游者不仅是参与

① 日本阿苏农场［EB/OL］．［2019-4-21］．https：//asofarmland. co. jp.

② 张胜男．创意旅游发展模式与运行机制研究［J］．财经问题研究，2016（02）：123-129.

的，还体现出更高层次的参与，即旅游能动性。这种能动不仅是物化的，不仅属于物质世界，还体现出高度的精神能动性。比如旅游者不仅满足于在旅游项目设定好的影视场景中去体验，去拍照留念，还渴望参与影视基地的拍摄，甚至成为虚拟世界的导演和演员。比如上海的麦金侬酒店，与英国 Punch Drunk 剧团合作“浸入式戏剧”：《无法入睡》，酒店住客和观众不是被动的旁观者，而是穿过电影的镜头，近距离地去体验故事、参与故事，成为戏剧的体验者和主角。创意旅游者通过感官联动，将虚拟世界和实体世界进行链接，以再现或创造全新的人生境遇。

第二，寻求性。沙利妮·辛格和泰吉·辛格把旅游区分为寻求性旅游（questioning journey）与常规的旅游。寻求性是指一种出于自我实现和启迪的、特殊的长途冒险，比如学习性体验对世俗界限的突破①。创意旅游活动是非常规的，也是寻求性旅游的一种类型。创意旅游者的主动创造和无意识创造是混杂交织的。创意旅游者参与旅游活动时多半处于无意识状态，是环境和创意旅游活动激发了他们的创造潜能。那么，创造之前发生了什么？他们参与创意旅游的真正动机是什么？一部分原因可能只是那情那景有吸引力；另一部分的参与源于其自身的寻求动机。寻求什么？也许他们并不自知。如果说常规旅游是对美的寻求，那么创意旅游者更多是对未知、对改变、对突破、对界限的寻求。正是这种内心或许隐秘的渴望和寻求与创意旅游有了碰撞。可以说，寻求为创造提供了机会和土壤。

第三，创造感。从旅游动机来看，喜欢创意旅游活动的旅游者往往具有较强的好奇心，愿意通过旅游来满足自己的好奇。对于创意旅游目的地，旅游者的学习兴味较浓，通过创意旅游活动，激发旅游者的创造性。或是参与制作手工艺品，或是临时体验一下当演员的感觉——人们通过创意旅游寻找第二自我。不经意的碰撞，一闪念间也许就有灵光乍现。艺人、工匠，老旧的车间、未来的时空，等。虽然不可能人人都成为高晓松，但“诗与远方”是每一个普通人的内心渴望和不变追求。“游走”+“创造”——旅游者想要的也许不仅是一张摆拍的照片，还有放飞思想的冲动和驰骋草原的梦想。

第四，自我实现感。创意旅游的最高境界是实现生活-休闲-工作的和谐与统一。创意旅游者是“思考者”“体验者”，也是“创造者”。在创意活动中，实现自我。现代社会，尤其是产业革命以后的社会，休闲与工作的分离显而易见。当代休闲研究和休闲理念的发展都指向休闲与工作的合一，这样的合一性有利于人的自由全面发展。创

① 特赖布．旅游哲学：从现象到本质［M］．赖坤，张骁鸣，李军，等，译．北京：商务印书馆，2016：12.

意旅游的出现为此提供了可能性。休闲与工作的对立与分隔来自时间被分割成不同的目的单位，工作时间为了谋生赚钱，休闲时间为了身心休息和快乐幸福。创意旅游为人们提供了不一样机会和时空。体验式的活动在体验中创造，在体验中工作，在体验中受教育，在体验中娱乐，在体验中自我实现。正如亚里士多德所说，休闲是一切事物环绕的中心。真正的诸多创意来自休闲。创意旅游者通过创意旅游活动，促成自我肯定、自我实现。

第三节　休闲与创意趋势

一、休闲与创意

创造力来自何方？如何产生创造？回答非常简单和明了：自由。自由，且唯有自由为创意提供基础和可能；自由是休闲与创意联系的意义纽带和逻辑桥梁。

（一）休闲之自由本质[①]

休闲可以从活动、体验、时间等方面去界定它。休闲的定义有很多，但从休闲的核心精神和本质要义来看，与休闲最接近的语词就是自由。自由是其最根本的特征和最基本的元素。“以欣然之态做心爱之事”[②]。在休闲中，人们不仅是自由的，而且找到了作为人和作为社会的有意义的成员的价值（《休闲宪章》）。市场化和信息化虽然使休闲有物化的危险，但也提供了更为多元化的平台。人们依然不断寻觅和思考，以不同的方式、在不同的时空，在文化同质化的危险之中，也比以往任何时候更多地享用多元的文化；多元化的休闲不仅表达了包容和理解，更是对自由本质的追寻。

比较来说，客观的定义往往忽视人们休闲的本能和直觉体验，主观的定义又无法加以细分和量化。休闲就如同生活本身，纷繁复杂。休闲是创造意义的活动，但又远远超出这个范畴；它远离工具性目的，又体现在各种实实在在的行动之中；它既是感

① 潘海颖．休闲之大众状态及其与消费的关系［J］．生态经济（学术版），2012（01）：429-432.

② 戈比．你生命中的休闲［M］．康筝，译．昆明：云南人民出版社，2000：1.

知，又是行动，更是全面的自由。

美国思想家凯利对休闲概念进行了哲学解释，他受到存在主义的影响，将休闲视作在一定时间内，以一定的活动为背景而产生的一种体验：“休闲的存在模式是经验性的，以感知世界中现实的具体的体验为出发点”“休闲是游戏的行动可能性。使用符号的行动者无意识地创造出一个世界，而休闲便是这个世界里的决定性行动和自由。休闲是创造意义的活动的体现”[①] 休闲是一种存在主义的自由。严格地说，这也不是休闲的定义，而是休闲所隐含的哲学意义，或者说是休闲的哲学定位，指引我们如何去全面地认识休闲，并且从人全面存在之意义中去诠释它。

20 世纪初，西方学者不断对休闲进行定义与诠释，从词源学上来解释“leisure”一词，其源自拉丁文的 licere，是“许可（license）”“自由（liberty）”的语源。从休闲的词源学上理解，休闲的概念是一种理念上的自由状态和精神上的启蒙。一般来说，休闲可以从四个角度去定义：时间（time）、活动（activity）、存在状态（state of existence）和心态（state of mind）。

纵观学者们对休闲内涵的阐释，我们可以看出基于对休闲的不同界定中体现着共同点：休闲是人类在自由时间内的自由活动和自在体验。休闲的内涵可以归纳为：自由的时间，为自由选择活动或心灵自由的状态等。其中都有一个核心要素：自由。同时，自由不是静止的，而是一个动态的过程。自由，不仅使人“成为人”，而且促使人不断更新自我，不断创造。自由，是对人的潜能的激发，正是这种激发潜能，使人成为全面的人。自由也是人类追求的终极理想，是人类探索和努力的集中体现和终极目标。

休闲因其对现有状态的超越，与宗教不谋而合。但休闲并不是宗教，亦不需要背负宗教般的责任、义务、规范和意义。休闲因其对人之生存意义的探讨，与哲学不谋而合。但休闲并不是哲学，亦没有现象世界和本体世界的鸿沟。休闲因其对美之体验的追寻，与美学不谋而合。但休闲并不是美学，亦没有审美解放的幻想和时尚生活的隐忧。

休闲是创造意义的活动，但又远远超出这个范畴；它远离工具性目的，又体现于各种实实在在的行动之中；它既是感知，又是行动，更是全面的自由。休闲-创造-自由，是一个循环，又互为因果，同时也是一个自为自恰的过程。

---

① 凯利著．走向自由——休闲社会学新论［M］．赵冉，译．昆明：云南人民出版社，2000：67.

（二）当代休闲之大众状态[①]

休闲活动古已有之，但大众休闲却是时代的产物。在人类的历史进程中，不断衍生的社会文化以及各种文明的价值观一直在推动休闲[②]。休闲的动机不是出于衣食住行的需求，而是来源于人类高层次的精神领域的追求。现代社会，尤其是后现代社会，为大众休闲提供了前所未有的技术条件、经济条件和制度条件。“没有理想的社会就不可能有普遍的休闲，没有普遍的休闲也就不是理想的社会与理想的生存状态”[③]。

休闲的确具有某些性质和特征，有些是其固有的，有些是从社会建制中归纳出来的。休闲产业的确能够带来更多的就业机会，具有拉动社会经济的作用，但即便休闲经济也终将回归人文关怀[④]。虽然，我们绝不能否定休闲的经济意义，但休闲本身，应更多地放在文化建制中考虑，应从文化学、社会学、哲学的角度去分析其意义，这样的意义才是休闲更为本质的属性和意义。被消费主义控制的休闲市场让人们无所适从，担忧也好、无奈也好、斗争也好，至少大众文化之中，人们依然关心独立的自我；至少休闲是保持人性独立和圆满的理想和方法之一，终将完成人本身的救赎。休闲提供的不是一条愤世嫉俗的现代意义上的逃避之路，而是一条回归之路，即返回到健康、平衡的天性上来，返回到一种崇高而和谐的状态上来[⑤]。因此，需要探讨的是应该如何把休闲带给人格独立的、更广泛的大众。

人们通过休闲活动，而“成为人”；休闲的实现，是人类的自身发展与社会的最终进步。步入工业社会和后工业社会，休闲不再是满足少数精英分子的活动，不仅仅是亚里士多德时代的沉思和音乐，不仅仅是罗马人的竞技体育，也不仅仅是封建时代少数人吟诗作画时的孤芳自赏，当代的休闲活动涉及的领域越来越广泛，越来越多的人、越来越频繁地投入到各种休闲活动中来。人们可以借助他们认为合适的形式，可以打高尔夫球，可以在山间暴走，可以在游轮上狂欢逍遥，也可以在动漫游戏中放松自我。某些形式也许会被以往的精英阶级赋予低级、媚俗的意味，也许会被文化批评的理论家认为是企业家为赚取利润而炮制出来的工具，也许会被法兰克福学派认为是通过娱乐实现对大众的欺骗，占据人们的闲暇时间，但休闲主体并不理会形式的进步与落后之分、考究与粗陋之分，其本身也超越了精英与大众之分，或者说，精英与大众的边

① 潘海颖．休闲之大众状态及其与消费的关系［J］．生态经济（学术版），2012（01）：429-432.
② 马惠娣．21世纪与休闲经济、休闲产业、休闲文化［J］．自然辩证法研究，2001（01）：48-52.
③ 潘立勇．休闲与审美：自在生命的自由体验［J］．浙江大学学报（人文社会科学版），2005（06）：5-11.
④ 马惠娣．休闲——人类美丽的精神家园［M］．北京：中国经济出版社，2004：94.
⑤ 古德尔，戈比．人类思想史中的休闲［M］．成素梅，译．昆明：云南人民出版社，2004：49.

界正变得越来越模糊。差异和等级仍然存在，但好在人人都可以进入、都可以体验，而不去理会所谓的差异和等级。休闲活动借助一切通俗的、日常的形式进入大众的生活，也率真地表达了大众对生活和文化中细节的理解；借助休闲，人们加深彼此的交流和理解。大众需要休闲，休闲属于大众；现代的休闲是逐渐消解了精英色彩的大众休闲。

（三）休闲与创意

休闲的自由本质为创意提供场域氛围。自古以来，空闲时间为哲学和艺术的发展提供了氛围和可能性。皮普尔引用柏拉图的文字，“哲学家的成长方式绝不同于一般奴隶，前者成长于自由和闲暇之中”①。但是，时间始终是一个让人疑惑的概念，也是基本的哲学命题。柏拉图认为，时间的存在与坐标有关，时间坐标就在于变化，没有变化就没有所谓的时间。时间只是一种可能性和手段，而闲暇恰提供了可能性。

休闲的精神超越为创意提供价值内涵。休闲，不仅仅是休闲活动，也不仅仅是一种生存状态，更大程度上休闲超越了其状态层面的含义，更多地体现着人对于休闲理想的取向和休闲的能力。这种动态的、整体性的休闲意向和休闲能力才是休闲的核心。休闲，并非无所事事，“休”的身体，“闲”的是状态，“动”的是大脑。休闲能力的最重要指向并不是休闲活动本身，而是指向创意；在一些情况下，创意就是休闲一种休闲活动，休闲活动与创意活动合二为一。休闲与创意之间可以共时互动、互为条件和结果。休闲的指向体现了人的精神超越性，这种精神超越性与创意的旨归不谋而合。休闲，是人自由、独立精神的彰显，也是不断超越自我的过程。创意恰恰能够很好地体现这种不断超越自我的精神，正是在不断自我否定和不断自我超越中，实现人对自由的追求，对休闲的体验。

二、创意旅游发展前瞻②

（一）创意旅游对培育创意阶层意义重大

如果说第一次全球化伴随着殖民经济，第二次全球化与国际贸易如影随形，那么第三次全球化将是创意产业展示自我的最佳舞台。毋庸置疑，创意时代之门已经打开，

① 皮珀．闲暇：文化的基础［M］．刘森饶，译．北京：新星出版社，2005：51.

② 潘海颖，张莉莉．创意旅游之内涵特征、构建图谱与发展前瞻［J］．旅游学刊，2019，34（05）：128-136.

旅游、文化、艺术、娱乐将会共同谱写更美妙的和声。同时，第三次全球化浪潮中，各个国家也将面临更大的竞争和挑战。当今时代，衡量世界经济竞争力的主要指标叫作全球创意力指数（Global Creativity Index），即GCI。它根据经济增长中的科技、人才和耐受力来测算一个国家的创意性竞争能力。正如弗洛里达所说，“创意经济时代最不可思议的地方在于，它不仅能够带来经济增长和繁荣，更能使人类的整体潜能得到更为充分的发挥”。创意旅游不仅是创意产业链中的重要一环；由于旅游活动本身具有“自由性”“流动性”（空间位移、文化交流）以及大众化等特征，客观上有助于产生创意、促进创新。“人的本质是‘自由’，自由是旅游的‘始基’，旅游本质是基于人的自由秉性”①。创意产生于对边界的突破，不仅是地理意识的边界，还有思维意识的边界。地理边界的突破——行万里路，对人们思维意识的突破和创新意义重大。正如诗人波德莱尔说，只有在远方，我才觉得好些。创意旅游给人们带来的更广阔的区域背景和文化交流，使得人们以更自由、更开放、更包容的姿态去接纳改变、迎接创新的到来。

创意阶层、创意城市之说影响广大，也褒贬不一。并非所有的创意旅游者都属于创意阶层。也许，有的时候是；也许，有一部分人是。在西方的创意文化及产业的研究中，人们关注到创意阶层倾向和特性。中产阶级在创意产业中占据着优势地位，因为他们的才能、辛勤工作，已经成为社会精英②。同时，也应该看到，创意阶层原本就是开放和多元化的群体。创意本身意味着对过去观念、身份、标签的批判和改造，甚至颠覆。在中国，旅游已经是大众消费，参与度极高。“创意带来了一种适用于每一个人的普遍能力的暗示。创意产业给予人民以空间，使其能够在谋生的同时创造新的文化”③。虽然创意旅游者仍然是小众的，但这些小众的创意旅游参与者为自己和群体的创意发展提供了环境和土壤，也构成了具有中国特色的大众创新、万众创业的独特风景。创意旅游是培育创意阶层的温床，也是推动文化民主化、文化大众化的有生力量。

（二）创意旅游从幕后走到前台

厉无畏指出，在创意产业的价值体系中，核心产业是文化创意产品，支持产业有金融、科技、媒体等，配套产业是餐饮、酒吧、旅游、娱乐等，衍生产业则包括玩具、

---

① 王晓倩，曹诗图．试论人学视角的旅游研究［J］．地理与地理信息科学，2018，34（01）：86-91.

② 奥布莱恩．文化政策：创意产业中的管理、价值和现代性［M］．魏家海，余勤，译．大连：东北财经大学出版社，2016：80.

③ 奥康诺．艺术与创意产业［M］．王斌，张良丛，译．北京：中央编译出版社，2013：176-177.

文具、箱包、服装和礼品纪念品等①。随着旅游活动的广泛开展，旅游产业在创意产业链中的地位，将从配角走向主角，旅游产业将从幕后走向台前。创意旅游不仅起到聚人气的作用，还起到“聚价值”的作用。“饼干工厂+博物馆+体验园”模式，使得白色恋人饼干风靡亚洲；杭州的山南基金小镇，依托杭州深厚的文化底蕴，集聚了600多家企业，其中400多家金融投资类企业，管理资金超过2 000亿元，青山绿水的景区风貌，独特的小镇模式，目标是打造中国版的格林尼治。“旅游+”的模式，使得旅游业不仅是带动创意产业发展的“吸睛”引擎，成为真正的“吸金”宝库，成为整个创意产业成果综合表达、综合展示的大舞台。2006年，世界休闲博览会在杭州召开，当时杭州以“东方休闲之都，生活品质之城”的目标进行城市品牌建设。十几年过去了，休闲观不断深入人心，创意产业不断发展，杭州在国际化、品牌化、创意化等方面都成为全国的范例城市。中国正在建设的特色小镇，都将以“旅游景区”的要求来验收。这不仅从形式上对特色小镇的各种产业表达进行了规范，也从内容上为特色小镇的未来发展和展示平台指明了方向。毋庸置疑，旅游将与其他产业形式、多种业态借力融合，迎来更大的发展。

（三）创意旅游的可持续发展

从产业发展的角度，规模化是必须的，但创意本身一定是小众的。产业的可持续发展需要构建经济、文化、生态的共同作用下的可持续框架。而此三者之间有时不能协同进行，有时甚至是矛盾的。从创意旅游发展的基础来看，需要历史文化的挖掘和保护，还需要多元文化的包容和碰撞，创意旅游发展与文化传承目标比较一致。创意旅游与生态可持续发展的矛盾从本质上说是市场规模扩大带来的经济效益与市场规模扩大带来的平庸化的矛盾。因此，需要反对复制。从经济发展的角度说，复制、刻录是最简便，也是最容易获得经济收益的。然而，复制带来的不仅是平庸化，更重要的是违反创意旅游本身对“独特性”“创造性”的根本要求。

从文化批评者的角度看，创意产业，包括创意旅游，需要对技术决定论、品牌精英霸权、大众市场进行反思和批判。当代旅游早已不是自诩为精英者的封闭花园；创意旅游市场的扩大不可怕，市场的大众化也不可怕，可怕的是旅游的庸俗化和平庸化。旅游一方面正在成为大众不可或缺的生活方式；一方面，“大众旅游”这个旅游专有词汇，意味着混乱，意味着旅游业发展历史上旅游对自然生态带来的破坏，对传统文化

① 厉无畏，王慧敏．创意产业新论［M］．上海：东方出版中心，2008：197.

带来的损害，以及经济剥削的恶果。创意旅游彰显出“草根创新”的朴素感和大众性。人人可以参与的旅游，突破了精英与大众的区隔，成为人人可以创新的领域。不必区分参与烘焙、描画一个扇面究竟是艺术还是生活。某种意义上说，创意旅游为大众创新能量的释放提供了渠道和环境。传统意义上，旅游业是低门槛、劳动密集型行业。随着旅游业竞争的加剧和产业盈利模式遇到的挑战，现代旅游更需要技术、资本的大规模投入，但总体上看旅游业的产业可进入性还是比较强的，创意旅游更能在其中体现创新性和多样性，成为大众创新的重要渠道。后现代文化指向表达个性，表达自我，这些自由的表达是创新的源泉和动力。创意旅游也许是一阵清新之风，提供了反其道而行之的可能，为旅游者摆脱庸俗的宰制提供机会。创意旅游也是一柄双刃剑，旅游业影响的复杂性使其效应充满了矛盾。因此，适当的文化反思和批判将有助于创意旅游的可持续发展。至少，创意旅游拒绝平庸。

第二章
创意旅游的价值

价值本身就是一个宽泛的词。一般来说，价值最让人直观联想到的是经济价值，尤其在今天我们所处的消费社会之中。旅游，作为一种产业形态，它的产生和发展与经济价值的关联同样显而易见。但也正因为此，当我们去思考创意旅游价值的时候，需要更多地去分析其文化价值和美学价值。文化价值具有社会建构的本质。创意旅游是在文化大众化、互联网与数字技术、产业经济转型等的共同作用下产生的。反过来，创意旅游也影响并建构着社会的文化、技术和经济。对创意旅游价值的思考，一方面必须基于其产生发展的文化氛围、技术条件和经济诉求，另一方面这样的价值思考也必须指向文化批判。

创意旅游既是一种新型的旅游产品，同时也是一种新型的文化消费。创意旅游作为一种文化消费活动，是脱离和超越了人的基本生存需要的消费，是为了更高的精神享受和文化满足的消费，更是人获得全面发展的重要组成部分。因此，创意旅游不仅仅是经济行为，亦是文化行为，还是综合的社会活动。

第一节　“后旅游”时代的哲学思考

一、“后旅游”时代

当代旅游处在一个急剧变化的环境中。这种改变的性质主要体现在六个方面：宽带互联网的应用和传播；由产品的精细化和直观化带来的产业结构变化；主要单体产业要素重要性的日益提升；消费者提高自助旅游即所谓“DIY”旅游的独立性；短假期的增加和长假期的相应减少；边境的开放及为应对恐怖主义而明显提高的安防及边境控制，导致对旅游者活动控制力的降低①。旅游者倾向于自主选择旅游目的地，并通过参与旅游目的地的生活提升体验的品质。

有学者提出并论证作为一种“后学科”的旅游研究路径的观点。旅游，从学科属性上，边缘学科、跨学科、多学科的提法由来已久，旅游的学科归属向来出于一种尴尬的地位。也正因为此，从某种意义上证明了旅游的综合性。旅游文化说，旅游体验说，层出不穷。旅游的本质属性是什么？或者说旅游的人类学意义是什么？旅游的人

① 特赖布．旅游哲学：从现象到本质［M］．赖坤，张骁鸣，李军，等，译．北京：商务印书馆，2016：26.

本价值是什么？人们离开惯常居住地的终极追求是什么？旅游动机可以分成很多类别，但基本的共识是：旅游是为了追求身心的自由。离开常住地有助于实现这种身心自由，那么，离开——旅游的第一步；自由——旅游的终极目标。

对旅游学没有本体建构的批评比比皆是，旅游知识被认为是碎片化的、不系统的、不连贯的，等等。然而，碎片和不连贯不正是当代，或者说“后学科”时代的特征吗？后现代主义思潮的裹挟之下，曾经最成体系的哲学，也已经走向了碎片化。“我们考虑近来尤其是在社会科学中对知识生产的讨论，这种知识生产以摆脱已确立的和正统的学科边界与教条束缚而享有更多合理性、弹性和自由为特征”① 旅游学是否是一种“后学科”似乎尚在争论中，其实旅游已经悄然进入后旅游时代。如果说“后学科”路径可以使学者忘记学科以及观念是否与一个特定学科相关；它们与研究而非学科相连，那么后旅游时代的研究也只是与问题相关，与归属无关；如果说后学科的一个优势在于它使学者得以从科学监督的智力镣铐中解脱出来，这种自由使我们肯定产生于他处的知识的价值，它使得观念和联系与其他逻辑结论保持一致，而不是与虚假的学科约束所决定的人为性和预定性终点相一致②，那么后旅游时代本质属性就是自由，非人为设定，充满弹性和突破既有的藩篱。“涉及后旅游的学科研究不意味着是一种智力的混乱；相反，它强调一种需要，即对旅游相关议题或问题的研究应该达到他们的逻辑结论，而非一学科监督或跨学科合作的实际限制所决定的那些预先或人为设定的终点为目标”③。同样，后旅游时代的自由本质和弹性逻辑也不意味着混乱和无序，只是从原有的秩序经过颠覆和改变，更新为新的秩序：原有秩序被打破，原有的形式被颠覆，原有的内容被更新，原有的逻辑和秩序变得不那么重要，新的秩序正在被建构！真正的秩序和内在逻辑恰恰摒弃了人为设立的东西，而植根于旅游的需求——围绕人们的旅游需要的智力拓展和市场拓展都值得被鼓励。后旅游时代是以创新为基本动力的。

二、“后旅游”时代的特征

后旅游时代的特征是：旅游发展的全域化、旅游传播的网络化、旅游产品的创意化、旅游参与的广泛化、旅游体验的外显化。

第一，旅游发展的全域化。观光、休闲、度假、娱乐，都不能全部反映现代人的

① 特赖布．旅游哲学：从现象到本质［M］．赖坤，张骁鸣，李军，等，译．北京：商务印书馆，2016：80.

② 特赖布．旅游哲学：从现象到本质［M］．赖坤，张骁鸣，李军，等，译．北京：商务印书馆，2016：86-87.

③ 特赖布．旅游哲学：从现象到本质［M］．赖坤，张骁鸣，李军，等，译．北京：商务印书馆，2016：95.

诉求。人们既需要去到未识之地的观光旅游，也需要与家人共享的慢节奏度假和休闲，也需要与朋友在一起的刺激精彩的娱乐活动。从中国旅游的发展来看，已经从过去的“点”旅游发展到“面”旅游，也就是从过去的走景点，发展到全面体验旅游目的地。旅游的全民参与，伴随着自驾、自由行等出游方式和载体的改变，“全域旅游”应运而生，“景点旅游”模式转变为“全域旅游”模式。

“全域旅游是指在一定区域内，以旅游业为优势产业，通过对区域内经济社会资源尤其是旅游资源、相关产业、生态环境、公共服务、体制机制、政策法规和文明素质等进行全方位、系统化的优化提升，实现区域资源有机整合，产业融合发展、社会共建共享，以旅游业带动和促进经济社会协调发展的一种新的区域协调发展理念和模式”。人们的体验是全方位的，旅游吸引物也是全方位的。所看，所触，所感，所思——景、物、情、境。全域旅游，意味着景区没有了围墙，意味着围墙外的风景可能更精彩！

随着旅游业的发展，人们对旅游资源的认识在不断发生变化，创意为旅游资源的拓展带来了新的可能，同时也需要旅游工作者为旅游资源的有效配置进行的新的思考和研究。根据 2003 年版，国家旅游局发布的旅游资源（GB/T 18972-2003）的定义和分类来看，旅游资源是指自然界和人类社会凡能对旅游者产生吸引力，可以为旅游业开发利用，并可产生经济效益、社会效益和环境效益的各种事物和因素。旅游资源被分为 8 主类、31 亚类和 155 基本类型，涵盖了地文、水域风光、生物景观、天象与气候景观、遗址遗迹、建设与设施、旅游商品、人文活动八个主要类别。随着旅游需求从观光到休闲，从走马观花到浸入体验，旅游资源的刻板框架被打破了。旅游资源，或者说旅游吸引物变得越来越泛化。一物、一景、一境、一感，只要有吸引力，它就可以被认定为是旅游资源。创意的出现，从旅游项目的策划到游客的看点，两个维度的视野都变得更开阔了。

如果说之前人们看的是风景，那么现在人们体验的是生活。全域旅游的提出，旅游视野全域化，旅游创意无处不在，一方面反映了旅游供给侧的改革，是旅游企业进行制度创新的方向；另一方面体现了人们对另类、异地生活进入的渴望和冲动，为游客获得更深更细的体验提供了可能。如果说全域旅游发展之前，旅游开发是“跟着资源走”；那么，全域旅游开发就是“带着资源走”。

第二，旅游传播的网络化。网络对于旅游的影响是全方位的。不仅在于旅游营销渠道的改变，也深刻地影响着人们旅游的行为，影响着从旅游目的选择过程、旅游决策到旅途体验、旅游过程体验、旅游分享和旅游评价等各个阶段。从网络“微”现象

(个人微博、微信)，到今天的“抖”（抖音）现象，游客个人体验的传播已经全面网络化。个人旅游的网络传播已经成为旅游体验的一部分。

第三，旅游产品的创意化。创意是旅游需求和旅游市场机会碰撞的结果。后旅游时代，旅游者既是怀旧的，也是喜新厌旧的。旧瓶装新酒，还是新酒装老酒，并不重要，都是旅游者的需要。新旧之间，其实反映了旅游者求新求变的本质需要。旅游需求是创意旅游产品出现的内在推手，创意是在高度竞争的旅游市场中出现的新产品，是旅游产品中新的竞争元素。创新发展的理念为旅游业带来了新理念、新模式、新空间、新产品，造就了新的市场主体和新的消费热点。

第四，游客参与的主体化。伴随着旅游发展的全域化和旅游传播的网络化，游客的旅游体验也变得更为全方位，参与的方式、渠道也变得更为多元多样。由于电子技术和网络技术的发展，由于旅游者主体意识的觉醒，旅游者从传统旅游“观者”的身份，进一步成为体验者和参与者。不仅作为“客”的一方，也时常“反客为主”，成为旅游产品设计、旅游线路组织以及旅游营销的主体。

第五，旅游体验的外显化。旅游体验的自我性在不断得到肯定和彰显，旅游体验变得比以往时代更为自我。这个提法似乎是比较模糊的。也许会有人提出质疑：体验本来不就是自我的吗？不是自我的，岂能称之为体验？正因为旅游体验自我性被社会所认同，其结果就是旅游体验的外显化。社会的扁平，对多元价值的理解，对个体认知的包容，促使人们更乐意展示、分享和传播自己的体验。旅游体验一直都存在，如果说之前的旅游体验是私密的，在后旅游时代，这样的自我体验变得更为公开。与之前旅游者寻找本真性的旅游体验不同，后旅游时代的旅游者并不在意看到的旅游景观是否原真，而更注重自我感受的真实性和当下性。这个趋势与整个社会伦理价值的改变相一致。

哲学、社会范畴内，后现代，后结构主义，等等，所有冠之以“后”的名词指代的都是反叛、破碎和不可控。然而，所有的理论建构都是为了解释过去并可控预期。控与不可控，其中蕴含着深深的无奈和矛盾，但也暗含着人类无尽的思考和不懈的努力。“本质上，哲学推理是一种能力，它使我们从一个繁忙、忙于做各种事情的世界中得以脱身，使我们不被占用，停下来恢复精力，思考尤其是像意义和目的这样的东西”①。当我们已经进入或者正在迈入“后旅游时代”，创新似乎无处不在，真正的创造又似乎无处可寻；创新似乎更容易被复制，创新随着复制又变得转瞬即逝——喧嚣热闹超过以往任何时代，所有的冷静和反思都显得弥足珍贵。

---

① 特赖布．旅游哲学：从现象到本质［M］．赖坤，张骁鸣，李军，等，译．北京：商务印书馆，2016：4.

第二节　创意旅游的文化价值

一、对体验的高扬

旅游是一种经济活动，更是一种文化活动。旅游主体负载着一定的已成文化因子，不仅将原有的文化传播到异地，也受到异地文化和风俗的影响。在文化的比较、传播和熏陶中，跨文化的交往随时给予旅游者新奇和碰撞。体验充满着人在旅途的跨文化审美意蕴，体验是为了探寻生活溶解在心灵中的秘密，体验借由想象获得存在的真实和生命的沉醉。从旅游体验的层次来看，经历了三个层次：身到、心到、神到。“正是游戏而且只有游戏才使人成为完全的人”① ——旅游正是此过程的美好践行，通过“体验”这一中介，人从异化的“碎片”状态解放出来，感性和理性重新融合成为整体。旅游体验的多元化和个性化。

旅游体验的追求不是单一的，它就像多元化的生活一样，发展的动力和机缘都在于对丰富度的渴望和对未知的好奇。对旅游体验的渴望，是普通大众对生活世界的审美追求。旅游体验是关乎个人的。古语说，“读万卷书，行万里路”。读书、旅行对人生的完整同样重要。感官的愉悦，带来了兴奋和快感。美景与美情，相得益彰；美丽景色与风情体验，唤起内心深处的情感，情景共鸣，情境交融，情意相怡。大美在于人性。自然景物、情感碰撞，终究见于精神之陶冶。精神世界的畅爽，生命的美好灿烂，集于瞬间的体验和感悟，那是一种物我交融，那是一种天人合一；那是对生命本质的最终体认，那是生命的重新发现，那是审美境界的自我实现。旅游的生态化、休闲化不仅是自然的要求，也是内心的需要。风景成为内心永远的风景，体验也许转瞬即逝，但体验将会成为心中永远的风景。所谓“景在心中，人亦在景中”。人们喜欢旅游，因为旅游就是生活的一部分，旅游就是去追寻那“生活溶解在心灵中的秘密”。

旅游产品的好坏并非由是否商品化来决定，其追求者和评判者就是旅游者本人。对于个体旅游者来说，旅游体验总是真实的，也仅仅属于其个人。这种体验无法被模仿，无法被商业化地重构。旅游的独特体验，每次不一，不仅成为其回忆中的最美好

---

① 席勒．审美教育书简［M］．冯至，范大灿，译．上海：上海人民出版社，2003：122.

的一部分，而且最大、最真切的“真实”就是旅游者自己的意愿。这种意愿，正体现了人，对于自身生存方式的选择，体现了人在定居与游走之间的平衡和补充①。

二、对个性的尊重

个体一直都存在，社会对个体的尊重、对个性化表达的尊重则是伴随着文化的现性思潮而出现的。现代性中的个体与创意紧密相连。随着个体自我意识的觉醒，必须寻找比以往更具活力的基础来塑造或重塑自我认同。现代性摧毁了不确定性，某种意义上说，现代性创造了“创意”。现代性的显著特征就是存在冲突，即寻求社会结构、社会文化、社会组织和机构支持下的个人自由与践踏支持践行这种自由的指标之间的冲突。现代性允许人们不以是非对错为标准去塑造自我，而让他们自由选择生活方式，人们因此成为消费者，通过自己的消费选择和爱好来表达自我。但这却是十分矛盾的②。

体现在创意旅游方面，各种旅游创意的出现就是个体的自我表达；同时这样的表达方式，也决定了旅游创意的唯一性，或者说非批量化特征。创意旅游没有规模效应，创意旅游杜绝模仿。

现代性中的“创意”，后现代中的“创意”，秉承现代性与后现代性的一贯表达，其突出的特征是矛盾、模糊和不确定，凸显的是表达者的自我和个性。没有统一的符号，或者说不统一、非符号化就是其符号。创意旅游强调的就是个人体验的多样性和对话性。

住在标准化的、装修风格似乎非常一致的连锁旅店里，旅游者可以写出属于他（她）自己的博客和美篇，用不一样的文字记录属于自己的旅游创意，可能是在江南烟雨中漫步时的遐想和邂逅，也可能是去老北京胡同里寻觅一串糖葫芦。或是寻找一处民宿，山里也好，都市的角落也好，都不妨碍旅游者追求心中的“诗和远方”。民宿作为一种特殊的旅游住宿载体，极好地体现了、最大限度地表达了民宿设计者和经营者对旅游的想象。人们对民宿趋之若鹜，原因何在？从本质上说，民宿是旅游住宿从标准化走向个性化的产物。酒店，星级酒店、连锁酒店解决的是住宿接待的标准化问题，减少了远方来客的内心的不确定和对未知氛围的不安。进入到 21 世纪，游客不仅仅满足与观光和游山玩水，还通过自己的消费进行身份认同，并追求文化认同。民宿已然

---

① 潘海颖．旅游体验审美精神论［J］．旅游学刊，2012，27（05）：88-93.

② 奥布莱恩．文化政策：创意产业中的管理、价值和现代性［M］．魏家海，余勤，译．大连：东北财经大学出版社，2016：24-29.

成为一种旅游文化的社群组织。如同早期的青年旅社一样，背包客在一起，从来自各地的游客一起，不仅进行旅游经验的交流，其行为本身就是一种重要的跨文化交往。民宿已经不是一种住宿选择，更是一种文化选择。选择民宿，意味着选择个性，选择另类，选择不一样。游客选择民宿，表面上看的是民宿的选址环境、装修风格；在进入民宿以前，通过与民宿主人的交流，通过浏览过往评价，游客与民宿主人就已经开始进行互动了。一些民宿的住客还需要经历“被选择”的过程。这种“被选择”一方面是因为民宿的体量不大，主人需要有确认的过程，另一方面也是考察游客过往住宿记录的过程。用现在流行的网络用语来说，就是需要双方“确认过眼神”。在住宿体验过程中，游客一般愿意与民宿主人进行交流，获得一些旅游线索和旅游贴士，更深入地了解当地的风土人情。住宿体验完成以后，很多游客会自发在网络上留下住宿体验的痕迹和评价。这种彼此的确认，就是一种文化认同。在居住体验中，民宿住宿者也有机会进行社交，甚至成为以后的游伴，形成了临时或长期的文化社群。即便民宿主人与游客不见面，通过网络交流，甚至通过钥匙的交接密码，处处都是创意的设置和体验。游客在创意中行走，也在创意中得到满足。

创意旅游无疑是一种个性化的消费。创意是弥漫在旅游者的内心的文化追求，也是旅游产品设计者的匠心独具，创意旅游市场的存在，其实就是旅游产品策划者与旅游者内心需求的寻找、邂逅与碰撞。

三、彰显创造性劳动的高尚价值

新一代游客与景观是互动和共情的。创意旅游活动的定性有时变得很模糊。因为仅仅用形式来界定创意旅游是不准确的。游客通过自身的观察和体验视角，再造了旅游本身，也不断赋予创意旅游新的可能和新的含义，并以此建立以创造性劳动为核心的伦理价值观。

伦理是社会价值秩序的体现，是人们对自身行为调节和规范的尺度，是得到广泛认可的价值观。伦理学则以道德现象作为其研究对象。社会道德是社会中理想人格的泛化和概念化，社会道德的确立最终是为了确保人们可以实现最大程度的自由和幸福。创意旅游所体现的创造性劳动追求，也正是一种理想人格和理想的人生境界；同时，作为“共同体”中的“小我”，追求的过程和方法，不仅体现社会共同体的道德和价值标准，创意旅游活动也是当代社会伦理观的体现。

马克思曾经指出“消费生产出了劳动者的能力素质”。创意旅游所蕴含的创造性劳动在工作伦理中被肯定，被认为是积极的和值得鼓励的①。创造性劳动生产出了人们的细线能力素质，同时也促进了人的全面发展。创意旅游是人们创新意识和创意行为的结合点，在创意旅游的过程中，人呈现出立体的自我，是智慧的体现。因此，创意旅游本身就是一种创造性劳动；更进一步说，通过创意旅游的开展和传播，恰恰是对创造性劳动高尚价值的传播、认同和彰显。得到肯定的不仅是创意——这一创造性劳动本身，得到肯定还有以“创造性劳动为高尚”的伦理价值观。

四、利于分享和传播

文化本质上是一种分享行为。创意旅游通过旅游产品的销售和旅游活动的开展，进行着文化的分享和传播。

创意旅游有利于分享和传播。在旅游目的地的开发和旅游项目的策划中，经常会有一个说法，游客需要打卡点；也就是需要设计游客愿意拍照留念，并且愿意通过自媒体进行传播和分享的东西。越是有创意的点，越是有创意的设计，越是能让游客感到新奇的东西，越容易得到传播。如果说以往人们愿意在旅游景点拍的照片是景区大门口，或是各种标识性非常强的地方，那么新一代游客传播的有时并不是景点本身，而是旅游目的地的任何一样觉得新鲜的东西。也许是一个文创的衍生品，也许是一道没有品尝过的小吃，也许是跳入镜头的一只小松鼠。

艺术和文化活动是城市转型的驱动力或催化剂。文化政策与城市复兴相关联的两种契机，一是宏大事件，二是标志性的建筑或者工程②。在 MICE（会议、奖励旅游、活动）范围内，有些活动本身就是创意旅游，有些活动场域为开展创意旅游提供了很好的处所。比如蒙特利尔奥运场馆的烂尾楼，比如杭州的 G20 峰会场馆。场所与事件，交织在一起，不仅承载并延续了对于事件本身的记忆和回顾，通过照片、视频、微博、微信、美篇等记录和传播方式，还是旅游者个体独特视角的展示，也是旅游产品再创造、再创意的过程。在戏剧表演艺术中有这么一句话：一千个演员就有一千个哈姆雷特；那么，如果我们把故宫放置到创意旅游的维度中，一千个旅游者就有一千个故宫。在创意的思维中，故宫不仅是建筑，不仅是历史，不仅是博物院，不仅是文创产品，更是旅游者自己心目中的故宫。

---

① 奥布莱恩．文化政策：创意产业中的管理、价值和现代性［M］．魏家海，余勤，译．大连：东北财经大学出版社，2016：121.

② 奥布莱恩．文化政策：创意产业中的管理、价值和现代性［M］．魏家海，余勤，译．大连：东北财经大学出版社，2016：129.

五、破除二元对立

创意旅游打破了二元对立的文化价值观，包括旅游领域经济与文化的区隔对立，工作与休闲的区隔与对立，精英与大众的区隔与对立，以及旅游活动的组织者/旅游产品的生产者与旅游产品的消费者的区隔与对立。

（一）经济与文化的区隔

从经济与文化的区隔来看。文化与经济是人类社会发展中的永恒命题。长期以来，这两个维度似乎是两条平行线，不仅互不交叉，甚至还互相排斥；随着时代的发展，两者也时时互相试探，谋求互动和融合。随着经济学的“文化转向”，文化领域的“经济”拓展，文化和经济与文化对话的趋势。“经济学认识到人们的行为并不只是受到经济利益的驱使，认识到所有的经济制度都要作为社会结构来深入理解，经济学家开始更多地从社会结构来分析利益问题，社会学家也尝试采用经济学的分析工具，从而更多维地来把握和证明一些社会问题的假设”①。这样的对话，促使人们以更为包容的心态和更为多元的方法去看待文化创意现象，当然也包括创意旅游。总体来说，一方面文化创意的价值可以也必须被纳入到经济分析的框架中来，另一方面，对文化资源配置和产出的效率，对创新创意的驱动的关注都为文化的深度研究提供了可能。

旅游业在中国的发展历史很好地说明了人们认识的变迁、社会需求的变迁。改革开放初期，因旅游产业，尤其是在入境旅游、饭店住宿强大需求的拉动下，旅游被自然而然地归属于产业门类。旅游业从建国初期隶属于外办的外事接待部门，从行政事业单位的属性转变为自负盈亏的旅游企业。从行政管理机构设置到各大旅游院校的学科设置，旅游部门、旅游专业都是一个与经济、产业最为密切相关的领域。简单地可以这么说，旅游的存在是为拉动消费、为直接的经济产出服务的。2018 年，在中国机构改革和调整中，中国文化部与中国国家旅游局合并为中国文化旅游部。这对于旅游来说，无疑是一个里程碑式的事件。如果说理论界文化与经济的互动融合早已产生，那么实践领域中这就是一个明确的信号和体现。文化创意对旅游发展的作用将得到更为重要的体现。文化创意思维对旅游的影响不仅是润物细无声的潜移默化，也将带来更为广阔、更为深层次的影响。

---

① 王宁．从苦行者社会到消费者社会：中国城市消费制度、劳动激励与主体结构转型［M］．北京：社会科学文献出版社，2009：481.

（二）工作与休闲的区隔

创意旅游的生产究竟属于工作还是属于休闲？细究之下，其实创意旅游不仅打破了工作与生活的区隔，也恰恰体现了工作与生活在休闲境界上的融合。休闲旨在倡导并建立一种真正以人的体验为中心的生活。如海德格尔说“让人成为其自身”！当然，这绝不意味着赞同人的中心主义，正是充分认识到人类局限的冷静思考。人之体验重要性的凸显，恰是对经济增长过程中对人的身心割裂、对人与世界割裂的副作用的反思与纠偏。

休闲一词在当代广为使用的重要背景是对快节奏生活的反思，对“时间就是金钱”警句的反思，对急功近利发展模式的反思，取而代之的是对以休闲为内核的“慢生活”的向往，对以休闲为引导的快乐主义的向往，对休闲所指代的品质生活的向往。休闲是境界，也是生活。休闲所追求的最高目的是审美体验，但休闲从来不是静观的，而是以动态的身体投入不断变化的日常生活之中。如同伯林特所建构的环境美学中所阐释的同样，环境美学反映了人与环境的连续，强调参与、感知和体验；创意旅游则反映了在休闲状态下美学与日常生活的连续，并同样强调参与、感知和体验；环境美学的着眼点无疑是环境，休闲是从人出发，并为了人的。

后福特主义与创意旅游：企业生产的商品日趋个性化、灵活化和时尚化，而不仅仅是生产。法兰克福学派认为休闲也是一种劳动形式，此观点现在发展为经济价值是由消费者创造的，所以这样的经济系统使得生产者和消费者之间的界限日趋模糊①。

（三）精英与大众的区隔

这个时代还有精英吗？还需要精英吗？文化只有精英可以创造吗？回答统统不是。大众才是时代的真正创造者，也是创新创意的主体。技术尤其是网络技术的不断更新和普及，人人都是文化的创造者，文化的大众化趋势不言自明。大众，从文化的被动接受者、被教育者成为文化内容的创造者和生产者。

当代旅游趣味的多元化，不仅表现在旅游动机、旅游目的地的选择、旅游方式方面，原住民的文化、徒步穿越、热气球观光、湿地观鸟和主题公园游乐等，都可能成为旅游者的兴奋点；更深一步说，旅游的大众化从实践上推动了对趣味标准唯一性的否定。

---

① 奥布莱恩. 文化政策：创意产业中的管理、价值和现代性［M］. 魏家海，余勤，译. 大连：东北财经大学出版社，2016：33-34.

“大众化”，在文化研究，尤其是审美文化研究领域是一个颇具争议的词，招致批判的是与“大众化”紧密相关的“滥”与“低级趣味”；在旅游界，“大众旅游”专指一个时代，大众旅游时代意味着大量涌入的旅游者对敏感、偏远的自然和文化环境的破坏；但也必须看到，旅游的大众化，首先或者说最基本的含义是更多人的参与。正是从这个意义出发，旅游的大众化，更准确地说是平民化，从事实上推动了审美的大众化。大众首先意味着“去精英化”和“去中心化”。总是有人担心审美品位的“世俗化”。事实上，阿里斯托芬（Aristophanes）的喜剧也充斥着不堪入目的脏话，莎士比亚的戏剧在当年也不过是“世俗文化”的一部分。诚然，大众化也存在“大众化”所带来的“暴政”，需要理论的批判和反思；多元化亦并不是对道德判断的简单否定，并不代表价值的虚无化。

新的文化政策不必再在精英文化和大众文化之间做出非此即彼的选择；打破大众与精英的区隔，意味着公民的参与度的增加，还意味着旅游者权力的增加，不仅包括决策的显性权力，还包括表达和传播的隐形权力。

第三节　生活美学视域

一、生活美学视域

人，究竟为什么要旅游？从人类学的意义上说，历经迁徙、朝觐、旅游等阶段，人们一直在路上。“在”本身，支撑人类走过几百万年的艰难历程；随着物质条件的改善，人们完全可以安居一方，但对外在世界、未知生活的探索与好奇，成为人们不断游走和感知的原动力。

美学的核心关注点是阐释美、理解美、获得美。美学是关于审美体验和审美理论的学说。美通常被认为是一种主观体验，或者被称之为主客观交融的感受；这种感受主要表现为愉悦、温暖和感动，这种美感的获得，一般源于人的吸引，自然的吸引等。同时，美也表达人们对外在人和物的评估和欣赏，比如自然景观、文化遗产，或者有吸引力的人和动物。旅游美学较多依赖地方之美。旅游目的地开发和建设的过程中，也会因为策划者和设计者的原因，对目的地进行建构，甚至重构，这种开发和建设会增加、也会减少美。

论及创意旅游的美学价值，需要为创意旅游之美明确一个美学视域。也就是说，讨论创意旅游的美学基础何在？对于中国来说，美学是舶来品，是西学东渐的产物。西方美学研究的成果，始终极大地影响着中国学者的研究。美学“中国化”的历程是中国古典美学智慧不断与西方美学思想碰撞、融合的过程。这样的历程不仅充满艰辛，也充满着各种矛盾、冲突、妥协、改变与吸纳。在前文所讨论的创意旅游产生的物质和文化的基础之上，创意旅游的出现反映了“后旅游”时代的一种趋势，也体现了“后旅游”时代的文化价值观，我们能明显地感受到：创意旅游已然成为大众日常生活的一部分。那么，日常性与大众性，就成为分析创意旅游美学价值的起点。日常生活，离我们很近，也曾经游离在我们的思考之外。人的心理需要本来就是错综复杂的，既需要安全感，也需要异地异物带来的新鲜与刺激。从某种意义上说，旅游生活与日常生活的差异性需求与一致需求是共存的。对日常生活的关注，以及对日常生活美学的关注或许是分析创意旅游之美的重要切口。

二、美学的日常生活转向①

生活、旅游、美，都是复杂的概念，其内涵在实践领域不断被拓展，其本质在理论领域不断被重新认识和探究。马克思主义美学的历史起点“美是生活”，到实践论美学，再到美学的生存论转向，以及进入21世纪以来的美学“生活论”回归和生活美学新范式的提出，为我们研究旅游美学，尤其是本体论视角的旅游美学提供了丰厚的理论基础和新的研究视域。马克思将美学回归到人，回归到人的感性价值。正因为感受的特殊性和相异性，人才能够确认其个体生命的特殊价值和意义；从而确认其自身，确认其作为感性存在的意义和价值；从而获得本体论的肯定。对“感性的肯定”既是对“对象的直接扬弃”，也是对“对象的肯定”；正因为这种“扬弃”，客观对象才重新获得了肯定。《巴黎手稿》的观点既是“人本”的，也是“唯物”的。人们的生产实践和生活实践是构成人们感性生活的真正基础。也就是说，离开了实践，人们就不能获得真正的感性体验，不能获得真正的美感，更不能获得真正的存在。人的实践和存在是统一的。美学回归生活，以人的需要和感性存在为核，使美学确立于物质生活和精神生活的统一之上，确立于“生命-生存-生活”的统一之上，确立于人的自由全面发展与社会自由全面发展的统一之上。

当代美学的日常生活转向，意味着美学的大众化，意味着美学对大众文化意义的

① 潘海颖．基于生活美学的旅游审美探析——从观光到休闲［J］．旅游学刊，2016，31（06）：73-81.

承认。这种承认，并非大众文化对美学的裹挟，并非美学对大众文化的妥协；恰恰相反，当代美学与大众文化是互相吸引，互相需要的。美学需要放弃精英立场，大众文化需要美学的阐释和引领。在美学层面上，文化政策通过制度支持和引导的对象，应符合艺术创造的价值判断；而在人类学层面上，文化政策支持和引导的对象应是社会集体生活方式①。“美应该是一种生命的从容，美应该是生命中的一种悠闲，美应该是生命的一种豁达”②。

我国旅游美学的研究始于20世纪80年代中期。30年来，根据其研究对象的不同，基本可以分为3个时期：①1984—1994年为基础理论探讨期，以卢善庆《旅游美学闲话》、郑家度《旅游美学研究》、王柯平《旅游审美活动论》、乔修业《旅游美学》、庄志民《旅游美学本体论思考》等成果为代表，对旅游美学的内涵、审美关系等进行了研究。1993年全国首次旅游美学研讨会在云南召开，对前期的旅游美学成果进行了总结和归纳。从某种意义上说，旅游美学是当时处于低谷期的美学研究走出书斋、走出玄学、服务社会的有效路径。这个时期，可以说是美学寻找到了旅游。②1995—2004年为实践参与期，旅游美学思想溯源、旅游景观美学特征的提炼都有所涉及，比较偏重以地区旅游开发为导向的应用性研究。与前一个时期不同的是，一方面旅游开发的热潮需要美学理论的支撑；另一方面，旅游教育的大发展，徐辑熙（1997）、王柯平（1997，2000）、庄志民（1999）等先后进行了旅游美学相关教材的编著，以及《旅游美学的基本内涵及其理论框架》（庄志民，1999）、《旅游美学研究对象辨析》（章海荣，2002）等论文的发表，对旅游美学学科体系的构建起到了奠基性作用。③2005年至今，研究领域拓展期。随着对审美主客两分观点的重新审视，以《旅游审美是诗意的对话》（曹诗图等，2011）、《旅游体验审美精神论》（潘海颖，2012）、《旅游审美文化嬗变与异化》（王晓倩等，2013）、《基于生活美学的旅游审美探析》（潘海颖，2016）等成果为代表，旅游意义重新被认识，旅游审美文化论、旅游审美心理的研究成果日益丰富，旅游审美认识论正在寻求突破。

进入21世纪以来，旅游市场急剧大众化，人们的出游动机发生了很大改变。从“小旅游产业时代”（观光旅游）发展到“大旅游产业时代”（观光旅游与休闲度假并举）——这是一个变革的时代，是实践迫切需要理论指导，并且呼唤理论创新的时代。旅游美学的理论研究如果不能呼应这个变化的时代，就会滞后于时代的发展。

---

① 奥布莱恩．文化政策：创意产业中的管理、价值和现代性［M］．魏家海，余勤，译．大连：东北财经大学出版社，2016：4.

② 蒋勋．日常生活中到处都是美——生活美学的起点［J］．书摘，2007（2）：90-93.

实践论时代，旅游出于对未知景物的好奇，美的景观是人们首要的审美对象。同时，基于李泽厚先生的美感层次论，旅游美感一般分为悦耳悦目、悦心悦意、悦志悦神3个层次。“旅游是一项集自然美、艺术美和社会生活美之大成的综合性审美实践活动”。旅游被定义为审美实践。“旅游美学是以美学基本原理为指导，研究旅游活动过程中的审美关系的一门具有高度实践指导意义的学问”。这一时期，实践论美学的主流地位，使得旅游美学的实践意义尤为彰显，美感是主要的研究对象，并且美感主要来源于审美主体的静观和静思。

生存论时代，后实践美学、生命美学、生态美学、环境美学的理论滋养着旅游美学的研究，不仅提供了更为多元和开放的思维方式，也为旅游美学的本体论转化提供了土壤及养分。“生命美学是旅游美学的理论基础”，“旅游美学的研究对象应该是关于主体动态生命美的本体研究”。“体验”成为研究的重要关键词：旅游是对生命自由和价值的体认与追寻，旅游美学的落脚点在于体验，所有的感官似乎都被调动起来了。审美体验是旅游美学研究的主要内容，也是创意旅游得以产生的美学基础。

生活美学时代，旅游越来越成为大多数人生活的一部分，旅游与生活交织在一起，旅游本身就是一种生活方式，旅游是构成生活美学的重要组成部分。“旅游的重要目的之一就是出于‘乐生’和人发展的需要”[①]。章海荣认为“旅游审美中要突出主体参与性动态美感的研究”[②]，停留在主观能动层面的“主体性”真正获得突破并得到充分彰显。曹诗图认为，旅游审美是诗意的对话，其最高境界是审美主体与客体融为一体，由“在场”洞见“不在场”[③]；“回归理性、回归真善、回归和谐、回归诗意”乃是旅游审美的最终归宿[④]——这些对于旅游审美的反思和重新定义，恰恰呼应了生活美学的回归思潮。除了审美体验以外，生活美学更鼓励审美主体的动态参与、创造和超越。生活中的审美意蕴和审美创造将成为旅游美学的重要内容。

旅游审美的日常生活转向，意味着审美从认知延展到感知和体验。从观光旅游到休闲度假，不仅是旅游形式的不同，体现了旅游者审美的变化，也体现了旅游审美的日常生活转向。托德曾将美学欣赏分为认知模型和非认知模型[⑤]。其实，这个理论应该不仅仅限于对自然环境和自然美学的欣赏。旅游者从观看，到凝视；从干瘪的接触

---

① 曹诗图．旅游哲学引论［M］．天津：南开大学出版社，2008：66-67.

② 章海荣．“flow（畅）”“游”比较中探索旅游美感特点［J］．桂林旅游高等专科学校学报，2003（03）：59-62+80.

③ 曹诗图，孙天胜，周德清．旅游审美是诗意的对话——兼论中西哲学思想中的审美观［J］．旅游论坛，2011，4（02）：115-118.

④ 王晓倩，杨万娟，曹诗图．旅游审美文化嬗变中的演进与异化［J］．旅游论坛，2013，6（05）：13-17+25.

⑤ 特赖布．旅游哲学：从现象到本质［M］．赖坤，张骁鸣，李军，等，译．北京：商务印书馆，2016：13.

（以快速接触、过于容易的进入、简化且肤浅的接触为特征）到厚实的接触（以慢速欣赏、进入难度、更深刻的智力和身体基础为特征）；从感知和接触发展为进入和融入。

诚然，美学的理论发展不仅在逻辑上是渐次递进的，在内容上也多有交错包容的方面。如果将其放在新中国成立以来的美学发展背景之下，如果将其放在美学对“实践论”的质疑和争论的背景之下，这样的时代划分似有机械之感。从某种意义上说，生活美学一方面想摆脱传统实践论的窠臼，一方面也想跳出生命美学的范式。实践论美学和生存论美学各有其开放性，生活美学亦有其未竟性。其实，“实践”范畴曾一度被泛化，也曾一度被偏狭地理解。朱立元专门论述“以人为中心的实践存在论”，提出需要在个体体验、感性生活、主体创造、个体生存价值等方面对实践论有所拓展，更重视感性个体的当下维度，将马克思人学和发展中的实践论作为研究美学的哲学基础之一①。无论如何，旅游无疑是当今时代重要的审美实践活动，这也再次呼应了马克思美学的历史起点。

如果说生活美学是回归生活的本体论美学，那么本体论视角的旅游美学，就是研究人们通过对旅游实践活动的参与而获得的生活体验、生命价值和人生超越的学问。旅游丰富了人们的人生阅历与人生体验，并在多元化的生命体验和生活样式中成己成物；旅游美学是对旅游者发现美、体验美、唤醒美、创造美的理论总结；简言之，旅游美学的本体意义在于成就审美的人。

第四节　创意旅游的美学价值

何谓美？美是天人合一，美是身心一如。生命何其美好，生命又何其短暂。旅游审美通过活泼泼的生命体验，并最终超越感性，能动地从生命存在的意义上获得美，完满生活、成就生命，将“生命-生存-生活”统一在一起。

旅游具有自身的美学价值。从某种意义上说，旅游活动和旅游体验因其美学价值而存在。那么，创意旅游具有哪些独特的美学价值呢？

---

① 朱立元．我为何走向实践存在论美学［J］．文艺争鸣，2008（11）：124-129.

一、对感性价值的确认[①]

（一）感性存在

“作为感性生存论的审美问题一直存在于哲学家和诗人们面临现代型社会形态的困境时所思虑的种种难题之中。从某种意义上说，‘美学’不是一门学问（甚至不是一门学科），而是身临现代型社会困境时的一种生存论态度”[②]。创意之美的确立需要两个前提，一是确认创意的主体地位，二是厘定个体发展与社会发展的关系问题。马克思主义人学的根本就是彰显“人”作为主体的价值。“正是在改造对象世界中，人才真正地证明自己是类存在物。这种生产是人的能动的类生活”[③]。当世界与主体超越主客两分思维方式的时候，个体性与社会性更将走向切近和融合。从某种意义上说，创意就是感性存在方式的确立，以及感性存在的自我表达。

在审美主客一元论的视角下，创意旅游的感性之美是关于体验、反思和创造的。旅游活动的主要诉求从“3S”（sun，sea ，sand）发展到“3N”（nature，nostalgia，nirvana）；更准确地说，“3S”吸引并没有消失，只是去体验3S的内心需求有了很大变化。美丽的阳光、大海、沙滩，仍然是富有魅力的旅游目的地，但人们已经不再满足于在海边留影，在沙滩上漫步，也许通过搏击冲浪，也许通过邮轮甲板上数星星来体验与自然浑然一体的感觉，方式迥异，追求精神升华的美好感觉却是一致的。在大自然的包裹之中，通过“诗意地栖居”，通过沉浸、反思和冥想，旅游者重新确立生活态度，并获得生命的“涅槃”。审美呈现出细腻、平凡、个性化的特征。

创意并非摈弃感性之美，只是此处的感性之美升华至审美本体系统，是生命中感性价值的一种确立和创造。创意旅游的感性价值是当下生活样式的本然呈现，也是生命存在的本然样式，当下生活的存在意义也不断通过创造和参与得到内心的遵从和体认。创意既是一种生存方式的活泼泼的表达，也是一种实践中的“存在论”。创意旅游活动既是审美对象，也成为旅游者存在之美感的印证，并成为检验人的审美境界的标准。

“人在名利行走，心在荒村听雨”可能是当代很多旅游者内心的真实写照和深刻的旅游动机。身处旅游目的地，旅游者否定其惯常的生活方式和行为模式，否定惯常的

① 潘海颖．基于生活美学的旅游审美探析——从观光到休闲［J］．旅游学刊，2016，31（06）：73-81.

② 刘小枫．人类困境中的审美精神——哲人、诗人论美文选［M］．北京：东方出版社，1994：1.

③ 马克思．1844年经济学哲学手稿［M］．中共中央马恩列斯著作编译局，译．北京：人民出版社，2000：140.

消费观念（往往表现为愿意花更多的钱）、时间观念（往往表现为“不守时”）、审美观念（往往表现为对视觉有异常冲击的人和物的特殊兴趣），甚至伦理观念（往往表现为更随意的“情感行为”）。虽然可以批判旅游者的生活是不真实的，但对日常生活的逃离，是否意味着旅途生活恰是其所要的“本来”？经由这样的“再现”和“创意”，旅游者感受到的不仅是新的生活方式，还有全新的自己。孔子说“乐可以知己”，我们可以说“游可以知己”：景观可以再造，但体验永远真实。如同休闲与工作正日益融为一体，旅游与日常生活也互相补充——由此构成了存在的全部。[①] “旅游的作用，就仿佛一个美丽的点缀，是灰暗的日常生活中的亮点。它意味着康复，意味着新生。只有经过这样的旅行，我们的存在才能得到证明”[②]。这一真实，是存在的真实。

（二）感性超越[③]

第一，超越表现为对审美时空的超越，是灵活性的体现。从时空维度来看，创意旅游减少了对旅游者的约束，更多地体现了旅游者的自主与自为，是自由生活的延续和开拓。诚然，大众化意味着审美的公平和平民化，广泛民众参与的旅游是生活美学落地，审美走向生活的重要途径。传统意义上的出游方式以满足“大众化”需求、“标准化”设计、“团队化”运作为主要特征，其规模效应能给旅游者带来高“性价比”消费；但是，这样的发展模式可能会对旅游目的地的环境资源、文化传统造成不可逆转的破坏，旅游者的过度集聚也会给自身的审美感知带来负面影响，从而降低整体的旅游满意度。旅游成为“走马观花”的同义词，观光旅游的泛化造成审美的泛化和审美的疲劳。创意旅游以创新性、独特性、体验性、文化性、有智性、开放性为主要特征。从市场的角度来看，创意旅游是大众化旅游市场不断细分的结果。旅游业所倡导的可持续不仅意味着环境资源的可持续、人力资源的可持续性，同样也意味着审美的可持续。“美应该是一种生命的从容，美应该是生命中的一种悠闲，美应该是生命的一种豁达”[④]。通过自主自为的个性化设计，相对含蓄低调的商业化推广，创意旅游以更多的时间感受生活、肯定个性、追求趣味。毋庸置疑，这样的从容的审美感知是旅游市场发展的可持续驱动力。

第二，超越表现为对审美主体的超越，是对审美主客两分的否定。创意旅游追求

---

① 潘海颖．旅游体验审美精神论［J］．旅游学刊，2012，27（05）：88-93.

② 谢彦君．旅游体验研究：一种现象学的视角［M］．天津：南开大学出版社，2005：380.

③ 潘海颖．基于生活美学的旅游审美探析——从观光到休闲［J］．旅游学刊，2016，31（06）：73-81.

④ 蒋勋．日常生活中到处都是美——生活美学的起点［J］．书摘，2007（2）：90-93.

美，是体验之美，其审美发现更为丰富，更多地关注生活的细节，旅游者的审美感知更为细腻，也更注重体验。为什么要旅游——最美的风景在别处；最美的景色在路上——旅游之美在于对过程的享受。传统旅游充满了程式化的节奏，创意旅游对主客两分的超越还体现在选择之中。创造来源于自由，首先是对选择自由的肯定，包括对不同美感，不同人和物的选择。创意唤醒了旅游者的主体意识，并在创造性劳动的过程中最终颠覆了审美主体与客体的区隔——水乳交融、成己成物，最终达到超感性的状态！

第三，超越表现为对体验的能动超越，这是审美的终极价值。创意旅游真正的审美突破，在于提供更多的自由时空和个性化选择，以便旅游者能从体验中真正去“思考”、去“体悟”、去“创造”，从而获得个体生命超越的可能性。当今时代，旅游已经成为一种生活方式，成为越来越多人的惯常生活的一部分。旅游就是一种“在”，就是“在”的一部分；但是，旅游审美不仅停留于“在”，而是对于“在”的超越。“人生在世”，人要“在”，并且不断追求不同样式的“在”和更好状态的“在”。“读万卷书，行万里路”——游走的长度，某种意义上决定了生命的厚度。探险旅游、黑色旅游，有时看来，不仅不是享受，甚至是一种自我折磨。创意可能发生在旅游的审美价值不仅在路上，通过对多元化的生命存在方式的追求和探索，尝试去创新、试图去超越。从这个意义上说，创意更是一种生活态度。生活本身不能选择，而生活态度可以选择。

第四，超越表现为对日常生活的超越。旅游者的足迹已经不再局限于自然景区和文化遗产目的地，而是追求异国他乡的生活方式的体验；进入后旅游时代，旅游者将不再满足于仅仅体验异质生活方式，而向往参与其中，创造属于自己的新的生活。旅游者既需要美丽风光，也需要美好生活，更需要充满自我参与感、获得感和创造感的美好生活。创造属于自己的，平凡而不平庸的日常生活成为旅游资源开发和产品创新的巨大内在动能。

思考旅游资源的开发和谋求新的市场空间，创新正悄然发生。创意旅游通过旅游活动这样的载体和方式，将文化交流、人际沟通、创造性劳动、日常生活有机连接起来，重塑旅游者有感并能亲身参与的美好生活。

“审美意识是更高一级的直接性，是对思的超越”①。审美是直观的，但最终要经由原始的直观经过思辨达到更高层次的直观，回到生活的原本状态。从这个意义上说，旅游就是美本身，是存在之美；旅游审美不仅是体验美学，更是超越美学。旅游者通过体验所感受到的美，对于自然风光、历史遗迹的惊艳与感叹，仍然存在于并依附于

① 张世英．天人之际：中西哲学的困惑与选择［M］．北京：人民出版社，2007：5.

具体事物当中，如若不能从经验中超越出来，如若不能从生命超越、生命创造的层面去理解旅游，旅游就只是停留在路上。

二、创意旅游审美的趣味化①

趣味，对于美学来说是一个非常重要的词汇。当代美学趣味正呈现出“去中心化”和“多元化”的特征。创意旅游，其趣味受到整体审美价值观的影响，呈现出多元化的特点；并且这种多元感性的审美趣味，经由旅游被复制和传播。

审美趣味有无标准，是否只有一个标准，高级趣味与低级趣味的界限在哪里？艺术与审美曾经停留在高高在上的精英层面，精英阶层的审美趣味是曾经唯一合法、正当的趣味。当今时代，旅游是大众参与的活动，旅游审美不是什么“高大上”的审美。高山之巅，日落日出；长河奔流，惊涛拍岸——人人都为之惊叹。

旅游审美不是理论审美，旅游活动的亲身体验决定了旅游审美的“当下性”与“世俗性”。曹诗图等学者提出“旅游的本质是以消遣、审美、求知为主要目的的异地身心自由体验，旅游的基本属性是审美属性、休闲属性和文化属性”②。审美趣味的高级与否似乎难以判断，趣味的等级观余波未了。但是，可以很肯定的是，旅游活动的跨文化性，让越来越多的人参与到对文化更为广泛和有深度的了解之上。重要的是，要脱离旅游审美的世俗性，并不是要脱离生活。恰恰相反，创意旅游审美需要更紧密地与生活相连。要将“俗游”提升为“雅游”“神游”。从人性的角度来说，需要“突破人的有限性、功利性的束缚，具有万物一体的审美意识和超越主客关系的心境”③。从创意的视角来说，就是要突破日常生活的碎片化，以及生活的日常性对人的异化，将日常生活回归到生活原本应有的状态，实现生活美学的真正“回归”。

融于生活、回归生活的旅游之美体现了当下的实践性。正是这样的审美实践过程，产生了各种审美现象，并发展出多元的审美关系。在现实生活中，随着人们审美感知能力的提高，随着人们审美实践能力的提高，实践对象会越来越丰富；同样，随着人们审美实践活动的拓展，亦会反哺人们的审美实践能力。

从本体意义上说，创意旅游，不再是一种观望，不仅仅是体验，其本身就是一种生活方式，是生活感性之美的集中表现。生活本身的丰富性和多样性，也造就了当下

---

① 潘海颖．基于生活美学的旅游审美探析——从观光到休闲［J］．旅游学刊，2016，31（06）：73-81.

② 曹诗图，郑宇飞，黄其新．基于旅游属性与本质的中国旅游起源探析［J］．地理与地理信息科学，2013，29（06）：95-99.

③ 曹诗图．几个旅游基础理论研究学说的初步构建［J］．旅游研究，2014，6（01）：1-5.

旅游方式和旅游趣味的多元化，以及旅游审美的丰富性。

三、创意旅游审美的艺术化①

创造本身蕴含着艺术，也是艺术的表征。艺术观念从何而来？从人类艺术发展史的角度来看：第一，劳动创造美；第二，审美反思提炼美；第三，哲学思辨研究美。人们通常会说艺术来源于生活，又高于生活。然而，在现代和后现代的反思浪潮中，一切原有的概念和逻辑都在被重新思考、重新定位；原有的概念和逻辑被打破，甚至被消解。艺术是为了什么？生活又是为了什么？其实，艺术与生活原本不可分，且并无高下之分，也无因果之分。艺术本就是生活的一部分。

旅游与艺术的话题时常纠缠。与旅游相关的艺术通常表现为：文学作品、街头艺术、博物馆和展览、节庆活动、音乐与表演，也包括当代的涂鸦艺术、各类游记、摄影作品、影视作品。戏剧、歌剧、芭蕾、绘画、摄影，是旅游的吸引物，也是旅游的创造性结果和延伸产物。如果说艺术的审美体验通向艺术创造，旅游审美体验通向的则是生命的创造。“体验思考的是生活的意义和存在的真理，体验不是从逻辑的观点看世界，而是以内在的心灵去体悟世界；体验之思是一种诗化思维，是一种诗化的生活方式，体验本身就是目的”②。从这个意义上说，人们通过旅游体验，追求休闲理想，实现自己的审美人生。《文心雕龙》中说“目既往还，心亦吐纳。”旅游的审美体验不只是静观，不只是沉思，不只是冥想，而是充满着惊喜的发现之美，充盈着颤动的创造之美，这种创造是对生命之美的创造。

艺术的“真”与“美”本也不是同一范畴。旅游所提供的文化场景，无论其原生态到何种程度，都是一种再造的艺术；旅游吸引物也的确越来越“舞台化”了——完全的还原几乎是不可能的。想象原本就是重要的审美体验要素，审美离不开想象。如同中国画并不追求形的逼真，而是追求意境之美。意境源自何处？是画家的想象激发了欣赏画者的想象。如果说诗的想象是“适应人类对于生活真理和内在心灵的探求，也为了满足人类心灵对于想象刺激的爱好，对新鲜印象的渴求”③；那么，真实和想象之间，正为旅游审美的发生和形成提供了可能性。“旅游者的旅游体验过程，从个体评价标准来看，在一定程度上会满足于眼见为‘实’。而只要他满足于此，这种‘真实’

---

① 潘海颖．旅游体验审美精神论［J］．旅游学刊，2012，27（05）：88-93.

② 王苏君．走向审美体验［D］．杭州：浙江大学，2004：5-10.

③ 孙绍振．美的结构［D］．北京：人民文学出版社，1988：216.

就是他所要的‘真实’”[1]。从某种意义上说，旅游是朝着“真实的想象”而去，带着“想象的真实”而归。孙绍振先生在解读李清照的《如梦令》时，曾经有一个很好的命题“猜到的比看到的更动人”；借用一下，想象的往往比真实的更动人。旅游之前的“猜”和“想”也同样是重要的审美过程；旅游的审美也因游走在真实和想象之间，才别有一番滋味。想象，恰恰体现了旅游者具体的、感性的审美，高扬了旅游审美的主体精神。由想象去诠释真实，用真实构成下一个想象。旅途的魅力正在于此。

海德格尔（Heidegger）曾经说过“艺术作品以自己的方式开启了存在者的存在。这种开启，即揭示，亦即存在者的真理，是在作品中实现的”；同样，旅游者正是以体验的方式开启了自身的存在，获得了自我的真实呈现。海德格尔把美视为真理存在一种方式，存在者被存在之光照耀，就是真正的创造[2]；旅游体验——追求“美”，崇尚“闲”，这样的休闲存在不仅意味着存在的呈现、存在的真实，更意味着存在的创造。

康德说，美是无目的之合目的性。工业社会，艺术创造为了保护机器压榨之下的人性而存在，现代旅游是为了逃离而存在——旅游，通常被定义为对惯常生活的逃离，包括地理空间的逃离，也包括人际心理的逃离。后工业社会，后旅游时代，艺术创造为了保护网络压榨之下的人性而存在，创意旅游是为了真实存在而存在——创造，确立了存在本身；创造，惟有创造才能确立每个普通人的独立存在；创意，确立了旅游产品的艺术性，也确立了旅游者的审美品味。创意旅游的艺术性，是双向呈现的，既体现创意旅游产品生产者的艺术品味，旅游者通过对旅游产品的选择和参与彰显了审美趣味。

“艺术作为城市日常生活的内容，作为城市诗歌和服装的准则和规则，作为城市秩序和法律的准则和规则，是有效的和适用的。保持城市自身的健康和力量本身就是一种艺术：如同一个人的理智的和美德的转变就是艺术一样”[3]。旅游回归生活，艺术回归生活，审美回归生活。此处的“回归”包含着存在，也包含着超越，但根本上看还是一种存在。艺术本身就是一种生产，创造性生产。创意旅游为创意与艺术，旅游与日常搭建了桥梁。创造，本身就是艺术旅游使创造生活化，创造使旅游艺术化。因此，创意旅游的审美，既是日常的，也是艺术的。

---

① 谢彦君．旅游体验研究：一种现象学的视角［M］．天津：南开大学出版社，2005：28.
② 杜夫海纳．审美经验现象学［M］．韩树站，译．北京：文化艺术出版社，1992：13-14.
③ 滕尼斯．共同体与社会［M］．林荣远，译．北京：商务印书馆，1996：94.

第三章
创意旅游思维

第一节　创意潜能的释放

一、旅游创新驱动

正如第一章中创意旅游图谱的构建，创意旅游的理念创新来自于历史挖掘、文化碰撞、技术创新和市场再造，创新思维又是创意旅游理念创新的源泉。

人，是创造的人。综观历史，人类社会从无到有，创新创造一直伴随其发展和进步。横向来看，我们很容易地发现，地域不同，创新的步伐并不一致。人类科技加速度发展的近 200 年来，创新的地域差异不是缩小了，而在扩大。各个国家，从政府到民间，从集团公司到普通百姓，都在思考变化，都在期待创新。那么，不禁要问：创新究竟如何产生？什么样的社会文化和经济技术要素是创新的驱动？创新体系包括哪些要素？创新需要场域，具体的场域空间、结构和功能又有哪些特征？

如果说旅游创新场域具有空间性，是一个物质的存在，比较容易加以区分和分析，那么，旅游的创新体系则是一个动态的存在，构成相对复杂。第一，具有创新精神的人是创新体系的核心，包括旅游产品的生产者和消费者；第二，拥有一定层级和一定量的审美和创新资源，创意旅游资源突破了传统意义上景观资源的范畴，涵盖面更广，与其他产业的交叉融合也更充分和更自由；第三，区域内艺术文化氛围浓厚，有相关大学等教育机构为创新提供智力支持；第四，行政管理部门从政策层面给予创意旅游以支持；第五，创新知识产权能够得到保护；第六，区域内创新氛围浓厚，并能提供宽松自由的社会互动和交往空间。归纳一下，创意旅游体系由三个层面构成：人和资源是核心层，法律和政策保证是支持层，创新和艺术文化氛围是孕育层。

二、旅游创新有道——自为精神

自为，自己觉得自己可以行，并且勇于行；自为，社会觉得个体可以行，并鼓励行。

1. 批判与探索

从个人来说，创新是自主自为的，是极具个性的自我表达；当人意识到自我的独立性和自我价值的时候，创新才可能发生。因此，创新是自为的，充满自为精神；创新是自主的，充满冒险精神。创新往往与冒险如影随形。没有冒险，何来创新？创新精神来自于对个性、冒险、坚持的高扬。每一个走在创新路上的人，都是大写的人，有着无比的自信；每一个走在创新路上的人，都是心怀梦想的人；每一个走在创新路上的人，都是善于思考的人，常常怀疑、常常批判；每一个走在创新路上的人，都是好奇的人，探索未知，探索可能；每一个走在创新路上的人，都是试图改变的人，因为他们明白改变是对明天许下的最好诺言；每一个走在创新路上的人，都是懂得坚持的人，因为他们懂得坚持可以遇到更好的自己；每一个走在创新路上的人，都是勇敢的人，不怕困难，不怕失败，不怕挫折。

我国政府非常提倡创新，尤其鼓励年轻人进行创新和创业，但是我们的年轻人是否能够担承这样的时代使命？这里是有隐忧的。个体的缺失在哪里？又如何去弥补？中国的90后，00后，不缺乏个性，不缺乏梦想，也不缺乏坚持；缺的可能是思考、好奇和批判。如同国家走过的发展道路，我们为高效倍感自豪，我们为生产建设中的拿来主义和学习模仿能力倍感骄傲；在大多数人6~18岁的教育历程中，在高考中胜出的孩子往往是在题海中游刃有余，熟练掌握刷题技巧的群体。刷题背后，总体的竞争模式是对“已知”问题进行高效解答，大量重复训练，大量高强度、目的性异常明确的训练。效率至上的信条，使很多学生丧失了批判的能力和独立思考的能力。虽然不能武断地下结论，大学招收的是刷题机器，但这样的群体是明显存在的。刷题模式从本质上说就是对已知进行重复训练，以期取得所谓的“高效”，刷题模式的后遗症，或者说可能的弊端在于扼杀了学生对“未知”的好奇。试想，失去了对“未知”的探索和好奇，创新如何产生？

2. 担承与容错

从个体来说，自为精神除了对世界的好奇，对未知的好奇，并且勇于自我批判并批判世界，还源于对自我使命、自我责任、自我价值的确认和承担。创新源于自信，对文化的自信，对能力的自信。自我的创新是属于有使命感的人，并且需要对这种使命感有明确的担当精神。个体不仅确认自己能行，并且勇于去“行”。因为创新是实践，创新是在实践中淬炼并通向成功的。如果说创新源于一部分人（一般来说并非所有的社会成员）对新的渴望和追求，具有创新能力的人一定是充满自信和坚韧的。因为在创新的过程和路途中，一定是荆棘遍地、障碍重重。创新不仅需要“有梦”，更需要作为。

不夸张地说，时至2019年，几乎全中国都知道马云，也知道马云一手缔造的“阿里巴巴”。然而，回望1999年阿里成立之初，或者梳理马云在零售创新的路途中所遭遇的艰难，大约只有极个别的人能在不知结果的情况下像马云一样去坚持。20 年后的今天，不论你是否喜欢淘宝，或者愿意参与“双 11”“双 12”购物狂欢，你都不得不承认：马云颠覆了零售业，并且极大程度上改变了中国人的消费习惯和支付习惯。

从社会来说，需要对社会成员的自我能力、自我价值和自我表达进行肯定，并给予这些创新行为以及潜在创新不断的鼓励和包容。“自为”不仅是个体确认自己“可以为”，“自为”还需要社会包容并信任个体“可以为”。创新需要个体自信，还迫切需要“他信”。社会的文化自信是个体拥有创新自信的源泉，也是各体担承创新自信的助推器。创新未必都能获得所谓的“成功”，即便是一个成功的创新，也并不一定能给社会带来显而易见的益处。非功利的价值导向以及非功利的社会存在对创新的影响往往是正面的。社会能够并鼓励创新交流，为创新行为提供人员交流和社会交往的空间和载体，为创新的“试错”保持宽容的态度和宽容的氛围。一个“容错率”较高的社会，创新相对容易发生。过多的所谓“引导”，不恰当的管理会给创新行为制造壁垒，甚至会从源头上扼杀创新。

三、旅游创新需魂——艺术滋养

对于滋养旅游创意的氛围来说，艺术的地位举足轻重。

如果说艺术是艺术家用独特的视角，观察周遭世界，洞察人的内心，用各自特殊的方式，表达世界、内心，以及世界与内心之间的关系。艺术表达的方式有很多，绘画、音乐、舞蹈，等等。然而，不论表现形式如何，表达方式如何，艺术，非常本质的东西在于艺术家对内心之美的追求；艺术，非常珍贵的东西在于艺术家表达的独特性。艺术是追求“异质性”的，“异质性”赋予了艺术恒久的生命力。我们一般将“艺术生产”称为“艺术创作”。因此，艺术与“创造”“创新”不可分割。美国学者埃伦·迪萨纳亚克曾在《审美的人》谈及艺术的本质时写道：为了表明艺术行为是普遍的和持久的，我们有必要确认一种自然选择能够对其产生影响的核心行为倾向。她认为艺术的生物学核心，就是“使其特殊”之类的东西。对艺术作品进行赞赏和评价的非常好的一个词是“特殊”的。“特殊的”意味着其他词所没有的关心和关怀的积极因素。暗示特殊对象或活动对情绪的、感觉的和认知的因素的吸引①。简而言之，特殊，就是独特、与众不同，甚至是唯一。

旅游既是审美，亦可以造美。审美比较容易理解，名山大川，文物古迹，日常生

① 迪萨纳亚克．审美的人［M］．户晓辉，译．北京：商务印书馆，2005：70.

活，都可以成为人们的审美对象。在旅游者与旅游审美对象之间，有情景交融之美，也有物我两忘之境，旅游者以此获得审美感知和审美体验。旅游如何造美？旅游的生产是造美，旅游的行为也是美的生产。旅游的生产就是美的生产。现代旅游业的诞生，以19世纪托马斯库克在英国成立的旅行社为标志，托马斯库克是世界上第一位旅行代理商，也被誉为“近代旅游业之父”。旅游业以旅行社、酒店业、航空运输业为三大产业支柱。旅游产业就是生产旅游产品的行业，其产品范围非常广泛。随着人们旅游区域范围的扩大和旅游内涵的不断加深，旅游产品越来越趋向多元化和丰富化。“旅游之美”的“生产”从初期的核心产品，逐渐扩展延伸到旅游活动涉及的方方面面。从大的方面来说，从旅游景点景区的开发策划，旅游饭店的升级改造，到旅游目的地的整体规划，都涉及到美的生产；从小的方面来说，从旅游线路的规划设计，到旅游活动的创意策划，到旅游伴手礼的设计创新，都蕴含着美的创造。

旅游的行为不仅是审美文化活动，同时也是极具实践性、体验性和互动性的审美实践活动。旅游者在一个特定的审美场域中，并不是一个被动的美的接受者，不仅可以是美的参与者，更可以成为美的创造者。旅游的审美本质是一种寻觅，对生命归属和文化价值的寻觅。人在旅途，远离惯常的居住地和生存环境，会有种种不便，也常常会感受到孤寂和疏离，但往往在旅途中会有不同寻常的发现和收获。另外，旅游提供了扫盲的可能。每个时代都有盲点，每个生命都有盲点。有些东西看不到，或者即便看到也视而不见。比如，以前垃圾焚烧场建在居民区附近，人们毫不关注；以前把旧房子拆了重建，人们不认为是对历史传承的破坏；以前开山采石伐木，人们不在意对绿水青山造成的破坏。这还仅仅是认知层面上的，更多是关于文化、价值的盲点。因此，扫盲对于人类来说何其重要！走出去，才知道世界有多大；走出去，才知道历史有多厚重。相形之下，个体生命无疑是渺小的、脆弱的。但就在个体渺小脆弱和时空无限的对比中，有助于体验个体生命的价值和归属，并更加珍惜生命本身。旅游审美是一种重新发现，对生活本身所蕴含的丰富性的重新发现，对可能失落、可能遗忘的生命价值的重新发现；旅游审美是一种激发，对生命创造力的激发；旅游审美是一种唤醒，对生存美感的唤醒①。因此，旅游行为不仅是审美行为，旅游行为本身就是美的创造。

艺术与旅游，“求美追新”的追求上有了交集，艺术与创意旅游在对创造的坚持和弘扬上有了交集。

---

① 潘海颖．基于生活美学的旅游审美探析——从观光到休闲［J］．旅游学刊，2016，31（06）：73-81.

（一）艺术与创意旅游都是日常的超越

艺术和旅游一样，都是日常生活以外的东西。尽管旅游已经被很多人认同为一种生活方式，但即便是生活方式，旅游仍然是日常生活以外的一种生活方式。旅游不仅是离开常住地，地理空间的位移为旅游者脱离（并不一定是逃离）日常生活提供了空间上的保证，进而也为旅游者行为方式的改变创造了机会和可能。如果说日常意味着无趣和压抑，那么超出日常，就可以获得趣味和释放，至少是寻找趣味和释放的可能性。办公室工作的乏味，人机交流的日常，虽然明知假日景区人挤人，人们还是希望通过一种反日常的参与，成为一种反日常的享受。我国长假制度确立以来，几乎每一个热门旅游城市，每一个热门景区，人满为患的新闻报道可谓层出不穷。从假日制度的理论探讨，到旅游供给侧的预警机制，再到大数据时代的提前广而告之，但始终热度不减。不禁思考：这样的假日旅游热，这样的假日旅游挤，为什么仍不能避免？真的是因为中国人太多，还是中国假期太少？2019 年春节，西双版纳的人潮，重庆洪崖洞的人潮，西安大唐不夜城的人潮——自媒体时代，这些视频和照片的传播，似乎并不是在提醒大家不要去了，反倒赢得了人们更多出门的冲动。冲动和动机也许只有一个：超越日常，“挤”也是参与！旅游的动机只有一个：超越日常！旅途，花超过以往几倍的时间，人们用游戏的方式进行自我调侃，自我解嘲，无非在说明一个事实：在路上，本身就是一种态度！创意旅游通过某一个旅游环节，某一个活动策划，某一个产品设计，能使旅游者获得更多的趣味和自由。发泄也好，逃离也好，释放也好，艺术与创意旅游都是对日常生活的超越，用超越日常反观日常生活，通过对日常生活的“无利害”的静观，获得一些额外的东西，使其成为日常生活的装饰；获得一些生命的点缀，使其成为生命的强化。

（二）艺术与创意旅游都需要共情

艺术无疑是文化的重要组成部分和现代文明的重要基石。旅游，很长时间也被定义为一种文化活动，也许会听到文化泛化的批评，但至少旅游交往是一种文化互动。艺术通过不同的表达方式，旅游通过不同的活动，来一些手段来唤起、赢得人们的注意力，进而通过共鸣，来获得理念的认同，成为共同情感的载体。一幅画作，一段舞蹈，艺术的创作者通过不同的载体表达内心世界，表达自己与世界的关系。在坚持艺术的独特性和自我表达的唯一性的同时，所有的艺术家都会同意艺术作品并不是创作者的自说自话和孤芳自赏，艺术品需要得到他人的共鸣，艺术品需要得到社会的认可

(虽然未必是当时当代，也不可能是社会的全体)。这种理解、共鸣和认可，就是共情。艺术家与观赏者也许未曾谋面，也许更无机会相识，这种共情的存在，是通过艺术作品本身传递的，并且可以超越时空，可以恒久远。

创意旅游也存在共情的体验。生活以其自身的逻辑和法则，赋予个体的生命存在以无穷的美感，并以其包容和开放的特征展现其独特的魅力。日常生活既充满着感性的愉悦，也承载着深沉的精神期望。文学中经常把人生比作旅途。旅途和人生的困惑在于其短，在于不知未来；而魅力亦来源于其未可知的部分。苦短，必须珍惜；困惑，必须寻找。旅游，是离家；旅途，其实更是回家——回家则是一生要走的路。生活之中，充满了各种无奈和不得已；而旅游，必定是兴趣所致，这种兴趣和热爱所驱使的休闲生活自然能避免生命体验留在谷底，还能使生命体验始终焕发活力。真正的旅游审美满足在于旅游者收获独特的归属感并极大地丰富自身的精神生活：从旅游中体验人生的快乐和丰富，其审美意义在于寻找到自己的生存位置，并意识到超越个体生命存在的意义，寻找某种超越的方式和情怀①。旅游的共情体验，一方面是旅游者与环境的共情——山水草木，生生之美；一方面是旅游社会交往的共情——聚散离合，人文之美。

(三) 艺术与创意旅游都是参与者的统一

艺术与创意旅游在社会交往的层面把所有的参与者统一在一起。此时此刻，彼时彼刻，统一在一种情感之中，统一在一种心境之中。这样的统一也许只在一瞬，但这样的瞬间是值得记取和值得无限回味的。正因为艺术和旅游都是超越日常生活的，也为所有参与者的个体自我超越提供了契机和载体。

人们常说，艺术是可以升华生命和灵性的。升华的基础就在于共情和超越。旅游参与者共同参与并分享审美的愉悦，分享审美的记忆，人们彼此的界限被融化。艺术作品通过创作与观看来合成统一体，创意旅游则通过“在一起”(人、物与环境)合成统一体。

“特殊的”可以表示，不仅我们的感官被一件东西在知觉上的显著特点(特殊性)所吸引，而且我们的智力也受到其不同寻常的特性(特殊性)的挑逗和刺激。我们使某些东西特殊，是因为这样做会给我们一种方式来表达它对我们具有积极的情绪诱发力，我们成就这种特殊性的种种方式不仅反映、也提供了非同寻常的或特殊的满足和

① 潘海颖．基于生活美学的旅游审美探析——从观光到休闲［J］．旅游学刊，2016，31（06）：73-81.

愉快（也就是说，是审美的）。由此而见，这种统一，不仅对参与者（创作者、观看者、旅游者、生产者等）产生极大的吸引力，还使参与者获得特殊性，获得审美体验。在美的追求中，获得更进一层次的对世界和人性的认识、理解，获得更进一层次的生命的成长和升华①。

第二节　创意旅游的生产

一、创意旅游范式的提出

创意可以指艺术和文化，也可以涵盖创新和知识产业。创意的范式已经成为了一种植入性概念，使得每个人都可以为了自己的既得利益利用或者故意误用它②。

创意产业的定义是指“起源于个体创意、技巧和才能，通过知识产权的产生和利用而有潜力创造财富和就业机会的产业”③ 创意产业是发端于个体创造力、技能和才智的活动，可以通过创造和利用知识财产来创造财富和工作岗位。

基于创意本身的不确定性、多元性和不稳定性，当创意范式被质疑的时候，提出创意旅游的范式是否合适？当我们把创意旅游定义为一种想法的时候，谈范式可能不甚妥当；当我们把创意旅游界定为一种产品的时候，范式可能就是必须要考虑的问题。更进一步说，创意旅游范式在这里就是指创意旅游产品生产的路径和方法，以及激励创意旅游产品生产的机制和政策。作为指导创意旅游生产的基本理论框架，创意旅游范式的讨论需要包括：为什么创意旅游需要被鼓励？创意旅游如何被更好地生产？人们参与创意旅游的主观意义和社会影响有哪些？

二、创意旅游的供需源头

创意旅游的出现是理论融合和产业融合的产物。从理论视角看，创意旅游源于创意经济理论与公共文化政策的融合。从产业融合来看，创意旅游的出现与创意产业的崛起息息相关，尤其是文化创意产业，直接为创意旅游给养，为旅游活动从内容到形

① 迪萨纳亚克·审美的人［M］. 户晓辉，译. 北京：商务印书馆，2005：89.

② 唐燕，昆兹曼·创意城市实践：欧洲和亚洲的视角［M］. 北京：清华大学出版社，2013：4.

③ 塔隆. 英国城市更新［M］. 杨帆，译. 上海：同济大学出版社，2017：325.

式的创新提供了资源和视野。创意旅游是在创意产业大发展的社会背景下，基于旅游需求变化和旅游产业转型升级而产生的。创意产业的崛起是创意旅游产生的现实背景。

（一）推手——旅游需求变化

创意旅游的出现是新一代旅游者旅游理念、旅游需求和旅游方式发生改变的结果和必然。从观光旅游发展到休闲旅游阶段，旅游者注重旅游的体验性，注重旅游带给自己的独特感受，旅游者的个性化要求越来越显著。在此基础上，旅游者更注重旅游的参与性，他们不仅仅满足于自己在旅游活动中的互动，更想参与旅游过程的设计和安排，不仅向往新奇的旅游目的地，向往新奇的旅游活动，向往并挑战旅游带来的不确定性，想通过旅游活动最大限度地获得刺激、自由和创造感。

（二）拉力——旅游产业的升级换代

二战以后，历经半个世纪的强劲发展，旅游产业从朝阳新兴产业发展为成熟的传统产业。从产业发展的生命周期来看，旅游产业已经从一个充满朝气的年轻人成长为一个成熟的中年人。人到中年，无疑是需要继往开来的。这是旅游产业自身发展的需要，同时也是时代的召唤。

一方面，工业2.0、3.0和农业2.0、3.0需要转型升级，伴随着工农业4.0时代的到来，互联网、大数据、智能化，所有的先进技术能够也需要载体和表达途径。旅游业的新、奇、特，成为一个活跃的产业元素，与其他产业相加相联。VR，AI，技术和智能以眼花缭乱的方式，把创意植入旅游，把旅游植入工农业，VR博物馆、机器人餐厅，跨界和整合新思维不断被认同，新产品新产业应运而生。

另一方面，半个世纪以来，全球化浪潮席卷世界。世界的确变小了，然而差异似乎也在被抹平。来到一个陌生的城市和乡村，都觉得似曾相识。城市的高楼大厦，即便是精心设计的各种城市地标都觉得雷同；乡村的田园小屋，美丽整洁似乎也可以变成一个味道。城市与城市的差异，乡村与乡村的差异在减少，地方认同感、人文原真性在消失。旅行，是离开“常住地”，是离开“常”去寻找“非日常”；当“异”都消失的时候，出行的意义何在？乐观地看，“异”的可以是空间，也可以是文化。当空间的“异质感”在消失或者至少在减少的时候，文化的“异质感”变得更为重要起来。空间是可以被观看的，也是可以被体验。当地理风貌的异质性在抹平和消失的时候，空间的体验仍然存在“异质感”。这种“异质感”的存在是以人的存在为前提的，空间中的居民、游客，以及居民与游客的互动构建了某种“异质感”。民宿的出现和广被推崇，很好地说明了人们对异质空间体验，或者说同质空间异质互动的需求。人们在“全球化”的文化反思中急迫需要找到社会发展的文化根基。这一切，不仅被社会学家和人类学家所担忧，普通民众的地方文化和民族文化意识也在加强中。表现在旅游中，就是旅游对文化的寻找。在政府管理层面，我国在2018年完成了文化部和国家旅游局的整合，成立了中国国家文化和旅游部，反映了文化与旅游融合的管理需求。下一个时代的旅游，必然是文旅的互相寻找和互相融合。如果说旅游是见地见景，文化是有人有物，那么新文旅融合就是为了“见人见物见生活”。生活，不仅是文旅融合的沃土，也是滋养生命的不竭源泉。不仅是离开故土的乡愁，不仅是中老年人的怀旧，而是一次集体文化溯源和集体乡土寻找。伴随文化寻根和时代怀念，工业遗存，乡间劳作，惯常的工作与创意的方式相结合想碰撞，使之成为全新的体验。

三、创意旅游与非物质文化遗产

如果说自由的环境、休闲的心态是人们产生创意的土壤和必要条件，那么文化就是创意的持续给养。创意旅游的形式与内容都离不开文化创意，可以说，创意旅游是文化旅游的当代表现。文化（包括艺术）为旅游创意直接提供灵感，文化（包括艺术）活动为旅游创意提供了情境和载体。

（一）非物质文化遗产的旅游化运作

众所周知，文化旅游一般与历史遗存和古老的民俗传统息息相关。发展到当代，物质文化（历史遗存和当代建筑）和非物质文化（表演艺术、节庆活动、新兴艺术）共同成为创意的来源。当代艺术活动和文化节庆既是文创产业的一部分，也是旅游者所感兴趣的产品。物质文化产品和非物质文化遗产的展示提供人们参观的可能性，非物质文化活动则有更强的参与性和体验性，也成为创意旅游产品的重要组成部分。

1. 非物质文化遗产与旅游

这里尤其需要谈到的是非物质文化遗存的旅游化运作问题。根据联合国教科文组织的《保护非物质文化遗产公约》（2003）将非物质文化遗产表述为：被各群体、团体或有时为个人所视为其文化遗产的各种实践、表演、表现形式、知识、技能及其有关的工具、实物、工艺品和文化场所。这些代代相传的非物质文化遗产，是由社区及其人群为回应其所处的环境，在其与自然界及其历史的互动过程中被持续不断地创造出来，并且使他们获得一种认同感和历史感，从而增进了对于文化多样性和人类创造性的尊重。公约所定义的“非物质文化遗产”包括以下方面：1. 口头传统和表现形式，包括作为非物质文化遗产媒介的语言；2. 表演艺术；3. 社会实践、仪式、节庆活动；4. 有关自然界和宇宙的知识和实践；5. 传统手工艺。（联合国教科文组织 UNESCO 2014）

根据《中华人民共和国非物质文化遗产法》规定：非物质文化遗产是指各族人民世代相传并视为其文化遗产组成部分的各种传统文化表现形式，以及与传统文化表现形式相关的实物和场所。包括：1. 传统口头文学以及作为其载体的语言；2. 传统美术、（梅花篆字）书法、音乐、舞蹈、戏剧、曲艺和杂技；3. 传统技艺、医药和历法；4. 传统礼仪、节庆等民俗；5. 传统体育和游艺；6. 其他非物质文化遗产。教科文组织对非物质文化遗产的定义还强调“这种非物质文化遗产世代相传，在各社区和群体适应周围环境以及与自然和历史的互动中，被不断地再创造，为这些社区和群体提供持续的认同感，从而增强对文化多样性和人类创造力的尊重”①。非物质文化遗产的价值不仅仅体现在对过往的追忆，还在于为共同的认同感奠定基础，它在世代相传中不是一成不变的，是兼具历史烙印与时代气息的人类创造力的见证。

非物质文化遗产本身具有公共性，是旅游者深入了解目的地文化的有效的、可视的途径。但是旅游者介入的深度和广度值得探讨。从最初的参观和观看，到深度的体验和再创造，需要对非物质文化遗产进行活化处理，进行旅游的开发和商品化。旅游的开发对于文化是一柄双刃剑，尤其是对文化遗产的开发是一个容易引起争议的话题。一方面，旅游者有深入体验、学习和创造的需求和动机；另一方面，历史文化遗存的保护意义重于发展意义。在保护和开发中，找到平衡点并非易事。非物质文化遗产是否会在所谓的旅游开发中丧失其原有的存在价值，旅游开发中所活化的部分有多少真正代表了真实的非物质文化遗产？文化体验深入了，创意旅游产生了，然而，非物质文化遗产消失了——这当然是所有人都不愿意看到的。同时，非物质文化遗产本身是非标准化的，在其创意旅游化的过程中尤其需要被个性化地对待。

2. 非物质文化遗产的“守护”（safeguarding）与旅游化运作

“守护”与保护（conversation）的重要区别在于认识到非物质文化遗产的动态发展性。守护，意味着守望、保护和发展。保护，在以往的时间里尽管做的还不能让人十分满意，仍有进步的空间，但谈得还是比较多的。需要着重指出的是：守护和发展。这两方面与旅游化的运作的关系更为紧密。

与物质文化遗产一样，针对非物质文化遗产也有系列的国际准则、宪章和公约，

① 李培林．城市化与我国新成长阶段——我国城市化发展战略研究［J］．江苏社会科学，2012（05）：38-46.

以利于非物质文化遗产的识别和管理。但是不同于物质文化遗产以保护为使命，在这里，因承认非物质文化的动态本质，使命变为“守护”。“保护”有可能导致传统被石化和博物馆化，而“守护”则竭力使传统保持活态和活力①。

守护，是看护、守望、等待、期望和参与。守护，是守望，观，且静静地观。对于非物质文化遗产来说，需要给予更多的包容、理解和空间。曾经的技艺，曾经的表达，曾经的民俗，走过岁月，也许不再能给我们惊喜，也许不再能获得我们的理解，也许不再能引起我们的共鸣；但至少，这就是历史，这就是年轮，这就是记忆。守护，是一种态度，也是一种敬畏。置身于飞速发展的社会，对于过去的东西，尤其需要这种敬畏；失去对历史和记忆的敬畏，人类最终将迷失自己，是没有未来。守护，更是一种期望，一种参与；用文艺的语言来说，就是这样一种态度：如果说你的过去我来不及参与，那么，你的未来我想一直在一起。对非物质文化遗产的守护，不仅需要静观，不仅需要保护，更需要当代人的参与。那么如何参与？如何应对旅游者需求，以恰当的方式对非物质文化遗产进行参与就成为重要的课题。

在《文化旅游》一书中，学者提出“守护非物质文化遗产的三阶段方法”，公共的和非营利部门的博物馆、社区文化中心、研究机构等组织，已经成为在社区层面看护非物质文化遗产的日益系统化策略的组成部分。多数国家似乎已经采纳的管理方法包括：社区参与，登录并制定清单，形成在社区内继续传播非物质文化遗产的能力。与物质文化遗产的保护一样，任何类型的管理系统都不该试图以保护遗产为其最终目的。就管理理念而言，更为重要的是鉴别出社区意欲通过其非物质文化遗产的多样性表现形式而传播给下一代的特殊价值，而不是要把这些表现在不变的、僵化的形态之中②。

在旅游化的运作中，需要特别呈现的是非物质文化遗产“当地人”“当代感”和“现场性”。人和场景是尤其重要的。物质和非物质遗产的区别部分在于后者需要现场的人来赋予其生命。因此，“民众”“传统继承人”“活的财富”“师傅或大师”等人的配合和参与式具有根本的重要性的。否则，它就会沦落为肤浅的表演。同样，环境也是重要的，因为非物质遗产是呢在地与地域相联系的。从旅游的角度来看，观看“真实的”个人在一个“真实的”地方将非物质文化遗产呈现给观众，无疑能提升旅游者体验的品质③。贵州的苗绣，苗族妇女绣花场景——在黔东南的村寨中被观看，还是在北京三里屯商场中再现，对于旅游者的感受是完全不同的；同样，毛利人的欢迎仪

① 迪克罗，麦克彻·文化旅游［M］. 朱路平，译. 北京：商务印书馆，2017：103.
② 迪克罗，麦克彻·文化旅游［M］. 朱路平，译. 北京：商务印书馆，2017：105.
③ 迪克罗，麦克彻·文化旅游［M］. 朱路平，译. 北京：商务印书馆，2017：106.

式——在遥远的上海的商业庆典中呈现，还是在澳洲的民俗文化村呈现，游客的体验也是完全不同的。不论是远程的还是当地的传播，两种方式都无可厚非，只是不同的传播方式，但带给旅游者的体验深度和体验感受是不同的。当地与当下，此情与此景，对于旅游者来说更具有吸引力，旅游者更愿意参与其中，观看、学习，好奇、新鲜感也会激发旅游主动成为遗产的传播者。

在旅游化的运作中，需要特别避免的是非物质文化遗产的滥用，以及由此导致的庸俗化和过度商品化。在很多地区，尤其是非物质文化遗产保护和传承较好的地区，往往交通不便，生产运作的方式相对落后，旅游是作为扶贫的产业和项目介入当地的，是支持社区经济发展的简单易行的方式。然而，在实际的运作中，如果缺乏恰当的引导，缺乏知识产权的保护，掠夺式的开发，不仅不能守护非物质文化遗产，还会破坏非物质文化遗产。旅游社会学者一度广泛探讨由此带来的文化本真性问题。非物质文化遗产放进博物馆，或者当它只能被放进博物馆的时候，其实已经宣告了它的死亡和终结。真实，首先需要存在；真实，首先需要活着。如果是为了非物质文化遗产的存在和发展的，旅游化，一定尺度的商品化是无可厚非的。非物质文化植根于社区文化，反过来，非物质文化遗产的旅游化运作如果是为了社区发展的，是值得鼓励的。虽然，在旅游化的运作中，这些非物质文化的生产者同时兼具着另一层身份，就是表演者和传播者。需要坚守的是，这些传播者首先是遗产的“生产者”和“守护者”，其次才是“传播者”“表演者”和“呈现者”。

在旅游化的运作中，需要处理好遗产的商业化呈现与文化价值的私密性之间的关系。文化的商品化一直是一柄双刃剑，这实质上也是整体创意产业要面临的难题。旅游的介入，可能为正在消失的遗产带来活力，也可能使其低俗化。一些严肃的文化学者，对文化的商品化、复制化嗤之以鼻，批判有加。乐观地看，商业利益是促使产业繁荣的重要动力，也是促进文化产业繁荣的重要推手。无论是否喜欢“文化产业”这一提法，如果文化产业的确存在，需要探讨的无非是文化产业化、文化消费化、文化商品化的“度”的问题。回到非物质文化遗产的旅游化运作，需要商业运作模式，需要有旅游项目策划，需要有旅游线路设计，需要有旅游伴手礼的制作。传统手工艺、社会习俗、传统仪式、民间节庆、民族表演艺术，通常是旅游商品化的主要对象。所有这些，究竟在何种尺度上可以被开放观看？里面可能涉及的有宗教信仰、民族禁忌、家庭隐私。曾经遭到批判的有旅游者观看藏族的天葬，贵州少数民族原本几年一度的节日变成一月一次，完全失去了节庆的文化意义，这样的例子不胜枚举。等等。仪式在很大程度上是神圣的，只有一部分是可以被观看的。旅游者有意，或者只是无意地侵犯隐私、触碰禁忌，最终侵害的当地居民的情感。被表演的文化遗产的真实性受到质疑，文化价值平庸化、恶俗化。

在旅游化的运作中，创意旅游尤其需要在当代艺术发展与传统文化遗产的保护之间找到平衡。这是艰难的，是需要创意人（创意旅游生产者与创意旅游消费者）去从守护的视角进行深刻理解的。在旅游体验，尤其是深度的、文化的体验需求日益强烈的时期，所有的非物质文化遗产都比以往更具吸引力。创意旅游又是高度参与性的活动。政府的管理机构大多鼓励当代艺术与传统艺术加以结合，以此激发建立在传统艺术上的当代创新，这些是无可厚非的，同时也是旅游者感兴趣，并且愿意参与的内容。在创意旅游产品生产的过程中，旅游者、艺术家，身份的叠加；消费者和生产者，身份的置换，有利于整体文化创造力的释放，也可能使非物质文化遗产更具活力。游客的参与往往是创意旅游项目中重要的组成部分。关于艺术节的研究表明，如下因素能够促进观众的参与：在节日项目中包含互动活动，竞赛活动（旅游者和当地人平等参赛更好），教育活动（大师课程、公开讲座、工作坊等），以促进专业交流为导向的附属活动（研讨会、会议、专家辩论会）；以开展非专业交流为导向的附属活动（会见演员、参观后台和艺术工作坊、参与其活动）①。同时也需要看到，正因为游客的参与，传统节庆的内容和形式都在发生改变，如何在一定的尺度内保持节庆的传统内容，或者说传统中哪些部分是可以被改变的，哪些部分是不可以被改变的？活动的策划者需要提前进行思考和把控。对于手工艺来说，游客通过参与和学习，制作并带走的旅游纪念品或者创意旅游产品，在多大程度上体现并保持了传统技艺的核心内容，同样需要在创意-传统之间进行合理的融合。一些非物质文化遗产项目的开放度相对高一些，比如烹饪、园艺等活动，而一些项目则传统的意味更浓厚一些，涉及到艺术观点也不同。比如中国传统戏曲表演，多数戏曲表演艺术家对唱腔、念白，以及配乐方式等都有比较严格的要求，过于大众化的创意演绎可能会遭到老艺人的批评。旅游者可以在多大尺度上对非物质文化遗产进行消费，他们“消费”的商品中有多少可以代表真正的非物质文化遗产的价值？这都是需要进行深入的、分门别类进行思考和研究的。

（二）非遗创意旅游开发的日本金泽经验

1. 日本金泽及其旅游资源

金泽位于日本列岛北部中心区域，面朝日本海，是北陆地区的经济和文化中心，

---

① 迪克罗，麦克彻·文化旅游［M］. 朱路平，译. 北京：商务印书馆，2017：125.

石川县首府。金泽建城之处是一座宗教城市，城市建设始于1583年。加贺藩是江户时代最大、最富有的藩国之一，也将主要的资源都投入到文化中。正是由于这些投入，金泽得以在今天享有重要的文化遗产，包括能乐、金箔装饰、加贺莳绘、陶器以及加贺友禅。金泽1889年设市，现在面积470平方千米，人口45万，工业以机械（多为纺织机）、纺织为主，次为食品、金属制品等。早期发展的丝织品和传统的美术手工艺品漆器、木工等仍有名。2015年开通从金泽到东京的新干线，铁路旅行时间仅为2.5小时，极大地提升了金泽的可达性。

金泽是美丽的日本北陆地区的中心地带，港口可容1.5万吨船入港。是日本最美丽，保存最完好的历史名城之一。名胜古迹有金泽城旧址、兼六园等。通常与京都相比，金泽以其无可挑剔的艺伎和武士区，标志性的兼六园及其美味佳肴而闻名，包括一些日本最优质的海鲜。兼六园位于城市的中心附近，面积达11万平方米的园内，设置了池塘、喷泉、瀑布、溪流等景观，种植了松、枫、梅、樱和等树木、兰、菊、燕子花、草坪等花卉，加上亭、台、楼、阁等建筑，是一座回游式园林。它与冈山的后乐园、水户的偕乐园齐名，称为日本的“三大名园”，被日本政府指定为特别名胜。在江户时代，金泽是日本最强大的城市之一，也是前田家族的故乡。值得庆幸的是，这座城市在第二次世界大战期间幸免于空袭，使旧城区的大部分地区完好无损。虽然首次到日本游客常常错过了金泽，但对于历史，花园，美食和艺术感兴趣的日本游客来说，金泽是一个非常值得的旅游目的地。

2. 金泽传统手工艺

在加贺藩260年的历史中，许多匠人最早的工作都是修理武士的铠甲，随后他们的技艺才逐渐应用于其他工艺生产。依托这些传统，金泽成为最活跃的传统手工艺生产地之一。加贺家族曾邀请过许多艺术家和工匠来到这里，这使得这里的手工艺水平达到相当高的境界，而且直至今日仍在不断繁荣昌盛。五彩缤纷的九谷陶器，朴实的大樋陶器，优雅的金泽漆器。灿烂的金泽，独特的金泽桐木工艺，特殊的手绘加贺友禅丝绸，加贺象嵌，加贺刺绣，加贺鱼飞，彩结，金泽神坛都是金泽的特产。

3. 非遗创意旅游开发

金泽的旅游业、文创产业、教育业是系统化的，非遗的创意旅游形成了从非遗继承、非遗教育、旅游展示、传统工艺再创意的立体化、产业化的发展模式。金泽通过建设新的文化设施、扩大知识性文化机构的办法来加强文化关联产业的形成，保持人们的生活质量和文化的传承成为地方政府的首要目标。

第一层次：教育培训——承担非遗技能的传承，向市民、游客、艺术爱好者的展示功能

（1）金泽美术工艺大学成立于1946年，为城市的艺术和文化发展作出了巨大贡献，吸引了大批来自全国，以及亚洲、欧洲、美国等地的青年才俊。学生数量虽然不多，但还是开设了日本绘画、手工艺（陶艺、金属工艺、漆器、纺织）等课程。

（2）卯辰山工艺工房：为纪念金泽建城100周年，1989年成立卯辰山工艺工房，目的在于保护并发展金泽的传统手工艺。公房设有画廊和工作室，为年轻的创意人士提供陶艺、漆艺、染色工艺、金属加工工艺和玻璃器皿工艺等五个领域的培训机会。金泽在这几个领域中都具有优势，比如加贺友禅使用了一种叫做“绞缬染法”的特殊技术和染色工艺，漆器则使用金箔和加贺象嵌等金属工艺。工房最具特色的是为手工艺工匠举办培训课程，每年挑选10位年轻、有前途的艺术家和工匠免费接受为期两到三年的培训，这些学员每月还可以得到10万日元奖学金用于购买材料。工房建立之后的三十年中，超过200名学员顺利毕业，有超过一半的毕业生留在当地的非遗生产行业工作。市民和游客都可以参观展览并参加艺术创作课程。

（3）市民艺术村和工匠学院：利用了原来大和纺织金泽工厂的旧厂房，改造成艺术空间，1996年对外开放，包括戏剧、音乐、美术等多用途工作室。艺术村由市民自主管理，并任命艺术总监管理每个工作室。这些设施全年365天，全天24小时对外开放。艺术村同时也是金泽市民的艺术技能训练中心，开办了金泽工匠学院。工匠学员提供各种课程传授石作、瓦作、抹灰、木作、榻榻米制作、隔断制作、钣金和裱糊等技艺，这些传统技艺对于金泽的历史建筑和传统城镇景观保护都是必须的。每一组学员大约由50名年轻的工匠组成，经过三年学习获得“金泽匠技能士”（经过认证的技术人员）头衔。在特殊课程中，包括那些从主要课程汇中毕业的40名工匠将有资格花三年时间学习修复技艺，使学员有机会在实际的历史建筑修复项目中工作，这为他们提供了实践的机会。完成课程后，他们会被授予“历史建造物修复士”（经过认证的保护人士）的头衔。

第二层次：艺术展示——承担传承文化、创新技能、复兴社区、参观学习、旅游体验的功能

21世纪当代艺术博物馆：金泽市政府与2004年建立，任务是产生新文化并复兴社区。博物馆坐落于市中心，毗邻市政厅。“随心”、“喜悦”和“可亲”是博物馆的目标。博物馆有着醒目的外观，也是一座开放式的公园。拥有顶级的当代艺术展品，经常举办各种工坊和研讨会，为参观者提供世界最前沿的当代艺术体验，是一座“与当

代社会共同前进”的博物馆，也是为市民服务的“参与导向型”博物馆，承担服务教育、休闲、娱乐和交流的新型“城市广场”的职能。同时，博物馆通过市民和产业界间的相互协作，通过重点关注孩子们观赏、触摸和体验艺术的项目，探索金泽独特文化传统具有生命力的方式，起到了艺术实验室的作用。

第三层次：多层次、全方位的会展业——承担金泽品牌化和国际化的职能

（1）品牌金泽：联合国教科文组织于2009年授予金泽为创意城市，作为其在保护传统工艺方面所作出的持续努力。金泽市政府发布了三条基本原则：文化与商业相连、培养创意人士、吸引世界目光。联合国教科文组织的认定，使得金泽以“品牌金泽”为终极目标，成为支持并革新传统地方手工业的佼佼者。在将地方内生性资源作为发展战略为基础，投资创意和知识产业应对结构和技术变革的挑战，促进经济的发展等方面，金泽堪称典范。

（2）创意华尔兹：将金泽美术工艺大学、卯辰山工房的学生和其他年轻工匠派往其他海外创意城市，通过国际交换培养未来工匠。

（3）工艺旅行：通过举办各种展会和论坛，鼓励人们参观金泽的工坊。政府组织了“2010创意城市论坛”和“2011工艺创意城市工作坊”，21世纪当代博物馆在2010年举办“第一届国际工艺三年展”，吸引来自世界各地的参观访问者，加强了金泽与国际城市网络的联系并相互交流信息。

从旅游的角度来看，小小的金泽市成为日本最受欢迎的旅游城市之一。2010年，超过800万人次到访金泽及周边地区，近20年来游客数量增加了40%。作为金泽历史的代表性标志，兼六园的参观量达到200万人次，21世纪当代艺术馆每年有超过150万人次到访。金泽在发展中以强有力的、持续性的政策协调了传统和现代的关系，尤其在文化创意和旅游产业领域的融合和互推方面做了很好的探索。

（三）非遗创意旅游开发的杭州经验

1. 杭州的非物质文化遗产资源和保护进程

2012年4月，杭州加入教科文组织创意城市网络，被授予民间手工艺之都称号，这是对杭州的城市文化积累和对非物质文化遗产长期坚持不懈保护的褒奖。杭州成功加入的重要基础是拥有9项人类非物质文化遗产代表作，以及一大批国家级、省级非物质文化遗产；社会各界都积极参与非物质文化遗产保护，非遗保护深入人心。杭州作为非遗资源大市，在非物质文化遗产生产性保护方面积累了许多成功经验。

杭州拥有丰富的非物质文化资源。继浙江昆曲、浙派古琴艺术先后列入第一批、

第二批人类非物质文化遗产代表作名录保护项目以来，杭州有 9 个非物质文化遗产项目被联合国教科文组织列入人类非物质文化遗产代表作名录，其中中国木拱桥传统营造技艺（包括泰顺和庆元廊桥）、中国活字印刷术（瑞安木活字印刷术）被列入联合国教科文组织《急需保护的非物质文化遗产名录》。2011 年，杭州西湖文化景观被列入世界自然与文化遗产名录。此外，除了积极推动优质非物质文化资源申遗，杭州市还建立了各级非物质文化遗产保护体系，对各级各类非物质文化资源也同样重视。初步形成非物质文化遗产保护的各级体系，建立起非遗保护的长效机制和保护生态。申遗和建立保护体系，实质是自上而下授予各级非物质文化遗产以品牌，扩大非遗保护的影响。一大批非物质文化遗产的入选，客观上建立了非遗保护的生态，既建立了规模效应，又扩大了品牌效应。

杭州拥有大量专业的非物质文化遗产博物馆，如中国丝绸博物馆，中国刀剪剑、扇、伞博物馆，南宋官窑博物馆，都锦生博物馆，朱炳仁铜雕馆等。近年来，这些博物馆在进行非遗宣传教育时，在展览方式上推陈出新，将非物质遗产传承人请进博物馆，逐步推进非物质文化遗产的活态展示，并与非物质文化遗产传承企业联手，宣传非遗文化，销售非遗产品，受到观众大力追捧。

2. 杭州市手工艺活态展示馆案例

杭州市手工艺活态展示馆成立于 2011 年，隶属于杭州运河集团管理运营的大运河景区，内有竹编、陶瓷、雕刻、木艺、刺绣等 20 余项中国特色的传统工艺、非物质文化遗产工艺。2009 年 9 月，随着京杭大运河综合保护建设的推进，运河集团利用通益公纱厂旧址等一些工业遗存空间打造多座国家级博物馆，其中手工艺活态展示馆于 2011 年 5 月建成的，总面积仅有 3 200 平方米，是杭州首家集互动教学、非遗和手工体验，民间技艺表演为一体的一个全新概念的“非遗”活态展示馆。活态馆集中展示以西湖绸伞、油纸伞、刺绣、印染、木工、黄杨木雕、紫砂壶、风筝、皮雕、竹编、雕塑、蛋雕、创意折纸、张小泉剪刀、陶艺、天竺筷、烙画、刻纸、石雕和彩绘盘等传统手工艺，以及传统手工艺与现代艺术进行交织创新创意手工艺，在保护和传播此类非遗历史和文化价值的基础上，为非遗的传承注入了新的活力。

2018 年，手工艺活态展示馆荣获联合国教科文组织表彰。7 月 20 日，联合国教科文组织总干事特别顾问弗朗西斯科 · 班德林先生为手工艺活态馆颁发荣誉证书，并赞赏手工艺活态展示馆对中国文化的国际影响力及其为中国大运河文化带建设所做的贡献。

弗朗西斯科 · 班德林先生表示：“京杭大运河是中国古代劳动人民勤劳和智慧的结

晶，手工艺活态展示馆在弘扬中国手工传统文化，传承、发展中国传统手工技艺，保护、利用中华工艺文明和运河文化上做出了突出贡献。”馆内保留了原汁原味的民国年间建筑风格，吸引了包括国家、省、市级工艺美术大师、非遗传承人，集中展示传承如竹编、刺绣等二十余项中国特色的传统工艺、非物质文化遗产工艺。手工艺活态展示馆是被联合国教科文组织授予的“工艺与民间艺术之都”十大传承基地之一。

亮点一：360°深度体验文化。请非遗传承人活态展示传统手工制扇、制剪、制伞工艺，辅以演示剪纸、紫砂制作、陶艺和手工旗袍制作等传统技艺，让观众能现场学习并现场动手体验，并售卖DIY作品。这种展示方式于无形中向最大潜在受众传承非遗技艺，并实现了非遗产品获益。该馆还和杭州王星记扇业、杭州张小泉集团以及杭州天堂伞业集团建立良好合作关系，既是企业的宣传平台，又是一个潜在销售平台，是一种值得推介的非物质文化遗产生产。

亮点二：场馆本身就是历史，就是记忆。运河沿岸物业稀缺，寸土寸金。活态馆因地制宜，利用老厂房进行改造，现在手工艺活态展示馆场馆就是原通益公纱厂的旧址。杭州城北曾是杭州近代工业的发祥地，通益公纱厂始建于甲午战争后清光绪二十二年（1896年），当年生活在这里的几千名工人，就是伴着运河里的汽笛声上班下班。通益公纱厂是20世纪初浙江省规模最大、设备最先进、最具社会影响的民族资本开办的近代棉纺织工厂之一。作为所在城区近代工业形成和发展的奠基石，见证了杭州近代民族轻纺工业创建的发展史，记录了杭州近代工业的发展历程。纱厂于1956年改名杭州第一棉纺厂。其留存的厂房等建筑是杭州民国时期建筑的典型。

亮点三：传统手工技艺不仅学到手，还可以带回家。展馆与学校联合，将学校第二课堂延伸到活态馆，通过手工艺人现场教学、学生亲身体验学习的方式，把展示–学习–传承–销售连成一体。这里不仅是手工技艺的展示平台和教学平台，也是学生进行传统技艺的动手和交流平台，也是市民和游客深度感受杭州文化的体验平台。

最受欢迎的创意旅游体验项目有：杭州传统工艺油纸伞的制作、伞面绘画和手工伞斗穿花线、杭州传统刺绣、传统印章雕刻、手工黄杨木雕工艺、手工竹编、手工皮雕、紫砂器具制作、手工扎染。

亮点四：线下展示与线上销售齐头并进。线上模式是搭建淘宝商城，打造非遗“108匠”。将可供销售的非遗项目放入商城进行分类销售，有淘宝店铺的可以专题宣传，无淘宝店铺的商城集合销售，无法销售基础薄弱的引进创意设计助其市场开发。线下模式为：在杭州的各大景区、地铁站等人流聚集区，放置“文化诚信消费柜”。通过影像视频、实物展示等方式，宣传展示杭州市的非遗项目产品，通过支付宝扫码支付，共展示消费的非遗项目20余项。借助微拍堂等网络平台，宣传推介有潜力的非遗项目传人，通过拍摄宣传片、照片、视频等方式，不仅对其产品进行网络宣传，还可以拍卖的方式购买其宣传展示的作品，用新颖的形势吸引更多年轻传人加入到非遗保护工作中。

亮点五：活动聚集人气打响品牌。活态馆利用场馆优势，造节赶节，最大限度地推广创意产品。非遗技艺+现代需求+最in推广是活态馆成功的组合拳。2018年12月，第二届杭州市旅游特潜行业“能工巧匠”手工文创集市，手工艺活态馆开集，开展一场独具特色的旅游商品、传统手工艺文化体验式展卖。同时还举行第二届杭州市旅游特潜行业“能工巧匠”认定活动的颁奖典礼。“能工巧匠”捐献出个人特色作品举行公益拍卖，所得钱款将用于资助困难家庭。拍品中既有朱炳仁铜雕、玉石摆件、书画等具有较高收藏价值的艺术作品，也有布鞋、香囊、茶具等大师手工制作的精美日用品。本次集市，旅游行业的“能工巧匠”将携带他们的作品及产品集体亮相，结合手工艺活态馆特色，为手工文创爱好者打造难忘的体验式消费空间。王星记扇子、万事利丝绸、塘栖李法根食品、富阳仁义豆腐皮、邵芝岩笔庄……集市商品涵盖工艺美术品、日用品、食品等，无一不具有杭州特色和文化。游客还可以在淘宝的过程中，听一听作品背后的故事，亲手体验中国传统手工艺的神奇魅力，感受中国传统手工艺的温度。

四、创意旅游的社会影响

（一）为创意消费

对于一个产业是否成功的评价，有的时候非常单纯：是否有人愿意为此埋单？作为一个产业，其营利性是可持续发展的基础。如果我们从产品的角度来讨论创意旅游，创意旅游是旅游产品中的一个细分；同时，在此市场之中，由于创意来源的不同，产品设计的个性化为产品的进一步细分提供了可能性。也就是说，创意旅游产品，甚至可以被无限细分，直击每一个旅游者的细微需求，甚至旅游者自己还未被意识到的需求也被释放和满足。从市场营销的角度来看，“金点子”是存在价值的，也因其创新价值值得被消费。创意旅游产品某种程度是不可被模仿，也是不可被复制的。因为一个当新“想法”第二次出现时，就已经不再是创意了。愿意为创意消费，已经成为当代消费的重要特征。

（二）创意阶层与创意者

21世纪是一个跨界的时代，以往的职业也许正在消失，新的职业名称随之诞生。文化的生产者，传统上我们称他们为：作家、画家、音乐家、发明家、科学家。文化生产的综合性和跨界性，产生了创意阶层。弗罗里达曾经使用创意阶层来界定这些当代跨界的文化生产者们[①]。创意者是一个新的职业，内涵颇为复杂和丰富，许多工作超出传统的职业标签。他/她，可能身怀数艺、身有数技，也因此身兼数职，身份叠加到很难用一个单一的职业名称来定义；创意者可能就是最好、最贴切的称呼。因为所有的艺术、技能、身份都指向创意。创意者无所谓生产还是消费，有时是生产者，有时也成为消费者，他们可能消费他们自己的创意和自己的产品。

（三）更好的生活品质

进入大众旅游时代，旅游已然成为越来越多的人的生活必需品，旅游已然成为一种生活方式。生活，不是在旅游中，就是在期待旅游。创意旅游的出现，使人们的旅游方式更多样，旅游产品更丰富，旅游体验更多元。创意旅游能够为人们提供更具有互动性、更有思想内涵的旅游产品。人们的生活品质因旅游而提升，因创意旅游而更丰富。

（四）改变城乡

进入21世纪，不论都市还是乡村，都面临着产业结构的急剧变化。城市的产业在转型升级，工业产业由2.0版本升级为3.0版本，并向着4.0版本进发；乡村也同样面临脱贫和振兴的机会和动力。工厂搬迁，土地改革，人口流动——城乡的土地肌理、文化肌理都在发生深刻的变革。旧厂房的创意改造，乡村农旅项目的结合，成为城乡变革中靓丽的风景线。同时，改变是一个中心词。城乡的改变，并不一定是文化传统的良性传承，很可能意味着历史遗存的破坏和文化传统的消失。破与立的挣扎为创意提供了可能性，也存在挑战。

五、创意旅游的机会与挑战

（一）城市变迁与旧城改造

中国的大部分城市经历了多年的旧城改造和世事变迁，城市呈现出来的样貌是内

① 弗洛里达．创意经济［M］．方海平，魏清江，译．北京：中国人民大学出版社，2006：10.

外渗透、公私混杂和新旧并存的。多义性、流动性、临时性、孔洞性是其最大的特征。老城以细胞增殖的方式在不断增长，一方面它真实、积极、开放、生命力旺盛，另一方面它混乱、冲突、繁杂、忙碌而吵闹。

——拥挤建筑群落。老城区一直延续着商业、居住、加工、行政管理并置的前工业化城市的混合功能结构。坊巷街衢、书楼学堂、店面林立、商业繁华、人来人往；建筑上以高密度的自建低层住宅为主要类型，空间被高强度地使用。人地平衡被打破，交通堵塞、人口密集。老城是城市“拥挤文化”的代表，也是城市发展历时性叠加的一个缩影。

——市井生活剧场。老城融汇着老小区的市井百态，又书写着“格网道路系统”+“高层建筑”模式的暴力推进，古老的城市肌理上镶嵌着扭曲的新城图景。隐含在空间背后的文化生态是强大的民间力量，开放、包容，繁华岁月背后可以看到城市居民理性选择的精明、人性的温存和一种内在的自我适应力与调节机制的存在。

文化作为一个城市的气质、风骨和灵魂，本质上反映的是城市精神文化的特质。对城市精神文化，尤其是对当代城市精神文化的关注，是与21世纪以来以全球化为支撑的城市化以及新的城市世纪的到来息息相关的。当代全球化背景下的城市发展，并不是大一统的逻辑，而是更强调城市中经济、社会、文化的关系，强调多元化、摈弃同质化的过程。在中国，当我们回顾过去四十年的城市发展，面临着精神文化缺失的拷问，需要解决的是快速城市化所造成的城市视觉污染、风格缺失和精神缺失。精神缺失主要指的是城市文化自觉精神的缺失，主要的表现为：重城市经济、轻城市人文精神；重城市文化活动，轻城市文化内涵；重城市“形态”，轻城市文化“神态”。因此，在创意旅游的项目策划和产品设计中，首先要做的就是对城市的文化内涵进行挖掘和定位，其次要通过科学的城市布局、落地的活动项目策划，去彰显城市人文特色，从而传承并创新城市的人文精神和城市文化。

（二）乡村变迁与乡村振兴

世界旅游组织将乡村旅游定义为让人们去体验乡村地区居民的活动、传统及生活形态。一般来说，乡村旅游的概念包含了两个方面：一是发生在乡村地区，二是以乡村性作为核心吸引物，二者缺一不可。乡村旅游始于欧洲，欧美发达国家的乡村旅游直到20世纪才真正盛行起来。改革开放以后，随着我国经济发展和城镇化的进程，乡村旅游发展也从无到有，走过了三十余年的发展道路。尤其是近年来，国家的乡村振兴战略对休闲农业、乡村旅游的提倡与扶持，各地区的乡村旅游迎来了发展的良好契机，谋求景观升级、方式升级、产业升级。乡村旅游已经成为我国乡村发展的战略产业。

城镇化步伐不断加快，为发展乡村旅游提供了可靠的经济基础；城镇人口规模不断扩大，为发展乡村旅游提供了市场客源。休闲时间的增加，为乡村旅游提供了时间保证；交通条件的改善，加大了乡村旅游空间位移的可能性。旅游业所具有的经济振兴、社会协调、景观提升三大功能越来越得到凸显。但也同时面临着村落空心化和文化碎片化的问题。乡村居民需要提高生活品质，古旧村落的电力、下水设施越来越跟不上村民和居民现代生活的需要。需要面对开发压力、环境压力、防灾压力、旅游压力等问题。无须讳言，在保护与开发之间有矛盾与冲突；但是，不论专家学者、政府官员，还是普通村民，都明白一个道理，就是必须在矛盾中求发展，在矛盾中找出路。

第三节　旅游创新的保护

一、知识产权保护

既然创新是高度个性化、高度的自主行为。既然是新，就具有唯一性。这种唯一性如何可持续？社会提供的文化包容，以及对创新的认可和保护就变得无比重要。可以说，失去了知识产权的创新完全是不可持续的。社会或者说政府层面对于创新需要提供原创保护，市场需要为创新埋单付费。社会公众、消费者、政府对于创新知识产权的保护需要有认识过程，需要理念层面的理解，需要政策的支持，需要规则的配合，需要市场的接受。

创新是容易被抄袭的。复制的成本很低，而研发的成本很高。这是任何一个企业家都明白的道理。创新又是容易被约束和管控的。思想的约束，市场被利益所误导，所有这些都不利于创新的可持续。

2019 年 1 月，《文汇报》对澳大利亚莫纳什大学传媒与文化经济教授奥康纳的采访中，奥康纳教授指出，“在西方，有不少人批评中国的一些文化政策，包括批评媒体对文化生产的引导。然而这些批评家却很少抱怨自己国家的大型私人垄断企业同样也对文化生产不断施加影响，而且，这些企业往往既不对政府负责，也不对大众负责，而只对汇聚起来的消费者的那些有利可图的需求负责。中国政府对各个层面的文化生产都进行管理，这一点与西方有很大差别，这种做法是否会对创新创作有影响，当然可以讨论。但有一点是明确的，文化生产并不能让市场自由奔驰。实际上，我认为中国在文化与媒体领域也是很商业化的。中国的国有电视台也常常能看到各种商业广告。而我想说的是，中国文化产业的组织运营应当极力避免以短期利益为导向，也应当避免过多的模仿，一定要注重为创意实验与创意发展提供足够的空间与时间。要注意的是，在一个过于商业化的系统中，是很难培养工匠精神及艺术家精神的。我们需要记住的是，文化产业被作为一项政府政策推出，起源于政府对那些具有创新性、创造力并且扎根于当地文化与当地价值的文化生产者对整个文化系统的价值的重视。奥康纳教授从西方文化产业发展中的经验和问题，来横向比较和审视中国文化产业中可能的优势与问题。究其本质，这是文创产业的发展中，政府与市场各应该起到怎样的作用，看得见的手和看不见的手如何协调运作，做到优势互补的问题。”

创意旅游是一种文化生产，但这种文化生产并不能仅仅对市场负责，或者说只被消费所牵制。关于消费左右文化生产，并且给文化生产带来庸俗化倾向的批评由来已久。从阿多诺和霍克海默对“文化工业”的批判，到波斯曼对“技术垄断”的批判。消费型的文化生产用所谓的“时尚”占领市场，媚俗的文化产业用虚假的意识形态，各种符号化的产品导致了千篇一律的生活。过度消费，过度生产，文化被牵制，创新被愚弄。

如果说精英主义与大众文化谁与争锋已经是上个世纪的话题，文化复制已经变得如此司空见惯，那么当下的担心就必须回到如何对创新进行有效保护。

二、地方性保护

地方性，是产生创意的文化基础。严格说来，地方性是文化地理学研究的核心概念之一。最早是由美国地理学家怀特（J . Wright）于 1947 年提出的。他认为地方是附着主观性的区域。1976 年，加拿大人文主义地理学家雷尔夫（E. Relph）在其专著《Place and Placelessness》中再次提出“地方”的概念、地方的重要性以及地方性。雷尔夫认为，地方是人类和自然次序的融合，是人类经验的中心，它们较少被区位、景观等定义，而是充满了人们生活世界的经验和情感。1977 年，美国地理学家段义夫（Yi-Fu T. ）在其专著《Space and Place：the Perspective of Experience》中提出，空间被赋予文化意义的过程就是空间变为地方的过程。1987 年，英国政治地理学家阿格纽

（Agnew）提出了地方的三个主要要素：场所、区位和地方感知[①]。

对于地方性的认识，人文主义地理学者和结构主义地理学者有着不同的看法。前者主要将地方性视为一种主观感知，是内生的，并且具有主体性；后者则认为地方性是外生的，是由自然和社会政治经济格局共同造就的。地方性也许是外生的，但地方感一定因人而异。只有地方性存在着，地方感才能成为旅游的吸引力。地方多样性是地方存在的价值和意义，地方性是在特定的地理环境和人群中产生和发展的，是人文地理特征的集中反映，显性地可以表征为人们的生活方式、价值体系、宗教信仰、工艺技能、传统习俗等内容。这些内容无疑都是创意旅游产生的源泉。不同的地方性，以及地方的多样性是吸引人们出游的重要吸引。因此，对地方性的保护有利于地方感的延续，有利于不同的旅游目的地实现差异化，有利于不同的旅游产品实现差异化。

地方性的保护是需要制度来保障的。有学者提出“制度厚实”的概念。制度厚实是个有趣的概念，也是一种在全球“保有地方”的手段。表面看去，创新与地方保护似有冲突。单单有地方机构网络，还不足以维持一个地方的成功；还必须以来社会风气和建立制度的流程，来帮助营造这种气氛。就是靠这“厚实度”，才能在继续激发创业精神，并加强当地深耕产业的同时，也促进信任关系、信息交流及城市繁荣[②]。创新与地方保护并不矛盾，没有对地方性的深刻理解，没有对地方性的持有坚守，创新就是无源之水。地方性与创新如能以要素相互强化的方式发挥作用，就能维持良性循环。

三、生态保护

自然和文化资源是旅游产品赖以生存的必要资源。即便旅游从观光时代走向了休闲时代，对于旅游目的地来说，自然资源的重要性不如以往，但生态保护的意识永远应该放在旅游开发的首位。对于旅游产业来说，生态资源包括自然要素和人文要素；“在旅游领域，由于人文要素对自然的渗透以及人类对自身历史的关注，使得很多自然要素与人文要素不可分。人文资源同样是人类的宝贵财富，需要同样的关注和保护”[③]。经济发展的不均衡，生态被破坏、气候在变化，监管不足的市场发展难辞其咎。也许任何国家在经济发展的过程中都会面临生态环境被破坏的挑战，但如何来解决这一难

---

① 成志芬，张宝秀．地方学与地域文化研究的“地方”和“地方性”视角［C］．中国地方学研究联席会、内蒙古鄂尔多斯学研究会、内蒙古东联控股集团．论地方学建设与发展——中国地方学建设与发展研讨会文集．中国地方学研究联席会、内蒙古鄂尔多斯学研究会、内蒙古东联控股集团：鄂尔多斯市鄂尔多斯学研究会，2013：38-43.

②．兰德利．创意城市［M］．杨幼兰译，北京：清华大学出版社，2009：210.

③ 潘海颖．生态旅游要素关系和要素责任［J］．经济地理，2006（S2）：108-110.

题，不同的国家体制采取的是不同的路径。市场急功近利的本性，迫使政府需要着重去规避，并且以强有力的手段去保护生态，并尽力确保范围内的平衡，实现社会的公平和正义。当然，一些非政府组织可以在其中发挥重要的作用，比如加拿大和澳大利亚等生态旅游发展较好的国家。由国家或者政府-私营和合作组织，联合制定生态旅游指导原则。

四、旅游目的地共同体的维护

创新的产生并不是一蹴而就的，需要天时地利人和。也就是特定的人，在特定的文化时空下才能产生创新的灵感，并真正孕育创新的诞生。作为旅游创新来说，创新是在特定人文地理条件下产生的。政府除了需要对地方性进行保护以外，还必须关注旅游目的地共同体的维护。旅游开发，对于旅游资源集聚地来说，对经济的拉动作用往往是正向的，而对文化来说，则是一柄双刃剑。旅游开发的文化负面影响可能会涉及到文化原真性的消失，地方犯罪的上升等。旅游在发展实践中，由于忽视目的地公共性的重建和共同体的维护，底层的发展主体往往被遮蔽，运营中由于主体、对象、模式、收益的单一，旅游目的地出现不同程度的环境破坏、生态恶化、文化流失和利益纠纷等问题。奥康纳教授也指出，共同体空心化的问题，在文化领域中比在其他任何领域都更为严重。旅游共同体由谁组成？所谓共同体，是指社会中存在的、基于主观上和客观上的共同特征（这些共同特征包括种族、观念、地位、遭遇、任务、身份等）而组成的各种层次的团体、组织，既包括小规模的社区自发组织，也可指更高层次上的政治组织，还可指国家和民族这一最高层次的总体。由于旅游产业对地域资源的严重依赖，旅游产业对外来投资的需求，旅游共同体的组成既可能超越传统地域的概念，也可能超越产业利益共同体的概念，更注重“共同感”的存在。换句话说，只有拥有共同目标，并在主客观上拥有共同的发展理念，愿意协同执行发展的任务，并且愿意共同承担发展可能的后果的人的集合，才构成共同体。旅游产业对于资源的依赖，以及旅游投资回报期相对较长，因此旅游共同体的形成和维护都是一个中长期的概念。旅游共同体并非实体组织形式，但对于政府而言，其责任和担当是以文化倡导者的身份，发挥政府职能，用组织、协调等行政手段，在实践中以“共享”理念引领旅游发展，在提倡地方性保护的同时，实现旅游目的地共同体的形成和巩固，实现旅游的普惠和长效发展。

第四章
载体与情境创造

第一节　创意旅游场域

创意的产生与人、制度和场域密不可分。文创产业一般认为是在大都市出现的空间-经济和生产景观，伴随并构成了“新文化经济”现象。创意旅游的场域构成无疑是复杂的，包括了创意生产和创意消费或单一、或综合的积极、主动交融。创意旅游的出现一定是与区域文化具有某种契合之处，区域文化不仅是创意旅游的载体，两者是互相滋养、互为发展条件的；甚至可以说，创意旅游本身就是文化区域的再生产。创意旅游的场域一定蕴含着一种氛围，是空间也是文化，包括硬件的设施，也包括软件的更新。城市或者乡村空间，是文化、技术、组织等要素的综合体，对于创新来说，其中非常重要的是空间中是否存在创新理念与文化活力。具备并鼓励创新，并具有文化活力的空间是生产创意旅游的绝佳场域。

一、生产-展示空间

“前工业生产向后工业生产”的改造过程中，生产的空间与展示的空间可以合二为一，尤其在艺术领域，一些新波希米亚式的创意活动空间，位于或者邻近老的住宅区，成为城市文化经济中艺术和商业的混合。独特的审美化景观，也成为旅游创意的集中呈现。从某种意义上说，创意氛围很重要的是让当地人有所寄托，旅游者与生产者甚至是一种“非交易式”的相互依赖。有学者总结说创意氛围的主要特质包括：当地具备某种程度的原创、深厚知识、加上现成的技术与能力，还有身怀相互沟通需求及能力的人；决策者、商人、艺术家、科学家、社会批判者的自觉性需求，以及实际机会间存有某种不平衡；面对有关未来文化、科学与技术领域变迁的复杂与不确定性，当地具备因应的能力；无论内外，都具备非正式与自发性沟通的高度；是个迎合多元性和多样性需求的环境；是个在多领域及动能上具综合效益的环境，尤其能结合科学与艺术的发展①。

① 兰德利．创意城市［M］．杨幼兰，译．北京：清华大学出版社，2009：209.

（一）福特汽车公司与美国汽车文化

1. 福特汽车公司

由亨利·福特先生创立于1903年，是世界上最大的汽车企业之一。1908年，福特汽车公司生产出世界上第一辆属于普通百姓的汽车——T型车，世界汽车工业革命就此开始。1913年，福特汽车公司又开发出了世界上第一条流水线，这一创举使T型车一共达到了1 500万辆，缔造了一个至今仍未被打破的世界纪录。福特先生为此被尊为“为世界装上轮子”的人。1999年，《财富》杂志将他评为“二十世纪商业巨人”以表彰他和福特汽车公司对人类工业发展所作出的杰出贡献。亨利·福特先生成功的秘诀只有一个：尽力了解人们内心的需求，用最好的材料，由最好的员工，为大众制造人人都买得起的好车。福特汽车公司旗下拥有八大汽车品牌，包括阿斯顿·马丁（AstonMartin）、福特（Ford）、捷豹（Jaguar）、路虎（LandRover）、林肯（Lincoln）、马自达（Mazda）、水星（Mercury）和Volvo。此外，福特汽车公司还拥有世界最大的汽车信贷企业——福特信贷（FordMotorCredit）、全球最大的汽车租赁公司——赫兹（Hertz）以及著名汽车服务品牌QualityCare。这些驰名世界的品牌对于福特、对于全球的消费者来说都蕴含着非凡的价值。

福特汽车公司总部设在美国密歇根州迪尔伯恩市，致力于成为全球最值得信赖的公司，打造智能汽车服务智能世界。公司核心业务包括设计、制造、销售高品质的轿车、SUV、卡车和电动车型以及林肯品牌豪华车型，并提供相关售后服务。与此同时，福特汽车公司还通过福特汽车金融信贷公司提供汽车信贷业务，并积极致力提升公司在电气化、自动驾驶以及智能移动出行方面的领先地位。目前公司在全球的雇员有20.1万人，62家生产工厂遍及全球，产品行销全球6大洲。福特不仅仅是一家汽车公司，还凭借行业首创的车载技术成为一家技术公司。福特以消费者为核心的数字互联技术让安全成为根本、驾驶成为乐趣。

2. 百年福特

1903年，亨利·福特先生正式创立福特汽车公司；1908年福特T型车正式量产；1913年福特汽车首创人类工业史上第一条流水生产线；1922年福特汽车公司正式收购林肯汽车公司；1956年福特汽车公司正式公开上市，福特汽车全球总部大楼落成；1959年福特汽车信贷公司成立；1964年第一代福特Mustang车型上市；1966年福特GT超跑车型在勒芒24小时耐力赛上夺冠；2006年艾伦·穆拉利先生被任命为福特汽车公司总裁兼CEO，并推出“一个福特”战略；2016年福特智能出行公司正式成立。

3. 美国汽车文化

通用汽车、福特汽车、克莱斯勒汽车在相当大的程度上代表了美国的汽车文化。三家公司的总部都设在密歇根州，密歇根首府底特律成为世界知名的汽车城。因此只要在密歇根州，这种以汽车为核心的文化，就会感受异常强烈。正如美国社会学家说："没有汽车的出现，就不会有现代的美国"。的确，对美国人而言，汽车与水和面包同等重要。美国也被称为车轮上的国度，早在100多年前汽车就进入了美国家庭，因此这里的汽车文化和工业也非常的发达，是美国历史中重要的一部分。

美国早期的汽车价格都比较高昂，另外维护起来也比较麻烦，因此也只流行在名流和有钱人的生活中，汽车当时并没有大规模走入家庭。直到福特T型车的出现彻底改变了这一切。有着超前眼光和智慧的亨利福特首次将流水线运用在汽车制造业，成本和制造时间大幅降低，使大部分美国人都能够负担得起。T型车在1909年的零售价约为850美元，当时美国人的平均工资在每年＄544美元左右。凭借其简单的结构、可靠的性能和低廉的价格，推出后便在美国市场一炮走红，一生产就是将近20年。

（二）福特博物馆与创意旅游

1. 福特的成长与创新创造息息相关

福特公司的信念是：行动自由推动了人类进步。新世纪伊始，福特公司将底特律最古老的街区作为其计划的启动平台。福特汽车公司正在将其已有60多年历史的迪尔伯恩工厂改造成一个现代化的绿色高科技园区。该项目将在10年的时间内将来自70栋建筑的30 000名员工集中在两个主要的园区内。集中的园区将进一步推动创新，并支持福特向汽车和移动化公司的转型。其全球总部大楼，就是一个创新中心和实验中心，通过开发、设计和测试，塑造未来交通运输的移动解决方案。

2. 福特全球总部与福特汽车博物馆

亨利·福特不仅奠定了底特律汽车城的基础，也为美国汽车工业及整个产业的发展立下了不可磨灭的功勋。在美国人心里，福特先生就是一个传奇。关于他的故事广为流传，关于他的传记、故事书籍多达20余种。为了纪念他，福特公司在底特律建造了这座博物馆。有人说："如果没有去过美国汽车之都密歇根州底特律的亨利·福特博物馆，就不能真正体会汽车对美国，以及对美国人生活的深远影响。"

亨利·福特汽车博物馆于1929年创建，占地4.8万平方米。这个美国最大的室内与室外历史博物馆，与福特全球中心连成一片。博物馆的展品反映了福特汽车公司的发展及美国运输业历史的嬗变，同时还展出了各个时期福特生产的不同用途、不同型号和品牌的各种汽车。此外，这里的展品还有美国其他制造业的成果，如家用电器、印刷、农业和矿山机械等。馆中共有100多万件陈列品，2 600万份文件，涉及工业革命、交通工具和发电机械、日用工具和美国人生活变迁，甚至家居摆设等多个方面。它包含着六大主题：汽车及汽车工业的演变；为驾车人服务的路边商业及娱乐设施的发展；消遣性驾驶；汽车广告对文化的影响；汽车设计的美学影响；以及如何使你的汽车具有自己的风格。无论是最老式的水轮、无顶篷的汽车，还是首辆在月球上行驶的汽车，无不透露出人类改变自我、征服自然的勇气和能力。

在众多展品当中还有相当珍贵并且具有历史意义的珍藏品，例如约翰肯尼迪总统遇刺时乘坐的总统专车，被誉为“美国民权运动之母”的罗莎帕克斯拒绝让座的公交车，福特所生产的第1 500万辆T型车，大胆创新却硕果仅存的原版Dymaxion房屋，世界上最大的蒸汽机车Allegheny等。在博物馆内，陈列着从最早期的蒸汽动力汽车到如今混合动力汽车，每辆车都有着自己的故事，参观者可以按照时间顺序，通过每辆车前摆放的信息牌上了解这些背后的故事。每辆车的信息牌上不但记录了关于车辆的背景资料，还标注出每辆车在当年的售价以及当年美国人的平均收入并计算出购买需要攒钱多久，十分人性化。另外，每辆车都是当年的原版车型并且不加修复，保持了当年的原貌，体现出福特人尊重历史的态度。

在这里，展示的不仅是汽车和汽车工业的发展史，每一个参访者或通过汽车生产线、或通过汽车展示，或通过导游介绍，或通过全息电影，或通过购买纪念品，能全方位地了解汽车的生产、汽车的历史、汽车的文化、汽车的创新，以及能深深感受并体验到美国人对于汽车的热爱，对于创新的赞赏，以及对于自由行动的渴望。

3. 中国长安-福特体验馆

与美国总部的展示相关联，中国长安福特品牌体验馆是长安福特品牌精神及产品技术的深度体验类活动，从南到北覆盖中国18个城市，巡回展出。这是一次颠覆认知的未来之旅。未来蜂巢式建筑风格的体验馆将分为不同主题区，深度展示品质、绿色、安全、智能的品牌文化，在这里，你将以全新视听体验进行“人机对话”，探索福特汽车的人性化设计以及对科技以人为本的不懈追求。

品牌体验馆：在这里你将进入豪华私人环幕影院，以360°的观影感受，认识福特汽车的发展历史，从1908年改变世界的T型车开始，到进入中国市场并获得广大消费者的长期支持，这里将给你展现一个最真实的长安福特。

绿色体验馆：可以近距离地接触到长安福特核心动力技术——EcoBoost发动机，其中 1. 0L EcoBoost 发动机在 2012 年—2015 连续四年获得国际最佳发动机大奖，福特锐界与即将上市才金牛座升级为 2. 7L EcoBoost 发动机，低油耗高动力正是它们的精髓所在，福特以此倡导绿色动力的科技新力量。

智慧体验馆：智能科技体验馆，人机对话、智能驾驶已经走机我们的用车生活，在智能科技体验区，一群可爱的机器人带你认识他们的世界，在这里你可以与他们对话或者游戏，他们会告诉你长安福特是如何将智能科技运用到我们的用车生活中，给你带来行车便利的同时，更能大幅度提高行车安全。

品牌文化体验馆：你喜欢足球吗？你喜欢电影吗？你喜欢赛车吗？在品牌文化体验区，这里是一场跨界的娱乐派对，电影特效级的拍摄装置可以让你化身为足球场上的前锋，也可以是电影中的主角，或者是你崇拜的赛车手。并可以通过与我交流，获得你的专属大片。

二、生产-消费空间

生产和消费空间的融合，背后是生产和消费活动的互相推动，涉及不同的策划、设计和运营理念；同时，这些理念也随着创意不断被更新、被超越。旅游产业的空间塑造力和空间的旅游产业包容度，成为创意旅游生产与消费进行融合的重要基础。一般来说，这样的空间包括一些开放性的工作室、艺术市场、民间节庆和活动等。

旅游的生产是什么？旅游是可以被生产的吗？答案是肯定的。通常情况下，对于旅游目的地，我们用的是“开发”这个词，对于旅游商品，我们用的是“设计”这个词。然而，这些都是不够包容和不够宽泛的。需要回到更广义的“生产”这个词。旅游的生产就是创造旅游目的地的价值，旅游的生产就是生产旅游目的地的吸引力。旅游的生产，可能是复制，可能是唤醒，可能是创造。与其他产品类似，创造性强的产品更具有吸引力，价值也更高。与其他产品相比，旅游的生产，可能是单一产品，比如满足旅游者吃住行游购娱的某一方面的需求，可能是综合的生产，也就是旅游目的地的生产。

（一）西安旅游的复兴与大唐不夜城

西安，在中国旅游城市中的地位不言而喻。不论是世界第八大奇迹兵马俑的存在，还是唐朝的盛世文化，对全世界的旅游爱好者都有着相当的吸引力。20 世纪八九十年代，入境一支独大的时代，游客可谓不远万里，纷至沓来。直到今天，兵马俑仍然是目前全中国到访外国元首人数最多的旅游景点。神州精华游的经典线路中，北京、西安、上海、桂林、广州几乎是每一个旅游产品设计者不二的选择。

进入21世纪，旅游需求越来越个性化，旅游需求从观光买入休闲化，国内旅游井喷。人们想找的是好玩儿的地方，特别的地方，越来越不满足于仅仅观看，不满足于博物馆的讲解，不满足于“看庙看坟”（导游界以前有句俗话——到西安看“坟头”，调侃西安古墓多，历史古迹多）。人们迫切地需要参与，迫切地需要深度的体验。西安传统的观光景点，比如兵马俑、华清池、城墙和大小雁塔、陕西历史博物馆，如何吸引回头客？如何吸引年轻的游客？如何吸引庞大的亲子市场、如何吸引活跃的老年市场？都是需要西安旅游人破解的题目。

破解的具体方式可能有很多，但方向只有一个，就是从供给侧让文物古迹、历史文化“活”起来，才能“火”起来；周秦汉唐，辉煌灿烂的文化要成为能够让人触摸、让人品尝的现实体验。操作层面就是要在原有景区景点增加游客的体验度和参与感。十年来，西安在这些方面做了一些有益的探索的尝试，比如：华清池的《长恨歌》大型实景演艺，钟鼓楼广场的亮灯工程，城墙的自行车游览，回民街和永兴坊的美食和民俗体验，等等。西安，年轻了，西安有网红打卡点了，提升了古老都市的“好玩”度和亲和力。

2000年年初，作家龙应台来到西安，她到访的目的是在这里“寻找长安的天空”。在后来的文章中，她不无遗憾地表述说，除了几个地名和遗址之外，唐代长安的痕迹似乎只有在夜间空气里才能偶然闻到。尴尬的现实逼迫曲江人必须寻找新的出路，2002年一种关于城市发展的“倒叙法”被植入曲江：一年后，大雁塔北广场建成开放，恢宏的广场和仿唐建筑一下就将人们带到了盛唐时代，曲江一跃成为西安人的“会客厅”。三年后，大唐芙蓉园盛大开园，被人们称为“国人震撼，世界惊奇”。六年后，唐城墙遗址公园、曲江池遗址公园、慈恩寺遗址公园建成开放，城市价值充分兑现。八年后，西安大明宫国家遗址公园开园。这一年上海世博会上，曲江投入2 000万元巨资，在最佳城市实践区中打造的大明宫馆，让世界对西安产生了无穷想象。十年后，临潼国家旅游休闲度假区第一个大型文商旅式综合体——大唐华清城开放，为西安打造国际一流旅游目的地提供了又一场所。至此，盛唐文明从历史风尘中走出来、活起来，在西安有了可感受、可触摸、可体验的文明载体。而曲江业已从一片农田变为由1.2万亩公共文化空间支撑的城市发展新锐力量。今天如果你再来追寻大唐记忆，那么非大唐不夜城莫属。以文化、旅游、商业的完美融合，大唐不夜城成功的适应了人们文化消费的新变化和文化审美的新需求，让文化消费形成一种时尚，一种趋势。每天川流不息、摩肩接踵的人群就是最好的证明①。

大唐不夜城位于西安曲江新区举世闻名的大雁塔脚下，以盛唐文化为背景，以唐风元素为主线，以体验消费为特征，是一个集娱乐、休闲、旅游为一体的开放性广场和消费天堂。南北长 1 500 米，东西宽 480 米，总占地面积 967 亩，总建筑面积 65 万平方米。

该项目以大雁塔为依托，贯穿玄奘广场、贞观文化广场、开元庆典广场三个主题广场，六个仿唐街区。贞观文化广场是其核心部分，由西安大剧院、西安音乐厅、曲江美术馆和曲江太平洋影城四组文化艺术性建筑组成。2010 年 9 月 26 日，大唐不夜城开元广场盛大开放，标志着长达 1 500 米的景观步行街全线贯通。随着 1 500 米的中央雕塑景观步行街南段及开元广场建成开放，大唐不夜城炫美的盛唐天街、绝美的盛唐画卷壮美铺呈，完美展现。在总体空间形态上，利用城市道路、广场、内部车系统和步行系统等外部空间，有机地将不同商业形态联系起来，形成具有唐文化、休闲文化、园林文化的空间形态和城市景观。其精致的设计、浓郁的唐代建筑风貌、优美典雅的水系绿景、宏伟的雕塑景观，华丽的夜景，堪称西安的一张世界名片。

（二）“西安年·最中国”与节庆创意

2019 年 2 月，“红耀长安”2018 西安中国年新春盛典活动启动仪式暨“现代唐人街”开街点亮仪式在西安大唐不夜城举行。这场名为“开街点亮”的仪式，拉开了西安中国年新春盛典活动的大幕。

位于大唐不夜城的陕西大剧院、西安音乐厅、西安美术馆和曲江太平洋影城等西安文化地标的灯光，全部安装到位；附近街头的树木、灯杆上的灯，提前点亮。所有灯光绽放，将形成眼前、头顶、天空流光溢彩的立体景象。一条宽 4 米，长约 50 米的地面大屏幕，这也是西安最大的地面屏幕。除了灯光，现场鼓舞人心的表演也将带给人不同的享受。曾在北京奥运会和香港回归现场有过精彩表演的韩城行鼓，组成 82 人的超大演出队伍。由中国大鼓、架子鼓、军鼓、非洲大鼓、拉丁鼓组成的五福鼓阵，也将会带来不同的文化感受。作为“西安年·最中国”的首场大型活动，“大唐不夜城”点亮开街仪式“不是一个人在战斗”。大唐芙蓉园景区和唐市、大明宫国家遗址公园、城墙等景区将多点联动，共同点亮新春灯饰，让西安

① 王睿．曲江新城，十年崛起［N］．陕西日报．2012-11-5（10）．

在夜晚光影璀璨。

大唐不夜城围绕“中国年”打造一个属于自己的节庆，时间持续春节前后的两个月。日日热闹，夜夜亮灯；天天欢庆，夜夜演出。东方歌舞团专业团队街上巡游，与游客近距离接触，也把游客的情绪拉到“嗨”点。

节庆，如何植根传统，又做出新意？节庆创意是旅游创意中的重要切入点。因为节庆，是植根于文化，植根于地域的。因而节庆，也一定是特别的。

年，是中国人最重要的节庆。很多人抱怨，现在的“年味”越来越淡了。如果说吃好吃的，穿新衣服已经不是“过年”的专利，城里鞭炮也早就不能放了，那么“年”是什么？“年味”哪里寻？中国人不管生活在哪里，都要过年。“年”对于中国人来说，不变的就是回家、团聚、拜年，收祝福，许心愿。“年”既是传统，也可以创新。所有的民俗都是传统，所有的民俗也是在改变的，今天改变革新中的民俗终将会成为明日的传统。

所有的节庆都需要仪式的载体，缺乏仪式感的节庆一定是无味的，不好玩的。从人类学和民俗学的角度来说，节庆意味着对日常生活的逃离。这种逃离与旅游的人类学意义非常类似。如果说日常意味着平庸，意味着无趣；逃离日常，则意味着超越，至少意味着不同。过节，就是获得逃离日常的欢乐。正因为，平常不可以做，或者不经常体验的事情，在节日中可以尝试，可以体验，因此就能获得超越日常的欢乐。因为过年，可以多吃，人们调侃说“年后再减肥”；因为过年，可以多睡，人们调侃说，过年日子过得飞快，是因为没有上午。

大唐不夜城这样“最中国”的年，是否也让你心向往之呢？笔者的朋友，带着年仅六岁的外孙女在那里过年，小姑娘哭着喊着说，不要回杭州了。这个孩子可是登过三山五岳，去过阿里无人区，周游过全世界的旅游“小达人”。回到“西安年·最中国”的策划，成功之处就是赋予这个节庆满满的仪式感，赋予这个节庆满满的不一样：整街的灯，彻夜地亮着；整街的人，彻夜地唱歌、跳舞、欢笑；灯彩华服，美食钟鼓；喧闹、阵势、拥挤——都赋予了这个地方这个时间的独一无二。

三、展示-消费空间

体验式的博物馆，艺术和娱乐相加的场馆，各类生活剧场，如果能彰显目的地独特的文化品味，或是能用一个特别的视角展示当地手工技艺，那么这样的消费场所既是市民休闲的去处，也成为一些文化游客和艺术爱好者的打卡胜地。

（一）雅昌集团与创意①

1. 雅昌文化集团

雅昌文化集团创建于1993年，是一家立足于艺术领域的综合性文化产业集团，现已拥有北京、上海、深圳三大运营基地，杭州、广州、南京、成都、西安、合肥六大艺术服务中心，产品和服务遍及全球几十个国家和地区。

雅昌是一个庞大的集团，从集团公司的整体经营范围和理念来看，以艺术品数据中心为核，经营业务涵盖艺术印刷、艺术数据和互联网、艺术教育三大板块，通过艺术创作、艺术交易、艺术收藏、普及教育和传播推广五大功能布局，以实现传承、提升和传播艺术价值的目标。从提供的产品和服务来看，艺术印刷板块提供传统艺术印刷、纸艺术创作、POD定制服务；艺术数据和互联网板块主要负责运营中国艺术品数据中心和雅昌艺术网，艺术教育则包含文献收藏、艺术推广和美育普及职能。

2. 雅昌集团与创意

"面对日新月异的技术发展和商业模式的变化，雅昌不断创新，以工匠精神推动传统加工业务向智能制造和定制服务进化；以艺术数据为核心，IT技术为手段，互联网为平台，为艺术行业提供智慧化的艺术数据及IT服务综合解决方案，为艺术追随者构建数字化艺术体验；以艺术空间为体验，充分释放艺术行业内的资源潜力，开发艺术消费品，探索博雅教育新方式，满足艺术专业人士和艺术爱好者的艺术生活需要。"

雅昌官网的描述可能会让读者如坠云雾。雅昌究竟是做什么的？它的产品为什么特别？雅昌为什么与创意有关？事实上，可以用最简单、最直白的方式来说明雅昌二十多年来的积累：第一步，雅昌以印刷起家，特殊的是雅昌把书设计、装帧得很美、很艺术；第二步，雅昌把创意印刷的书籍当作艺术品收藏并提供创意空间进行展示；第三部，建立数据中心，以艺术化的书籍（包括越来越多的衍生产品）为起点和核心，用艺术收藏、艺术教育和艺术拍卖的平台进行品牌传播和产品销售，所有的板块都与创意有关，也都实现自己的经营目标并具有各自的赢利能力。

1993年的深圳，是全中国改革开放的最前沿，做印刷的工厂非常多，竞争也异常激烈。雅昌印刷厂，是成百上千家印刷厂中的一家而已，只是二十多年来它做了并坚持了一件事：把书籍的印刷当作一件艺术品来打造。书籍，无疑是作者呕心沥血的创作，然而很少有人想过，书籍的印刷和呈现方式也是一种创作。雅昌做到了。因此，

---

① 雅昌集团［EB/OL］.［2017-07-13］. http：//www. artron. com. cn.

雅昌与其他印刷机构和艺术机构不同的是——把书籍做成艺术品。至于展示、传播、拍卖和教育等，都是在这一核心产品之后的衍生。

（二）雅昌艺术中心与创意旅游

谈及深圳，与雅昌同一时代的典型旅游景点是华侨城微缩主题公园系列，包括锦绣中华、世界中心和民俗园，2000 年之前在国内还是有着相当的吸引力，后来开发起来的深圳湾和大小梅沙等滨海型度假休闲，也在区域范围内有一定的知名度。深圳严格地说并不能算是一个独立存在的旅游目的地。在各大旅游平台上以深圳为目的地进行搜索，深圳几乎只是作为广州珠海，或者港澳的中转而存在的。今天，当我们以商务、教育等其他各种目的到达深圳的时候，会选择去哪里看看？也许是南方科技大学，也许是蛇口的海上世界？雅昌也是一个极其特别的存在。

1. 艺术欣赏空间

初到雅昌艺术中心看到整墙的书籍作为艺术品收藏的时候，看到一本原本普普通通的书籍还可以这么美、这么特别，都会被惊艳到。作为一个艺术空间，雅昌艺术中心被打造的第一个功能是“文献收藏”，其藏品以艺术图书为主，但不限于书籍，也包括各种影像资料、数据内容和艺术原创品。通过艺术书墙、艺术图书馆、艺术阅览室三处空间，与参观者进行亲密接触。

艺术书墙：长 50 米，高 30 米，藏书 5 万余册，其中不乏全球限量图书，珍贵古旧书及世界顶级博物馆、美术馆及权威院校的出版物。

艺术图书馆：根据雅昌艺术标准体系化梳理，精选全球逾 2 000 家艺术机构与出版机构、10 个语种、5 万种，超过 15 万册艺术图书，分为亚洲书区和世界书区。

主题阅览室：分主题收藏艺术图书，包含日本古旧书、佛教书籍、二玄社/中国传统绘画、古董鉴赏、国际风采六个主题阅览室。

2. 艺术展览空间

以艺术中心为载体，延伸到各地的画廊，通过艺术评选和专业策展布展，呈现和推广艺术知识和观点。雅昌主导创立的“AAC 艺术中国”（Award of Art China）是中国最重要的当代艺术年度评选，创立于 2006 年。每年五月在北京故宫博物院建福宫举办巅峰之夜颁奖典礼，向获奖者颁奖进行表彰，推动中国当代艺术在世界范围内的整体影响力。艺术中心有专业的策展团队，策划高层次的艺术展览；专业级艺术展览空间，可呈现多种类型的艺术展览；综合展陈体验设计与策划，通过 VR、AR、互动多媒体展厅等实景体验、全景互动的方式，给予观众综合性的观展体验。“每月一书”主题展，展现雅昌密切合作艺术家作品及大书，致力艺术家的交流推广平台。中心还设有户外拓展展区，是一个开放的、富有层次的艺术展览空间。曾举办世界摄影书籍封面展、逄小威京剧人物展等。雅昌深圳艺术中心美术馆是专业级艺术展览空间，可呈现多种类型的艺术展览；曾举办“深云路拾玖号”国际当代艺术邀请展、AAC 青年艺术家联展、布达拉宫艺术精品展等展览。

中心还通过主题展览+艺术讲坛和实践课+线上课堂的形式，欣赏为核心，教育和消费为延展，形成美育体系的学生定制版艺术展览；将学校、社区、艺术馆、商业中心和交通枢细转变为享受艺术潮陶、提升美学素养的艺术空间，推动中国艺术教育事业的发展。在雅昌艺术数据库的基础上策划出 144+主题艺术展览，在此基础上以雅昌独有经授权的高仿真复制画为载体，适应各类空间的艺术展览。邀请艺术行业专家及各大艺术院校教授、讲师对展览中的作品以独特的视角对参观者开展讲座，通过作品背后的故事更加深入的理解每一幅艺术作品蕴含的美学与哲学。

3. 艺术教育空间

中国是需要美育的。虽然从蔡元培先生起倡导了近百年，然而美育的任务始终没有完成。画家吴冠中曾说，文盲不可怕，美盲更可怕。美育普及，中心以系统化和结构化的课程，为艺术爱好者赋能，激发艺术爱好者进一步探索艺术生活的可能性。中心通过音乐、美术、电影、舞蹈、手工工作坊和非遗等多种艺术形式的跨界艺术沙龙。

雅昌艺术中心实行会员制。

（1）会员基础服务包括

艺术知识：艺术课程 /艺术图书 /艺术资讯

艺术资源：艺术沙龙/艺术展览

艺术收藏：艺术市场报告/藏品鉴赏

（2）会员专属服务包括

艺术知识：系列课程、大师讲座、艺术活动和艺术沙龙等。艺术收藏：25 年积累的专业艺术服务经验，提供完整的艺术品收藏服务体系。

（3）会员定制服务包括

出版物策划：专业的艺术策划团队。艺术礼品定制：设计独一无二、具有艺术特色的、满足您各种用途的衍生品定制。书房定制：为家庭、企业提供书融艺术、文化、收藏情怀为一体的高品位的艺术书房。艺文活动定制：量身定制个人、企业的活动，让活动充满艺术气息，提升个人、企业的文化品位。

可以说，雅昌做到并做好了“艺术的商品化”和“商品的艺术化”。作为艺术创意空间，参访者在其中的体验是惊喜的，独特的和愉悦的。

第二节　创意旅游的设计模式

一、自上而下——政府主导规划

如何进行旧城改造是很多城市发展中面临的难题。中国改革开放四十年来，城市的大拆大建不断在进行，政府的决策者和规划师在矛盾和焦虑中前行。经过改造，城市涅槃重生还是成为历史的败笔？

山城重庆，从传统观光旅游的视角分析，旅游资源并不丰富。只是因其位于三江汇合的区位，成为顺带一游的长江口岸城市。旅游如何发展？旧城如何改造？重庆在寻找文化品位、创新创意中找到了新的定位。重庆历史文化厚重，老城区历史资源丰富，整合现有资源，进行升级改造，打造新型业态。以传统的古镇文化、江河文化等为背景，以现有资源为依托，建设古镇旅游、鱼鲜消费体验等创意旅游模式。

（一）案例经验

1. 民俗荟萃，复兴码头

重庆洪崖洞，拥有 2 300 多年的历史，位于重庆市核心商圈解放碑沧白路、长江、嘉陵江两江交汇的滨江地带，是老重庆“九开八闭”十七门中的闭门，也是古代巴国至明清时期的军事要塞和最早最发达的通商口岸，更是巴渝文化兴衰变迁的缩影。洪崖洞与朝天门码头，临江门码头，千厮门码头，东水门码头毗邻，共同构成重庆码头文化的核心区。通过后期修缮改造，现在的洪崖洞已是巴渝民俗风情集镇，成为结合巴渝文化特色的大型休闲购物场所。修缮除了保留了江隘炮台，洪崖闭门、纸岩码头、明代城墙、辛亥碑文、洪崖滴翠和嘉陵夕照等历史遗址之外，还以码头文化为补充，以雕塑、浮雕和真实的码头环境，充分展现出重庆特有的码头文化精髓。洪崖洞周边还汇聚了巴渝剧院，郭选昌雕塑陈列馆等大型民俗文化展示中心；巴渝名小吃暨土特产一条街，古玩店、字画精品收藏、琉璃馆、易卦馆和中药坊等民俗业态。洪崖洞以巴渝传统建筑特色的“吊脚楼”风貌为主体，依山就势，沿江而建，是游吊脚群楼、观洪崖滴翠、逛山城老街、赏巴渝文化、看两江汇流和品天下美食的好去处。

相距不远的朝天门码头至今仍是重庆最繁忙的码头，仍旧发挥着交通运输的作用，建成后的朝天门广场已成为市民及游客观赏两江潮特色景观，长江和嘉陵江沿江风光的城市观景阳台。解放碑一带仍是城内最繁华的商业批发零售区，而遍布街巷的茶馆、商店、小吃店、杂货铺子等则为来到此处的人们提供了休闲、品味老重庆的绝佳场所。以现代都市观赏、购物、休闲和美食等为主的解放碑名特小吃一条街则聚集了大量的人气。无论是各式各样的传统小吃，还是街边不绝于耳的吆喝声，亦或是某个角落里围桌打牌的闲谈，都能勾起对老重庆的回忆。东水门内的湖广会馆、广东公所和八省会馆等遗址则仍在向世人诉说着明末清初重庆的移民特色。

2. 增加交往空间，加深旅游体验

在对山城小巷的改造中，历史街区改造中坚持两个原则：一是保留历史的人文情趣。老城区街巷高低错落、弯曲连绵，历史文化遗迹较多。如嘉陵西村，有抗战名人鲜英的故居、马歇尔公馆等历史遗址。嘉陵西村在改造中注重保护街巷历史、重塑社区文化，依托街区历史制作文化楹联，利用街巷角落制作重庆元素线描画，比如过江索道、山城步道、吊脚楼等，让街巷的历史得到活化、文化得到彰显。张家花园街在改造过程中，通过强化生活空间，美化沿途景观，对零碎空间灵活运用，对重要节点重点打造，从而增加这条街的“交往空间”，留住这条街巷的“繁忙”景象，也就留住了老重庆的“一段历史”。二是满足现代都市人群的生活需求。在街区改造中，注重生活细节打造，通过对休闲亭、座椅等公共设施的完善等，让街巷真正成为居民生活的载体。此外，加大对街区步行道路面的修整合路边景观的营造，优化街区居民的生活环境。

3. 科技与智慧结合

重庆“渔人湾码头”位于重庆北滨路石门大桥与高家花园大桥之间，它并不是传统意义上的码头，而是一个海鲜商业综合体。该“码头”是集海鲜采购、餐饮、娱乐、商务、休闲、度假为一体的水主题商业休闲中心。“渔人码头”项目建筑结合重庆市山地特色，根据梯田理念，采用退台式的设计手法，形成层层退台的连体建筑群，建筑的每层露台都有绿化覆盖。建筑内部采用新型 UV 高效光解净化处理废气设备等科技设施，依托现代化网络终端，打造舒适的休闲新环境。“码头”充分利用重庆处于两江交汇的特殊地理优势，打造海鲜、水产为主题特色的休闲场所。引导市民体验和感受海鲜背后的饮食文化和精髓，再现老重庆市井休闲氛围，提升生活品质。

（二）案例思考

1. 政府进行顶层设计

作为“山城”，重庆地理特征明显，空间肌理较为复杂，社区街巷多是狭小拥挤。政府在规划中充分发挥历史街区、休闲广场等的聚集效应，精准布局，建设旅游观光休闲带，打造休闲、旅游大区域，展现新时代下的重庆风貌。注重历史的活化，融入民众的生活中。注重对索道、渔船、纤夫、步道等老重庆元素的使用，通过对街巷、角落等重点节点的“文化改造”，不断强化创意元素和生活空间，同时，让老重庆文化得以彰显，得以融入居民日常生活中。注重传统遗迹、遗址的修缮保护，建立故居、会馆等文物保护点。以原有码头等重点历史资源为依托，打造融入重庆传统特色的休闲街区，重现“老重庆味道”。

2. 居民生活原貌是城市旅游创意的文化根基

一个街区承载了一段城市记忆，一条道路镌刻着一个时代烙印，一个地名体现了一种文化底蕴。近几年，重庆政府为改善老城区居民整体生活水平，对老城区进行了适度的改造。首先是注重历史的“活化”，通过充分挖掘文化内涵，彰显时代进程中城市风貌的“重庆风格”。如在上清寺及周边，着重突出“厚重典雅”，在保存建筑原貌的同时为居民提供便利的休闲设施；在解放碑区域，突出展示“时尚经典”，按照“重庆风格”对步行街实施改造扩容，在保留原有风貌的同时，进行产业业态升级，提升原有商贸购物场所档次，满足现代人的需求；在大井巷社区，还原重庆特有的城市市井生活，凸显重庆原有的码头文化，留住重庆的传统文化气息。此外，改造时注重有机更新，对老旧居民区进行功能完善和提升，丰富城市老旧街区的配套服务。城市改造在追求美的同时，让改造贴近居民的生活需求，不断完善相关生活设施，着力提高老城区居民的休闲生活水平。

二、自下而上——艺术家街区的兴起

一般关于城市历史街区的改造，传统的是采用“企业家+政府模式”，即由政府或政府与企业合作，对旧城进行改造。但是“田子坊模式”则是通过原住民及草根艺术家牵头，由社区内部向外拓展。田子坊发展模式是纯粹的草根艺术更新案例，首先由市场自发地对现有资源价值进行提升与再利用，然后政府投资改善街区公共基础设施。田子坊同时也是自发生长式的城市历史街区更新的典型，其主要的推动力是艺术创意产业的发展、市民的生活休闲需求，政府的作用是善用存量资源，优化资源配置。

田子坊位于上海的中心地带，地铁九号线一号出口，交通十分便利；紧靠徐家汇商圈，陕西南路商圈、新天地商圈，无论是游客还是上班族都非常容易到达，地理位置优越。同时，田子坊所处的泰康路曾经地处法租界的边缘，各种老式建筑在这里聚集。田子坊恰好迎合了娱乐、商务、创意和休闲等多种需求。

（一）案例经验

1. 市井居民与草根艺术家的联合

田子坊的发展经历四个阶段：第一阶段：20 世纪 50 年代，是典型的弄堂工厂，由海华制革厂、康福织造厂、永明瓶盖厂、香粉材料厂和上海食品工业机械厂组成。第二阶段：20 世纪 90 年代，由于产业结构的调整，这些工厂效益连年下滑，一些厂房闲置起来逐渐废弃，成为当地政府的负担。第三阶段：1998 年，一路文化发展公司首先进驻泰康路揭开了泰康路上海艺术街的序幕，不久又有著名画家陈逸飞、尔冬强、王劼音、王家俊、李守白等艺术家和一些工艺品商店先后入驻泰康路，使原来默默无闻的小街渐渐吹起了艺术之风。“尔冬强工作室”每月一次的歌剧演唱会高朋满座。坐落在泰康路 220 弄的“乐天陶”社艺展吸引国际陶艺家前来参展，交流，在世界的陶艺界享誉盛名。第四阶段：发展至今，田子坊入驻艺术品、工艺品商店 40 余家，工作室、设计室 20 余家，引进 10 多个国家的艺术人群，融合了中西方文化，现已成为上海创意产业的集聚地，是艺术街的街标，被称为“上海的苏荷”。

2. 文化创意融入生活

近年来，田子坊管理委员注重文化元素进田子坊，将“厅堂版”评弹、爵士、越剧、民乐、流行音乐送进“田子坊”，使数万名社区群众和游客得到了文化神韵的滋润。世博会期间，接待了 155 批次重要中外来宾，得到了“世博园区外的城市主题实践区”、现代版的“清明上河图”等美誉。田子坊作为文化创意产业的集聚区，创意元素自然是最为重要的因素，是田子坊的核心。在田子坊中随处可见的是蕴含文化元素的工艺品、店铺等，走在田子坊里也能感觉到浓郁的老上海味道，田子坊将创意文化与上海市井生活融合在一起，呈现的是一种原生态的休闲生活场景。

田子坊文化艺术浓郁，形成了艺术生态社区、艺术消费区，并免费对公众开放，给予游客充分的参与性、体验性以及观赏性。田子坊弄堂里除了创意店铺和画廊、摄影展，最多的就是各种各样的咖啡馆。在闲散的下午，就着弄堂里的习习凉风，明媚的阳光铺在地上，空中满是慵懒的咖啡香味，极富“偷得浮生半日闲”的意境。因此田子坊也吸引了大批外国游客、都市白领、小资青年、专家学者，探寻独特的都市休闲气息与氛围。

3. 文化、旅游、创意多种业态并举

田子坊目前的创意经济模式主要是“以商业为基础、以旅游为载体、以文化为灵魂”，发展重点在于对城市文脉的保存和对地方性特色的塑造。目前形成以室内设计、视觉艺术、工艺美术为主的特色创意产业，通过创意产业的进入，大大提升了历史街区的商业人气和档次。田子坊已拥有各类商户 379 家。其中，文化创意企业达 242 家，占总量的 65%，成为沪上文化企业的重要集聚地，并已形成了 10 大文化亮点，即陈逸飞工作室旧址、尔冬强艺术中心、张毅和杨慧珊琉璃艺术博物馆、陈海汶摄影工作室、贺友直书画社、郑伟乐天陶社、王吉音油画社、陈瑞元摄影工作室、李守白剪纸、艺术厅堂版。当然除了文化创意企业，伴有餐饮、酒吧、咖啡厅等，目前入驻商户达到 100 余户，其中餐饮占 40%，其余为零售业态。

（二）案例思考

1. 艺术家引领的历史街区复兴

田子坊最初发展起来就是因为一批艺术家带着艺术品以及工艺品的入驻，为这个地区注入了文化因子，提升了社区品味和形象。同时，浓郁的文化氛围以及多元化的文化景观也吸引了特定阶层在周边地区发展。田子坊的居民与艺术家成立了“田子坊居民管理委员会”，成为历史街区改造更新的实验模式，并最终取得了成功。

2. 创意旅游的培育——低廉租金的吸引

田子坊能吸引大批艺术家在此聚集的原因除了古建筑以及里弄小巷外，还由于初期低廉的租金。20 世纪 90 年代，这里集聚的还主要是工厂的工人、小商贩等一些低阶层的居民，他们的消费水平较低，田子坊的前期租金也比较低廉，为大量草根艺术家提供了最佳的创作地。创意产业的发展不仅反哺了原住居民的生活，同时吸引了更多创意产业的加入，依托传统建筑，充分发挥历史建筑特色，融入文化元素，形成了独特的海派文化兼容并蓄的特色街区。创意旅游的营业收入并不高，往往需要一定时期的培育。低廉的租金，进入的低门槛无疑是田子坊成功的重要基础。

3. 杂而不乱——多种文化元素碰撞

田子坊保留了完好的里弄风貌，留有一部分原住民生活其中，是里弄生活的“活化石”。具有老上海历史记忆的建筑，内置个性化的商铺、艺术性的作品，融合时尚与艺术，让往来游客都能体会到一种时尚艺术氛围。创意产业出于创意活动的空间及氛围的需要，对结构良好、可改造余地大，同时又蕴含城市历史的旧工厂、旧楼宇都具有特殊的偏好，这不仅能保存历史建筑，同时也延续了城市的文脉。田子坊内拥有 10 余个国家和地区的风味美食，文化氛围浓郁，是都市休闲娱乐的最佳选择。

三、非正规视野

文化积淀并孕育，在文化的自由与灵动中发展起来的具有非正规性发展特征的区域。按照社会学意义上说，非正规性泛指一种私下的、随意的、亲密的、面对面的交往形式，是一种个体化的社会发展模式和类型。在城市的样貌上，非正规也许是缺乏规则和混乱的代名词，但非正规性所代表的城市发展模式其实与当下人们的创新诉求是非常吻合的。与观光旅游不同，创意旅游者不喜欢整齐划一的街道，不喜欢千篇一律的酒店和餐厅，不喜欢厌恶同质化的旅游产品，追求闲适的游览节奏，追求深层的文化体验，追求独特的旅游经历，有着个性化的消费诉求，向往随意和亲切的人际交往，追求小确幸的生活方式。这一切，与“非正规”不谋而合。非正规的精深、小微、私密对于创意旅游者来说，具有莫大的吸引力。

（一）重视生活文化遗产的保护

旧城更新的探讨多集中在有着特定历史意义的街巷和建筑，因其特殊的历史背景和视觉风貌容易得到政府、专家和居民的共同关注，从而作为城市和乡村的物质文化遗产得到一定的保护和更新。除此以外，那些大量存在着，同样有着历史内涵的“自建环境”和有着独特而浓密生活情调的居住社区——生活文化遗产，却往往被当作“脏、乱、差”成为整治的对象。功能混杂、小尺度的社区不仅是低收入群体的生存空间，还是城市和乡村运转不可或缺的动力；不仅是地域历史文化的延续，更是地域生态的现代化彰显。必须。正是这些角落，具备各种多样性并存的“角落”，彰显了地域的个性和文化特征，也是进行创意的重要根基。

（二）发展机制的创新

需要反思大规模的切除式方法，挖掘真正属于地域文化和历史特征的内在的秩序与规则，才能真正把握自然生态规律，促进城乡和谐。老城区发展将需要探索小规模积累、内聚式发展的道路，构成相对生态的、紧凑型的城市样貌；乡村需要在遵守规则与适当建设之间保持良好的平衡，在多样性和复杂性之中营造秩序性；能够使得城乡改造外表老旧却功能齐全，并具备可持续发展的活力和动力。

1. 多态协同

多彩时态：多彩时态是历史和时尚的汇聚，是传承与发展的汇聚。在“创意旅游的发展中，不仅需要表征产业发展的多元、创新和包容，更是需要彰显旅游目的的人文价值。既有机传承历史与文化，又能营造时尚的城市创意文化氛围。文化遗产和工业遗存，传承文化、活化利用物质和非物质文化遗产，推动培育现代文创区域的发展。强调人，强调人的生活，强调生活的品质——是产业发展和休闲生活的有机结合和统一，是劳动和消费的有机结合和统一；是区域板块和大街小巷的有机结合和统一，是大手笔与小细节的有机结合和统一；是产业和日常生活的有机结合和统一，是创业和生活的有机结合和统一。

全域生态：生态责任是当今产业活动承载的最重要的社会使命之一。现代产业发展的生态观倡导适度消费和绿色消费。消费涉及到众多资源的利用，包括自然资源和人文资源，很多是不可再生的。现代产业的发展要考虑资源、人口和环境的相互影响，需要倡导绿色消费和简朴生活，谋求生态化的产业发展和消费方式，培育可持续的消费观，注重生态保护，减少对环境的干预；倡导减少消费产品生产过程中的碳排放，减少消费对环境的依存度，将生产和消费过程中对环境的干预降到最低限度，倡导产业发展的生态建构。

高端业态：随着经济的发展和城市国际化的发展需要，创意旅游需要逐渐摆脱早期仅限于购物、餐饮等业态模式，形成融自然、历史、文化于一体，集游览、娱乐、休闲、创意、餐饮、购物之大成的消费网络，使衣、食、住、行、游、购、娱等行业形成一个整体。市民和游客生活方式、旅游方式、消费观念的改变，对高端创新产业、休闲时尚和智慧产业的关注，将为持续推动创意旅游与相关产业融合发展起到重要的促进作用。

2. 定位明确

城市的生活是丰富的，后现代城市的生活是混杂的。城市的动能、资源与潜力交错混动——创意产业构想和生活品质需要融会贯通。城市产业从 2.0 向 3.0 版本的升级，也意味着城市从现代到后现代的转型。后现代城市的素养意味着在城市中居住和客居的人们，拥有积极的心态，不是一味追求物质的满足；拥有学习的心态，不是一味追求复制模仿；拥有美学的准则，不是一味追求整齐划一；拥有历史的视角，不是一味追求扩张壮大。城市形象由两部分构成：一是建筑、街道、景观等表现出来的物质形态，以及城市商务活动和业态表现；二是城市素养，由人们的理念、审美、技能、价值取向等构成的文化形态。

协同发展，明确定位，从体制机制的高度进行顶层设计，共同开发、错位发展，实现共赢。创意旅游产业的发展是休闲消费多元化的结果，需要多元产业资源的协同开发。在产业的空间布局上，确立主要的产业项目，在一定空间范围内，整合“食、游、购、娱、展、演、体”各种元素，明确主题风格、市场定位和服务功能，锁定消费群体，分流目标人群，推动多业态、多功能联动发展。旅游目的地要成为有吸引力的，众所关注的焦点，需要用地区、国家和全球的观点，来重新评估和省思自身的目标、角色和定位，凸显独特的生活特色，以崭新的城市构架和布局，为城市制造共鸣，吸引投资人、开发商、创意精英、实业家和游客，促进社区融合和认同。

3. 国际视野

要设计国际级的创意旅游产品，产业结构和业态布局需要前瞻定位。什么是国际化？国际化就是在理解世界的基础上，以高度的文化自信和民族自信，以国际认同的方式展示自己的独特文化。国际化不是“西化”，不是“洋化”，更不是摈弃自我和去民族化。国际化意味着理解、认同和包容，需要自信、展示和彰显。创意不是属于哪一个人的，不是属于哪一个城市的，创意是世界的。

4. 共享共赢

创意旅游的发展是本地居民与游客共享的发展。创意旅游产业发展必须考虑本地居民休闲和外地游客旅游的双重需要，实现主客共享，综合考虑并着力提升本地居民和游客的体验感和获得感。创意旅游产业发展既是造福游客的，也是造福居民的，在产业的谋划和布局中实现主客共享，形成经济发展的良好氛围。激发创意的地方，也是充满创造力的时空；要以创新业态，提升档次为抓手，探索“新思维-新模式-新业态”的范式，构建产业生态。

第三节　旅游迭代与情境创新

一、旅游迭代

旅游产业是二战以后被许多国家和地区追捧的新兴产业。五十年过去了，如果不发展，不升级换代，旅游产业就是一个传统的服务产业。世界旅游组织前秘书长弗兰西斯科．弗朗加利指出，一个国家或目的地所持有的文化个性——必须在全球市场中才得以自我肯定；目的地需要开发能体现并释放文化创造力的新旅游产品，来使到达旅游目的地的旅游者获益。旅游的产业更新势在必行，旅游产业必须有创新，才能有发展。

创新从哪里来？一种途径是元素进入，一种途径是模式更新。

元素进入，就是“旅游+”的方法，创新元素作为原有旅游产品的内容补充，或者旅游元素与其他文化艺术产品进行融合，产生新的旅游产品。比如，传统手工艺品的生产过程体验，传统节庆活动的参与，以及当代艺术品的设计、园艺活动的参与都可能在旅游中植入创意的元素。元素创新，主要是内容的创新。内容的挖掘、丰富是旅游产品创新的重要部分。

模式更新，就是“旅游 x”的方法。加法没有性质的变化，较多的是融合，带来内容的增多增厚。而乘法不一样，乘法会带来性质的变化。变成什么？取决于乘数是什么。投资模式、运营模式、市场模式、管理模式都可以成为乘数；各类产业、各类技术，也都可以成为乘数。比如，携程网开辟了旅游消费和旅游营销的新平台，“游侠客”则体现了旅游者出行模式的创新；阿里巴巴的无人酒店不仅是旅游运营的创新，也成为旅游者体验的创新。

二、情境创新

创意被定义为个人、团体或社会产生的新颖且适合的想法或产品，同时关注社会认同。一直到20世纪80年代，对创意的许多研究都还局限于西方高度艺术、欧洲文化(美术绘画、欧洲古典交响乐演奏、有脚本的戏剧演出等)。然而，这些年创意科学已经扩展到与最具影响力的当代媒体和艺术相关联的创意方面（连环漫画、动画片电影、电视、音乐视频、电脑游戏、多媒体、表演及装置艺术)①。

人类的发展，可以说就是一部创造史，也是一部自我更新史。那么，21 世纪的创新与人类过往时代的创新有何不同？现在的创新不只是生产者（包括物质与精神的生产）的创新，而是情境的协同创新。“情境创意应该解释为经济和文化动态持续的共同进化过程”②。因此，情境创意，不仅强调情境本身，更强调其动态性，更强调其动态机制。社会、经济、文化、技术背景，生产者，消费者，以及生产者与消费者的互动，共同构成了创意的情境；共同创造是情境的重要组成部分。创意情境是一个动态非均

① 贝鲁西，赛迪塔．文化产业中的情境管理［M］．孙方红，译．上海：上海财经大学出版社，2016：1.

② 贝鲁西，赛迪塔．文化产业中的情境管理［M］．孙方红，译．上海：上海财经大学出版社，2016：3.

衡过程。

情境创造的实质是文化表达，生产者与消费者获得彼此理解和认同，并产生共鸣。因此情境背后是故事、是画面、是氛围，是对未来的想象，是对过往的回忆，是所有这些的综合和意蕴——所有这些都是可以拿来分享，并在特定的时空中，由生产者和消费者共同创造并构成情境的独一无二性。

好的情境创造是有画面感，可回忆的，但又不容易复制。因为场景容易复制，然而情境是由有形物质载体、无形文化载体，以及主客互动构成的特定表现。

可以成为创意旅游的情境有哪些？比较重要的是技术情境和文化情境。

（一）技术情境与旅游创新

技术情境需要做“新”的文章。新的科技革命和新兴产业的诞生为旅游带来了挑战也赢得了发展的机会，尤其是赢得了创新的机会。旅游资源的边界日益模糊，只要具有旅游吸引力，就能成为旅游产品。整合、跨界、融合都不是问题。如果说过去20年的重要变化都与网络有关，那么，未来20年的旅游业的重要变化将与数据息息相关。

网络互联与旅游业。网络互联给旅游业带来的是渠道的变化，以及消费方式的巨大改变。

数字经济与旅游业。数字经济在中国的表现有两个方面，一是数字的产业化，二是产业的数字化。数字的产业化，也就是数据以及数据在产业中的贡献，数字经济在GDP中的占比。以数字经济的先发省浙江为例，2017年数字经济的总量在2.07万亿元，占GDP的比重大概是39.9%。（数据来源于浙江省经信厅总工厉敏）产业的数字化，主要是指产业在转型中的数字运用。数字经济是不同于传统工业经济的新经济形态。产业的数字化转型规模比数字的产业化规模要大得多，也是数字经济的重要组成部分。产业的数字化，意味着数字在所有产业中的运用，当然也包括旅游业。

人工智能与旅游业。人工智能无疑是当下最热的技术风口之一，已经成为创意产业的强大推动力。游戏、数字出版、旅游和娱乐等大休闲产业正成为人工智能最重要的应用领域。人工智能应用于创意创作、内容开发、营销传播和用户体验等环节，激发出巨大的市场潜能。尤其在已经积累了大量结构化数据的领域，更是人工智能率先发挥效能的阵地。分析2018年国内人工智能在文化娱乐领域的大事件，涵盖了新闻出版、广播影视、游戏和音乐几个方面。根据IT桔子的数据，2018年文创相关的人工智能风险投资16起，总金额约为23亿元。从细分行业来看，视频和广告占比最多，其次是体育、媒体、游戏、音频和旅游。旅游企业只有西藏佳斯特 1 家获得融资，金额高达 1 亿元。视频互动广告作为传播和营销渠道的新技术和新渠道，也同样很好地被旅游企业运用。视频互动广告所需的视频识别、语言识别等人工智能技术已经比较成熟，市场需求庞大，可以更好为企业解决变现难题，成为人工智能企业化运用的极佳切入口。比如，极链科技为长隆乐园提供视频广告投放服务。当在线视频中出现“游乐园”“海洋沙滩”“水族馆”这些场景，系统可以识别出来然后播放长隆乐园广告。由于契合度高，广告转化率达到百分之三，是一般行业转化率千分之四的 8 倍。

1. 智慧酒店与创意旅游

旅游业的转型，从传统服务业转向创新服务业，这里面数字桥梁必不可少。智慧酒店是旅游业较早利用信息技术进行服务提升的切口。

随着酒店日趋激烈的竞争和不断攀升的客户期望，酒店装潢、客房数量、房间设施等质量竞争和价格竞争将退居二线，迫使业内人士不断寻求扩大酒店销售、改进服务质量、降低管理成本和提升客户满意度的新法宝，以增强酒店的核心竞争力。其中最有效的手段就是大规模应用先进的信息化技术。变革传统意义上的酒店业竞争方式和经营管理模式，从而赢得新的竞争优势。因此，酒店的竞争将主要在智能化、个性化和信息化方面展开，智慧酒店悄然兴起。

最初的阶段主要是提升酒店的运营效率，为宾客提供快速、优质服务，随着酒店智慧化程度的逐步推进，创意元素与技术元素互相促进并充分融合，不仅酒店在运营、营销环节植入智慧元素，实现全方位的智能化管理，还能创造出提升宾客体验的新产品，成为智慧-创意酒店。

2016 年，“盒马—鲜美生活”开创了零售的新服务模式，成为新零售业态的代表。盒马是超市，是菜市场，也是餐饮店。与传统零售最大区别是，盒马运用大数据、移动互联、智能物联网、自动化等技术及先进设备，实现人、货、场三者之间的最优化匹配，从供应链、仓储到配送，盒马都有自己的完整物流体系。

2018 年，阿里无人酒店“阿里未来酒店”开业，是阿里继“飞猪”以后再次以高科技占据旅游业的大动作。无人酒店激发了人们体验新产品的好奇，人们惊呼：未来已来！

依据“飞猪”的发布，阿里巴巴首家实体酒店“Fly Zoo Hotel”已开业，内部代号为“未来酒店”。该酒店坐落阿里巴巴杭州西溪园区东侧。“未来酒店”与阿里此前的未来餐厅、未来书店类似，选用无人化的运营。该酒店选用全流程无人化操作，从入住、酒店体验、退房环节，多由机器人和酒店的智能系统供给。

宾客入住环节：抵达酒店后，一个 1 米高的机器人取代了传统的人工接待。经过人脸辨认技能，将宾客的姿态录入程序。入住时，宾客只需在大堂自助机刷一次脸，后台就会对接公安体系确定住户身份信息。随后，宾客的个人信息就会运用于酒店内的场景。这意味着客人的脸成了酒店的通行证，无需任何效劳员引导，只需刷脸就能享受酒店全部效劳。

电梯等候环节：电梯会启动等候体系，电梯经过无感体控体系，辨认客人身份，判断乘坐电梯的目的后，最终直接在入住的楼层停下来。

宾客进入房间环节：宾客抵达房间门口后，摄像头辨认出身份，房门主动敞开，宾客就能进入房间休息了。宾客进入房间后，无需插卡取电，灯光会主动进入欢迎形式，电视机主动敞开，并进入欢迎界面。房间内的空调、电视、灯光、窗布等设备全部不用手工操作，宾客只要对着天猫精灵下达指令，全部都可以躺着进行。

酒店吃喝玩乐环节：酒店除客房以外的所有设施设备，都使用人脸识别系统，宾客可以刷脸进入餐厅、商场、健身房和游泳池等，消费也都会通过宾客辨认系统，自动记账到宾客房号。

退房环节：客人只需在手机上退房，体系就会弹出客人的全部消费金额。点击确认，随时离店。在离开房间的一会儿，电梯也现已发动程序等候宾客了。此刻，房间会主动生成一张清扫订单，类似于网约车的派单形式，邻近的卫生阿姨接到订单就会前来清扫房间，酒店无需专门请清洁工。

未来酒店凝聚了阿里奢华的阵型：达摩院负责架构、阿里云供给大数据、人工智能实验室规划机器人、智能场景事业部完结酒店数字化运营和智能效劳中枢、天猫则为酒店床品供给供应链。

未来酒店与创意旅游：未来酒店用技术情境的营造直击酒店业运营和营销的两个痛点：一是酒店用工的问题，二是消费者求新的偏好。酒店业长期存在同质化严峻和人力资源短缺的问题，技能迭代是一个不错的解决方案。酒店不仅能经过多种黑科技营造独特的入住体验，更能运用无人化的操作大幅节约人力成本并提升工作效率。

2. 旅游出行系统与创意旅游

旅行社作为综合安排旅游者出行的平台，是传统旅游业的重要支柱。互联网打破了旅行社的运行格局，经历了“线上比较、线下购买”—“线上购买，线下体验”—“线上线下购买、体验互动”的格局。携程网、去哪儿，竞争与合作，携程自营产品的推出，OTC 从最初的平台式经营发展成为真正的产品设计者和组合者，成为真正的线上旅行社。随着“游侠客”的出现，以社群结合互动为特征的线上平台，比传统旅行社走得更远，不仅成为产品的组合者，开始生产属于自己的“产品”，通过游客之间的认同、分享、参与、组合，通过建立社群、维护社群，在生产与消费的互动融合中探索了旅游出行系统的创新创意。

案例一：游侠客

游侠客旅游网，于2009年1月创办，是一家在线创意旅游服务公司。自称是“旅行者的社交网络”和中国社交旅游第一品牌。设有杭州站、上海站、北京站、苏州站、坝上站、成都站、兰州站、新疆站、贵州站和云南站。旗下还设有子网站“游侠客摄影网”。游侠客之名来源王维奇异壮丽的边塞诗“长安少年游侠客，夜上戍楼看太白”。

游侠客创始人郑天明和林末末，是国内资深的旅行家、摄影师和户外运动热爱者。公司拥有100多名专职员工，200多名兼职员工。游侠客旅游网旗下有自己的品牌旅行社、俱乐部和摄影协会。游侠客是我国第一家针对旅行者的“社交网络+旅游电商平台”，以“旅游+交友”的模式，目标是在跟团游和自助游之间，创建全新的出游方式，游侠客的用户分成休闲客、驴友、摄友、车友四大类。目前拥有105万以上的注册会员，日独立访客超过10万，平均每周通过游侠客组织出游超过2 000人次。

游侠客的定位：游侠客旅行包含跟团游、自由行、当地玩乐、自驾游及特潜旅游（瑜伽、潜水等）。原创线路、体验、互动的旅游组织方式，是真正意义上的网络旅游。

产品特色：轻户外、重旅行、泛摄影，集社交与创意旅游为一体。

产品类别与特色：摄影类、教育类、体育类。

内容模块：这是游侠客不同于以往在线旅游社（OTC）的重要组成部分。通过内容模块的打磨，由网站和消费互动打造创意产品，既形成了自己独特的产品风格，有了自己的特色和亮点，其实质是通过生产者-消费者，消费者之间的充分互动，重新创造并定义了一个新的旅游细分市场。

游侠客遇见：游侠客APP上的一个社交功能，是用户可以通过“遇见”发表图文、视频，进行在线交流（点赞、评论、分享等），构造社群，也加强网站使用黏性。

游侠客视频：游侠客专业视频团队用相机记录世界。既可以为游侠客的产品配备视觉、听觉体验，同时也独立承接不同类型的商业摄像。

游侠客攻略：2017年9月，游侠客攻略正式上线。产生业内高质量PGC攻略并帮助用户策划旅行线路。

游侠客社区：2018年3月，游侠客开发的游记系统，更多UGC内容得到展现。同时，产品、攻略、游记和视频得以汇聚。每日推送新鲜的旅游资讯、小众玩法、全球精选目的地、最in攻略、旅游线路等一切与旅行相关的美好事物，还有免费线路、周边礼品等回馈活动。

游侠客目的地系统：围绕目的地展开的概况、游记、攻略、图片、视频、产品、门票、交通和美食等一系列的生态系统。

游侠客与创意旅游：着眼于游侠客热门线路进行布局，开发形态主要有营地、民宿、酒店及特色小镇。这将是网站通过社群业务，进行横向拓展和产品链延长的一个重要战略发展方向。从旅游产品的组合、从旅游产品的销售，到旅游目的地的开发、投资和运营，真正发展成为全域旅游产品的生产者。

游侠客对创意旅游的贡献在于旅游者兼具生产者与消费者的角色，并通过社群构建使之成为传播者。在创意旅游的购物包内，旅游的链条、创意的链条都在延伸，旅游前-旅游中-旅游后，为旅游者提供了更深更广的体验。从平台的盈利模式来看，通过旅游前期生产主动权的让渡，游客体验的深度化和专业化，旅游后的分享和传播，正在尝试拓展到旅游后的企业的投资和运营，把投资-生产-分享-运营全部联系起来，锁定客户并提升客户的粘性，在细分市场中进行深耕。

案例二：牦牛出行

牦牛出行是西藏自治区最大的“公车运营”旅游客运企业—拉萨市交通产业集团领投的一站式出行平台。通过接入西藏自治区 98%的旅游交通座位，自治区 75%以上的交通客运出行资源，以先进的算法构建定价、服务模型；针对在藏乘客出行不同需求，推出机场/车站接送、出租车、旅游目的地直达及公交车服务，让在藏乘客享受到更为安全、便捷、舒适出行体验。

人工智能技术介入：“牦牛出行”背后的运营公司是西藏佳斯特。成立于 2018 年 1 月，是一家以技术驱动，专注于交通和旅游产业的产业互联网公司。2018 年 3 月，公司完成天使轮融资 1 亿元，拉萨市交通产业集团领投，成都华迈和北京座头鲸跟投，同时获得银行 10 亿元授信。

公司愿景：佳斯特取自英语“Just”，意为“一切都是最好的安排”。公司以“让西藏旅行更美好”为使命，致力于通过基于数据挖掘、机器学习、车联网、智能信息分发的先进技术、优化赴藏游客吃住行游购娱体验，构建西藏智慧、健康、便利的旅游产业业态，让西藏的高山、雪域、阳光、藏文化、净土特产成为游客离不开的诗与远方。

公司目标：3 500 000+游客，2 000+牦牛出行网约车

智慧技术使用：

——2017 年 12 月 13 日，西藏开通了 4G 网络，达到了一线城市的上网条件，有利

于移动互联网应用整合优化交通资源。

——可视化智慧交通体系——牦牛出行可视化平台 V1.0 版正式上线，旨在解决游客出行难、政府监管难、商家用车难等问题，实现西藏交通产业业态的重构，打造国内最领先的出行体验。

——牦牛出行 APP 上线，以西藏交通出行大数据中心为核心，推出机场/车站接送“旅游目的地直达”、“出租车/公交车”出行业务。

——西藏交通出行大数据中心 1.0 版投入运行，西藏自治区 98%的旅游交通，自治区 75%以上的交通客运出行资源逐步接入交通出行大数据中心。在这个任务中，拉萨交通产业集团扮演了重要角色。1962 年成立的拉萨市公共汽车公司，1999 年成立公共交通总公司，2014 年年初组建为公交集团，2016 年 5 月正式更名为交通产业集团。集团对西藏自治区的 19 家旅游客运公司进行了并购，拉萨交通产业集团拥有了 2913 辆旅游客运车辆，占到整个西藏自治区 89%的市场份额。拉萨交通产业集团还拥有市场中 98%的座位资源，西藏自治区旅游客运控制指标是 50 000 个座位，全部在拉萨交通产业集团。此外，整个西藏自治区 75%以上的交通客运资源市场也都在拉萨交通产业集团。

——人工智能的对接：“牦牛出行”致力于让本地市民及游客都能享受到更为安全、便捷、舒适出行体验，有五大业务模块，一是机场火车站包车、小巴接送；二是网约快车/出租车；三是景区直通车目的地直达，线上叫车并购买门票；四是在线旅游 OTA；五是公交车的线上支付。这五大业务有赖于人工智能与大数据技术。通过获得大量游客的旅行偏好数据，可以通过人工智能向他们自动匹配最佳旅游路线，以及沿途住宿消费等各种服务。

牦牛出行与创意旅游：基于大数据的分配和精准对接，使平台更好地了解游客出行需求，也能更好地满足游客需求。从运营角度来说，后台大数据和人工智能的匹配，不仅为游客提供了更多的出行可能，在出行的方式上提供更多的可能性，也为游客的未知尝试和体验提供了保障。简单地说，是为“新”保驾护航，为“新”进行品质背书。

（二）文化情境与旅游创新

文化是创意的基础，或者说文化为创意提供重要养分；文化情境为旅游的独特性提供了基本底色，也为满足旅游的求异动机提供了无尽可能。如果说旅游的本质就是离开常住地，去到一个陌生地方，去感受、去体验异地。旅游就是去感受、去体验异地。十里不同风——文化就是异地最好、最翔实的注解。然而，文化是一个非常宽泛的词，内涵十分丰富。对于旅游创新来说，文化情境的重点是什么？与技术不同的是，技术对旅游创新的贡献和给养在于新；而文化对旅游创新的贡献和给养多在于“旧”，需要挖掘文化的传统，做“旧”的文章，做好物质和非物质文化遗产的活化。

在博物馆旅游纪念品创新性方面，国外的开发一直有我国可以借鉴的地方。首先在创新性方面，大英博物馆的伦敦变色雨伞，外形采用博物馆主体建筑屋顶的设计灵感，伞面在干燥时可以看出上面绘制的建筑结构，而遇水则会产生彩色玻璃般的视觉效果。其次在体验性方面，横滨杯面博物馆为了吸引参观者，特别设计了可以亲手制作历代杯面的体验环节，参观者可以在背面上绘制自己喜欢的图案打造专属的旅游体验。在市场运作方面，早在1927年，法国就成立了国立博物馆技术与商业开发处，专门负责博物馆衍生产品的开发和销售；法国国家博物馆联合会（RMN）成立于1895年，拥有法国国立博物馆90万件文物图版权和卢浮宫博物馆近万件的划刻板和雕塑模子的所有权和管理权，对博物馆知识产权的法律保护十分重视。

旅游发展到今天，出发、远行的目的，可以为了一首歌（《成都》——四川成都），可以为了一首诗（《姐姐，今夜我在德令哈》——青海德令哈），可以为了一部电影（《非诚勿扰》——浙江杭州），可以为了一件物（《朕又来了》——台湾台北），可以为了一个故事（《赵小姐的茶》——福建厦门）。所有这一切，都与文化相关。

去台湾旅游，吸引大家的可能不单单是阿里山和日月潭，也不单单是101大厦和小镇恒春，可能是诚品书店或是淡水老街。

台湾的文化创意产业的产生与社区文化的重建颇有渊源，旨在推动“社区总体营造”，通过建立社区文化、凝聚社区共识，建构社区生命共同体的。1995年，台湾的文化创意产业步入发展初期；2002年5月，台湾将文化创意产业发展列为《挑战2008：发展重点计划（2002-2007）》的子计划，2010年，颁布了《文化创意产业发展法》，通过行政力量推动文化创意产业的发展。在政策、产业与创意三引擎驱动下，台湾文创融合到工业、旅游业、农业、商业等各个领域。早在2013年文创产值突破万亿新台币，占全台湾省生产总值的5%以上。

台湾文创的根基在于对中国传统文化的坚守、传承和创新。台湾一直坚持沿用繁体字，在教育和生活的很多方面强调传统文化的传承，强调传统文化的坚守。在学习日本、美国的创意经验的同时，注重保留传统中国的文化之根，并善于将中国传统文化创造性地加以转化，体现在文化、艺术、产业各个方面。

冯仑曾经写道“我看台湾的感觉，就是一个教养很好的中年妇女，你慢慢品、慢慢看，发现她的优点、责任、家庭，慢慢地看出来的东西越来越多。所以我到台湾觉得没有压力，很亲切。她的端庄，不是张牙舞爪，是什么事情都比较有次序、有规矩，她的娴熟、优雅，不是给别人看的，是内心的一种状态。”台湾人给人一种儒雅、有礼的感觉，这种文化性格同样也渗入到文创产品上，赋予文创产品很重要的文化精神内涵。到台湾旅游，最有吸引力或者留下深刻印象的不是独特景观，也不是产业规模，而是它台湾所独有的文化氛围和内在的文化精神。

台湾文创拉近了游客、民众与文化的距离，从文化内涵着眼，从细微处提升美的生活品质，通过文化、艺术和产业的结合，为艺术家搭建平台，为游客制造惊喜，为民众创造品质生活，赋予生活和环境更多的文化内涵，成为日常生活美学的产业化体现。

台湾文创产品品类繁多，其中诚品书店、阿原肥皂、掌生谷粒、食养山房、上引水产、日星铸字行、云门舞集、VVG 好样本事和 FRANZ 法蓝瓷是其中重要的代表。

案例一：诚品书店与台湾

有人独独奔着诚品书店去台湾，足以证明诚品的成功。这家台北唯一 24 小时营业的书店，已经成为亚洲最具影响力的文化地标，“诚品”已经成为台湾最具国际能见度的文化标志。

诚品书店 1989 年由台北创办第一家开始，本着人文、艺术、创意、生活的初衷，发展为以文化创意为核心的复合经营模式。1989 年 3 月，吴清友创立了以建筑、艺术书籍为主的诚品书店。1991 年扩大营业，综合书区、艺文空间与画廊的组合，成为台湾书店经营的里程碑。创始之初，诚品以书店为品牌核心，营运范畴从画廊、出版、展演活动、艺文空间和课程、文创商品，扩展到捷运站、医院、学校等各类型特殊渠道经营，后来延伸到商场和专业物流中心进行专业运营。诚品是“城市人的集体创作”，采用连锁而不复制的经营模式，尊重各地文化特质，通过“人、空间、活动”的互动积累，发展出不同场所独特的精神和经营内容，并以此塑造城市中不同角落、不同内涵的文化氛围。正如诚品书店的创始人吴清友先生所言：“卖一本八卦杂志和卖一本好书，在 POS 机上可能显示的金额都是 25 元，但有良心的经营者知道，那是不一样的”，这便是诚品之于台湾、至于华语文化圈的意义。

诚品的经营：诚品的发展策略打破了传统书店的经营模式，先由品牌奠定成功基础，再带动商场、书店与零售的“复合式经营”，使书店不只卖书，而是包罗书店、画廊、花店、商场、餐饮的复合组织。

诚品的价值：

——核心价值人文、艺术、创意、生活，善、爱、美、终身学习

——诚品、eslite 的由来：

诚，是一份诚恳的心意，一份执着的关怀

品，是一份专业的素养，一份严谨的选择

诚品的英文名称“eslite”是由法文古字引用而来，为“菁英”之意，意指“努力活出自己生命中精彩的每一个人”。取名“诚品”，代表着我们对美好社会的追求与实践。

——诚品愿景：诚品期许成为华人社会最具影响力且独具一格之文创领先品牌，并对提升人文气质积极贡献。

——诚品使命：对华人当代的人民与土地具有实质的贡献；对华人社会的未来发展注入创新的启发；对华人未来愿景的实现孕育新价值的典范。

诚品的经营：精致优雅的阅读空间规划、精心陈设展现阅读价值，长期举办各项演讲、座谈、表演与展览等延伸阅读活动，演讲与展览，涉及文学、戏剧、环保、舞蹈与美术，开创了书店与读者各种对话的可能。诚品力图营造阅读空间与阅读心情，书柜面板保持 15°倾斜，体贴读者，书架上的书伸手可及，或站或坐；诚品书店让书店不再只是购书地点，而是可以悠然流连的书香世界。书种的组合更是诚品的经营特色。“诚品畅榜”定期向读者推荐一些有点冷门的好书，即使已在书架上睡上 3 个月的书也不把它送入仓库，这就是诚品与传统书店的差异，并为爱书者称道之处。这种看似逆势操作的手法，在诚品悉心规划下，一些冷门书往往也大爆冷门，销售奇佳。吴清友表示，畅销书也许周转率高，可以带来很高的利润，却不是他的经营重点。“好书不寂寞”才是他们努力的目标。

诚品的创新：诚品将书店定义为多元的、动态的文化事业，而非零售业。创立之初，诚品就不只是单纯的书店，而是一个复合式文化场域，兼容艺术书店、专业画廊、艺文空间、人文咖啡和设计商品。将文化意涵注入不同的产业和空间，每年有超过 5 000 场的文艺表演活动在台湾、香港、大陆 46 处诚品场域内发生，来自世界各地 1.8 亿人次汇聚于此，与诚品共同创作了正能量、有气质的独特场所精神。

诚品最大创新是翻新了“书店”的经营概念，将书店提升为新文化的休闲场所。尤其自 1999 年 3 月起，面积约 1 653 平方米的诚品敦南店，将营业时间开放为 24 小时。这项极为创新的经营举措，受到热烈的回应，夜猫族不再无处可去，满足了现代人生活的诚品的营运模式大受好评后，其他连锁书店也跟进模仿，在装潢、阅读空间、

选书分类等，向诚品看齐，一时之间各家大型书店都变得很有“气质”，但诚品的经营成效还是超越别人。书店可以模仿诚品的硬体设计，如书柜的格式、色泽，但诚品的经营理念、核心价值却是别人学不来的。

诚品的气质：诚品团队传承、创新，迈向“文创产业平台的整合性经营之路”。时空与环境的因缘，开启了诚品的故事，支持着诚品坚持至今的是各地的人文滋养和敦厚人情，在诚品场域里所展现的每一个笑颜、每一次的热情参与，都创作了诚品独具一格的人文风景。

历经四分之一个世纪，诚品始终不变的是对“人文、艺术、创意、生活”核心价值的实践，以及“与人为善、分享幸福、兼具内容创意”的创立初衷。诚品的经营以阅读为核心，渐次开展扩及生活的所有面向，逐步成为涵盖书店、通路、画廊、展演、餐旅、生活品牌、网络、物流、住宅和旅馆等以文化活动为基底的复合式文创平台。

诚品卖的不只是书，卖的是阅读文化。当书店里不只是书，还包括着人文、创意、艺术、生活的精神，它就不再是只买书付钱就走的地方，这便是诚品的迷人之处。飘散书香 20 多年的诚品书店培育了独特的阅读文化，也成为台北的文化地标和台北作为旅游目的地的独特吸引力。

“因地制宜”也是诚品的独特气质。诚品每家分店的设立，都会依当地的人文色彩与生活风格，设计出各异其趣的陈设风格及书籍内容，也做到区域结合的特色。如在青少年聚集的台北西门町，就多摆了漫画与罗曼史的图书区；天母店即注重休闲、旅游与家居书籍；而中南部分店则是增加了中文书籍的比重。

诚品与创意旅游：诚品是一个充满人文和艺术气息的休闲空间，通过阅读这个纽带，把休闲空间和或近或远的阅读者联结起来，也使诚品成为一个旅游目的地。正如诚品自己的描述一样，读者的参与，读者的笑颜，共同铸就了诚品的人文风景——诚品与读者共同塑造了独特的“诚品气质”。正如星巴克已经不单单是间咖啡店，如果说星巴克不仅营造了咖啡文化，而是生产出一种有咖啡相伴的生活方式；那么，诚品不仅营造了独特的阅读文化，在快节奏的生活中生产出一种兼具时代品位和传统意蕴的有书相伴的生活方式。诚品，成为阅读的目的地，成为所有热爱阅读的人的家。因此，为了诚品而去，赴一场诚品的邀约，就可以妥妥地成为旅行和出走的目的。

案例二：日星铸字行与汉字圣地

曾经遍布神州的铸字行，随着电子印刷业飞速发展而退出历史，偌大的台北，只剩下最后一家叫做“日星”的铸字行。日星传人张介冠先生说，如果日星没了，等于断了中国四大发明之一活版印刷的命脉，子孙们将不知道祖先做的是那项行业。华语世界最后一批繁体铅字铜版模张介冠先生的匠心与多年的坚持，终于在台湾文创产业兴起的潮声中迎来喜讯。台北最后一家铸字行、拥有整个华语世界最后一批繁体铅字铜版模的日星，陆续受到出版和文创同行的青睐，设计兼具怀旧与创意的“铅字小礼盒”、开发活版字体库、向年轻人传授活字印刷技术，日星也开始成为华人旅客到台湾必须探访的汉字圣地。

日星的创意：设计师对字体的敏感不亚于对色彩的挑剔。一笔一画都影响着画面的协调性，每个字号的斟酌都是对画面的尊重。字，在设计师眼中是以图形呈现的，是点是线也是面，是整个画面的点睛之笔。在科技时代，设计师电脑里的字体库也是无比庞大。你想过要真真切切地触摸它们吗？科技的便捷让设计师更多以电脑为媒介来展现艺术。当有机会真真切切地去触摸到字体，是不是会给你别番心动的感觉？很多出生在20世纪90年代的人对活版印刷已经没有什么印象。甚至手写都会提笔忘字。科技的发达让人们的生活产生了巨大的变化，却也让人学会了遗忘。张先生开放铸字行给人参观，购买。铸字行的空间并没有很大，满满的全是铅字。现存有三种中文字体，楷体、宋体和黑体。字号又分别从初号到六号有七种大小。每种一万多字，加起来有30万铅字。

日星的坚守：日星铸字行从1969年5月1日开始营业，17岁的张介冠便开始进入铸字行，坚持着吃力不讨好的苦撑，不但成就了台湾硕果仅存的活字印刷铸字工厂，也让我们有机会可以感受活字印刷的魅力。现在，他每天从早上7点开始生火，把熔炉烧到350摄氏度，使铅块融为铅水，然后将一汪亮闪闪的铅水，小心地倒进铸字机的模具里，经过冷却、脱模、修边、抛光，成为一枚字体优美的铅活字。他说，用铅字印刷的书，独特的触感会让整个人进入文字的世界，在字句之间流连忘返，这是现代书籍做不到的。在这个故事的后面，是日星铸字行的老板张介冠先生四十几年的坚守，只为传承文化、留住汉字的温度。

日星与创意旅游：隐身在台北火车站附近、太原路巷弄间，没有招牌没有指标更没有明显的器械声响，门口也只有一个简陋的招牌：日星。置身于日星铸字行，立刻会被数以万计的微小铅字所震撼，一枚枚泛着低调金属色泽的铅块上，刻画着一个个古朴的动人文字，散发这特有的金属味道。每一个汉字所蕴藏着的六书造字法则，历史意义和人生哲理尽在铅字之中。小小的铸字行，满满的人文气息。历史再现，工匠精神；尊重历史，尊重人文，是可以让人刻骨铭心的美。旅游是生活方式，生活里不仅有柴米油盐酱醋茶，还有可以触摸的文字，可以触摸的历史，可以学习的工艺，可以沉浸的人文气息。都说台湾最美的风景是人，其实应该是人+文，台湾最美的风景是人文。

三、情境创意的动态机制

首先，意义增加是动态的。不夸张地说，这本是不断寻找意义，并赋予意义的时代。意义无疑是属于精神层面的。精神的需求，是否在物质的需求之后，不去纠结和讨论。不容置疑的是旅游的目的和意义属于精神需求。取代“到此一游”标记时代的是“深度体验”，是寻找到一些属于自己的记忆，并给自己的出行找到一些理由和意义。人是意义的动物，思想性是人区别于动物的重要节点。思想，就是探寻意义，探寻为什么。如果说旅游是日常生活的疏离，那么为什么离开？又为什么回归？一场想走就走的旅行，一定是意义驱使的，不存在没有意义的出行。

从旅游心理学和旅游消费者行为学的角度出发，旅游动机的探讨已经早有建树。那么旅游发展到今天，旅游动机回归到旅游人类学的探讨，创意旅游的人类学意义何在？是对日常生活的补充？是对日常生活的叛逆？还是日常生活的创造？旅游，是日常生活中可有可无的点缀，还是能让日常生活变得更有意义和亮点的必需品？答案是明晰的。旅游，寻找美丽景色，还是创造美好生活？创意旅游更多的意义在于创造美丽生活。生活，并不仅仅需要感知和体验，更多的是主动的创造。人，大写的人，是生活的创造者。旅游，作为当代人生活的一部分，也是创造美丽生活的重要组成部分。

其次，共同创造是“情境”的一部分。创意旅游对于美丽生活的创造，是一种独特的“共同创造”，生产者与消费者，共同构成了“创造情境”和“创造文化”，这种情境和文化的营造，对于创意旅游的生产和消费至关重要，且不可或缺。创意旅游的消费者不仅参与生产，而且参与动态生产，是创新情境的一部分。旅游消费者参与开放性的创新活动，而且具有不断扩大的趋势。

通过新兴消费者与生产者的社交网络进行生产和创新，普通创意又可以与生产者主导创意的创新体系重新连接起来。这起到了扩大标准的生产者与生产者的工业生产创新网络的租用，通过分布式的共同创造网络将消费者或用户的专长融合到生产者的设计模型和开发活动中去。这一新的模式在创意产业中变得越来越重要，特别是新兴数字媒体产业这个领域中，结成社交网络的创意消费者同时也是生产者，他们对技术和经济产生的影响都是最突出的。消费者参与创造不仅仅是这个产业自身内部快速增长的部分，而且通过新的增加值成分和创新模式不断嵌入到许多其他工业部门。因而，普通的创意者创意成为全球市场资本主义生产模型越来越重要的部分[①]。

反映在创意旅游的情境中，这种共同感和共同创造表现得更为强烈。旅游消费本来就是具有社会和文化情境的过程，求新是旅游的普遍诉求。对新的要求越强烈，共同创造的内在动机也更为强烈。日常生活越是平凡琐碎，寻找创新的诉求越强烈。如果说旅游是寻找生活意义的消费，那么，旅游者自己作为价值和意义的创造者，意义变得更为非凡和前所未有。从这个意义上说，旅游者只有参与旅游的生产，才能真正完成美好生活的创造。创意旅游为其提供了平台和可能。旅游者，从消费者到生产者，从别样生活的寻找到别样生活的体验，从美丽景色的旁观到美好生活的创造，完成了价值的创造和意义的缔造。

再次，情境创意是非线性的消费模型。旅游消费趋向品质化，旅游需求的个性化特征日益突出，导致旅游市场不断被细分，创意旅游的消费呈现非线性的趋势。市场引爆点非理性可分析，内容 IP 被不断创造，市场持续热度难以被预估。

2019 年 1 月中国旅游研究院发布《2018 旅游经济运行盘点系列报告：旅游产业》中有这样的描述："品质化消费诉求日益突出，纯玩无购物、高星级酒店、专属导游、精致小团、定制游，成为今年国内游的关键词。都市休闲旅游快速崛起。随着我国经济的不断发展，居民生活水平不断提高，以消费水平衡量，日消费在 20~50 美元的都市休闲客群人数增长迅猛，旅游消费市场潜力巨大。为"美食、美宿"出游日渐平常。特色小吃业迅速崛起，游客在小额餐饮的消费增长较快，比重不断提升。旅游与文化、创意、科技融合创新加速，首旅集团提出未来投资和资本运作领域将聚焦生活方式服务业，凯撒"凯撒名宿"品牌构建文旅融合新场景，携程推出"旅景"S2B 新零售平台。品质跟团游走俏市场，上海老年跟团游消费增长明显，2018 年人均消费明显增长，较 2017 年上升 11%。"网红元素"助力目的地影响提升，稻城、西安等旅游城市受网红元素影响很大，增长均超过 100%"。旅游在生活方式的范畴内，可以被创造的情境在不断泛化，与文化、与技术不断跨界和融合，创意的机会和可能性在增加；同时，人们的消费选择也呈几何倍数的增加，消费决策的模型也将更为复杂，给旅游内容的 IP 创新提出了新的要求。

---

① 贝鲁西，赛迪塔．文化产业中的情境管理［M］．孙方红，译．上海：上海财经大学出版社，2016：9.

第五章

创意旅游：新工作，新生活，新激情

第一节 创意民宿——别样工作

民宿这几年很火。关于民宿，旅游者网络点击量多起来了、学术探讨多起来了、投资论坛多起来了。

有人说，在日本，民宿就是散落乡野的温泉旅馆，一泊二食，代代相传；

有人说，在台湾，民宿有着严格的限定，自有物业，五间客房为限；

有人说，在内地，民宿有的像升级版的农家乐，有的像乡村里的精品宾馆。

究竟什么是民宿？也许定义不重要，重要的是了解：去民宿可以追寻什么？可以圆怎样的梦？民宿在当今中国，民宿已然不是一个住宿地，它承载了人们对工作、对生活、对旅游、对创意的全部向往；民宿成为一个缩影，浓缩了人们关于理想生活方式的思考。

一、人在画中住

杭州富阳，山清水秀的地方。选个风和日丽的春日出发，既是踏春、也是考察。提及黄公望，无疑是富阳最美的画卷，甚至可以自豪地说是江南最美的地方。从古至今，一直如此。今天的黄公望，静谧而美丽。村子不小，几百户人家，安静地座落在一条小溪两旁。溪水潺潺，时光似乎可以无限流淌。一条路是农家乐的聚集处，一条路则遍布着民宿。谷雨时节，鲜花盛开、蓝天绿树，满眼的惬意。经营民宿的是一栋栋小楼，三层，外立面以欧式为主。恍然之间，有身在欧洲小镇的错觉。民宿的主人一般自家住两间，拿出 5 间 7 间的房子来做客房。楼下是餐厅，自家的客人自家吃住，也有主人能干、擅长厨艺的，能一家人同时开 9 桌。起居室无非电视机，多数安排一间麻将室供客人娱乐；也有一些特别的装饰，有的是中式的博物架，有的是偏西式的吧台。客房的设置，两人标间、一大床一小床的家庭房、大床房都有；有的客房里面就有洗手间，有的是一层楼，两三间房合用一个洗手间。干净、整洁、标准化。

几家走下来，屋子都差不多，建筑风格也差不多，更一致的是女主人都爽朗而能干。看得出来，都是家里家外的一把好手。聊起来，来住的客人，上海、杭州的老年人居多，也有一些采风的绘画和摄影爱好者慕名而来。村子里农田是没有了，房前屋后有一些果树、果园，应景的时节，会有一些采摘活动，客人吃的也都是时令的果蔬，新鲜不用说，绿色更是城里人最向往的。问一个女主人要了菜单，她说一般的菜单都在她脑子里，有团队来的时候，大致排一下。淳朴、自然，如同乡野的环境。

民宿自然环境：五星级
民宿居住条件：经济型
民宿餐饮条件：农家乐
民宿主题文化：二星级
民宿旅游配套：一星级

二、休闲亲子乐

桐洲民宿是另一番景象。桐洲岛是富阳休闲运动发展的基地。因为皮划艇的生产和出口，早期的皮划艇产业带动了休闲运动的发展。以水上运动为核心，衍生了运动和度假的休闲旅游市场。桐洲岛规模比较大，有山、有庄园、有森林，有富春江水环绕四周，又有桥与陆地相连。不说是岛，置身岛上，竟然浑然不觉。水、陆、空一体的休闲运动设施一应俱全，动感的跑马场、动力机、皮划艇，还有近千人规模的烧烤场地，绿草如茵的草坪、原生态的小森林。小径漫步、动感参与、美食分享，一个丰富多彩的亲子周末也许就在不知不觉中过去了。

民宿现在主要靠的是周末经济，参与的农户也越来越多。大家兴致很高，急于打开市场，乡镇方面还给农户们提供园艺培训、审美培训，真的是要大大点赞。考察中遇到一位大哥，工作日在富阳打工，周末回家经营自己的民宿。他爱琢磨，自己整理了庭院，在院子里放了烤番薯的架子。虽然还没有曲水流觞的雅致，但已经有了一点园艺设计的味道。如果是农居小楼，虽然整洁漂亮，但也只是民宿 1.0 版本；如果添加一些小小的、乡野的物件，就会升级为民宿 2.0 版，情调有了、味道有了，宾客的感觉自然也不同啦；那么，3.0 版呢？文化的韵味，特色的提炼，故事的融入，等等，要做的还有很多……

民宿自然环境：四星级
民宿居住条件：经济型
民宿餐饮条件：农家乐
民宿主题文化：二星级
民宿旅游配套：三星级

三、山间别样隐居

常绿，如同她美丽的名字，是个特别的处所。山间坡地，借景而建。整座山、整个的林子，似乎就是为了这个山庄而有。一眼看去，两栋小楼，一栋西式，一栋中式，似乎很有后现代的混搭范儿。细细品来，除了特别还是特别。中式的一栋，白墙黑瓦，木窗石阶，长长的几案，裸露的山体，精致错落，似是无心，却是有意。西式的一栋，落地的玻璃，天窗阳台，暖暖的、亮亮的，走心而惬意。

民宿的主人是个有故事、有眼光的人。问主人，这民宿好有味道，谁设计的？主人答：我自己呀！问主人：这民宿在山里开着，谁是客人呢？主人答：一些朋友啦！问主人，住在这里，客人可以做什么勒？主人答：发发呆啦！

看来，有民宿的主人已经慢慢摸到民宿的真谛。

民宿自然环境：五星级

民宿居住条件：四星型

民宿餐饮条件：定制化

民宿主题文化：四星级

民宿旅游配套：无星级

通过体验的“桥梁”，审美与旅游天然地维系在一起。旅游的过程是关于体验的，旅游体验的本质是关乎审美的。回到原本的问题上来，民宿，追寻的是什么？

民宿体验是旅游者与民宿经营者在情境互动之中，追求审美存在的一种经历，以及获得生命美好创造的强烈内心感受。于旅游者、居住者来说，民宿体验充满着融经历、感悟为一体的审美愉悦；与民宿经营者来说，人们观赏、人们交往，既是无所不包的生活审美，又洋溢着自我的直觉碰撞和自我实现，无论是今日相聚，还是明日作别，凝结着审美的极致。

民宿体验的核心价值与最高标准都归结为审美。

第二节　创意规划——顶层设计

一、鲁家故事

安吉田园鲁家景区位于湖州安吉递铺街道，依托鲁家村 18 家家庭农场的基础上建设而成，总面积16.9平方公里，是在“公司+村+农场”基础上“统一规划，统一品牌，统一经营”，以生态农业产业开发、生态环境保护运用为宗旨，集科普教育、种植养殖、运动休闲、农业观光、餐饮娱乐于一体的旅游景区。为了方便游客到达各区18家特色农场，景区专门打造了极具乡村特色的田园轨道交通，取名“阿鲁阿家”号，于2015年12月通车运营，全长4.5公里，是全国同类型小火车环线中最长的一条。游客乘坐这列小火车，不仅能够便捷到达18家农场，还可以欣赏沿途的美丽风光，聆听鲁家村的历史发展和动人传说。

核心旅游资源和产品：田园鲁家在发展过程中，把村落的特色生态资源、生产资源、生活资源转化为旅游项目，实现一、二、三产业的融合发展，延伸了产业发展链，打造了自己独具特色的旅游产品。第一，农业观光产品：差异化特征显著的葫芦农场、桃花农场、生态科技农场、野山茶农场等18个农场，成就了一个庞大的田园观光综合体项目。第二，农事体验活动：形式多样的农事体验活动，如种菜比赛、果蔬采摘、体验偷菜、抓泥鳅、徒手抓鸡、骑马放牧和竹林探宝等。第三，乡俗表演活动：每年定期举办大型的百福闹元宵、红妆文化节、舞龙舞狮、旱船腰鼓等乡俗表演活动，通过民俗表演留得住乡愁。第四，农业购物产品：田园鲁家景区开发了木艺工艺品、竹炭制品、茶叶、铁皮石斛和生态鸡蛋等旅游购物商品。历史悠久、手艺精湛的木作技艺，一直是鲁家村人走南闯北的谋生资本，并传承至今仍经久不衰，形成了鲁家村的“工匠精神”。“两山”学院是田园鲁家景区内“两山”理论的研学基地、传播基地、教育基地和培训基地，学院主体建筑——文化中心面积为2200平方米，推出了系列学习“两山理论”的培训课程。

田园鲁家景区自创建以来，积极发挥当地资源优势，做优环境，因地制宜搞旅游，在各级政府的关心、支持下，日益成为具有国内影响力的乡村旅游品牌。田园鲁家景区优美的自然环境，丰富的旅游业态，完善的旅游设施，先后成功举办了“2018全国改善农村人居环境工作会议”“2018全国农村科技工作会议”“2017全国生态文明建设现场推进会”“2017全国休闲农业和乡村旅游大会”“浙江省首届城市越野场地联赛”“安吉信息经济协同发展新引擎暨大数据产业机遇研讨会”等具有重要影响力的活动。

曾经贫穷落后毫无任何资源优势的鲁家村在短短的七年时间里在村支书朱仁斌的带领下敢于突破农业农村发展中的瓶颈制约和制度障碍，采用“公司+村+家庭农场”的有效模式，通过集体土地流转、项目资金整合、用政府投资撬动社会资本、实行农村集体股份合作制等一系列创造性的举措，克服种种困难，把全村打造成一个由18个各具特色的家庭农场组成的乡村旅游新亮点，并由小火车和电瓶车有机地串联起来，走出了一条奇迹般地蜕变之路，成为全国首批 15 个国家田园综合体试点项目之一，也一跃成为全国的样板村，这个商业模式设计新颖、执行有效，是乡村振兴的典范，值得所有美丽乡村建设的地区学习和借鉴。

二、创意者访谈

田园鲁家的成功，背后有两个人。一是台前的村支书朱仁斌，二是幕后的递铺街道（鲁家村隶属浙江湖州市安吉县递铺街道）副主任潘黎明。如果说朱仁斌是鲁家样板的执行者，那么潘黎明就是鲁家样板的策划者。

（一）鲁家样板的炼成

1. 鲁家村朱书记谈“鲁家模式”

首先我们的模式是一种创新，现在的上级政府非常支持创新。刚开始建设的时候，我们的创新模式想法从政府那里拿到了土地指标，获得了当时最大政策支持。通过土地流转，我们获得的土地资源分给了各个农场主或投资客进行开发。现在“鲁家模式”已经多次受到上级部门的赞赏和支持。游客都是通过村公司统一进入到商户，商户交易过程中不产生现金交易，所有的交易都在线上完成，我们打造“智慧旅游”系统，通过银行自动抽取 10%的营收，包括餐饮和住宿。这是因为所有的这些基础设施，包括小火车和绿道，我们都是由财政资金来建设的，而产生的 10%的提成又回流给所有村民，这些钱也就是集体经济的钱，这就保障了我们所有村民的钱，也使他们更支持我们的开发。我们开发的小火车，现在所有村民非常希望游客越多越好。目前鲁家的成功也实现的吸引投资商的作用，2013 年时候有投资商来投资就非常好了，现在我们有主动权可以选择投资商。鲁家的发展也吸引了很多年轻人回来工作，回来建设家乡。我们现在也缺少高端人才，所以也非常希望和高校合作，希望有大学生可以来到我们村提供人才支持。

2. 鲁家村党办主任柏文的感受

在我们的发展过程中，紧紧围绕村民的利益，也借鉴了前人的经验教训，总结出村民和村集体经济这两块是我们的底线，也就是说不能把土地一流转，村民就没事情做了，什么都跟村集体没关系了，就是把资源都用完了，反而村里越来越穷了，所以我们借鉴了前期隔壁的一些村子的模式的问题，土地一流转给承包方，前期过程中事进行了投入建设一些设施，但是建设完成之后跟村里就没有什么关系了，而且后期产生的大量的垃圾污染物还要村里去处理，变成了一个恶性循环，所以我们村里面村集体一定要占股份，一定要有话语权，第二个是跟这些投资方签订协议时，我们有一个条件：同等用工一定要优先考虑本村村民，这样就把村里的就业稳定掌握在自己手里了。村里土地流转完，村民没有工作和收入也将是一个不稳定的因素，所以我们这样做对村民的就业和收入来说也是可持续的，所以在这个过程中，村集体也受益了，村民也受益了，在这个大环境下他们可以享受到一些政策的扶持和项目的对接，他的收益也提高了也享受到了一些优惠的政策。对于村民来讲因为整个村的大环境不需要他们进行建设，村里已经帮他们搭建好平台了，他们又是本村人，因此他们的竞争优势会比较强，而且村民的一些事情村里也会帮助他们完成，比如说项目的申报，建房指标等村里去协调效率会提高很多。

原先我们 2014 年的改革无非就是把经济合作社变成股份经济合作社，因为那个时候没有资产，潜意识里认为就只是认为村民变成股民了，全村的总共资产只有 98. 8 万元，扣除 20%的风险保证金，只有 78. 8 万元，折合到每个人只有 375 元/股，几百块钱大家也没有把它当回事。但是今年开头的时候我们开了一个股民代表大会暨党员代表大会，宣布鲁家村通过这几年的美丽乡村的建设和发展，美丽乡村转化成美丽经济，现在村集体资产已经增长到 1. 4 个亿了，用于经营性的可分配的股权达到了 4 000 多万元，每个人的已经达到 1. 9 万元左右了，从 2014 年到 2017 年年底股权增长了 53 倍，这个时候大家才意识到股权的意义所在。

按照上级的要求，我们的村班子成员就是董事会，我们的村监委成员就是我们的监管会成员。老百姓还都是比较认可的，因为村班子成员都是经过选举的，都是一片一片划下来的，村监委是通过村民代表大会选举出来的。书记是 2011 年来当书记的。村班子就是我们发展的火车头，相当于家长，他的方向、发展定局就直接影响了整个家庭的发展。现在我们村班子一共 7 个人，平均年龄在 38 岁左右，是非常年轻的一个团队，我自己是 89 年生的，跟我一样年龄的我们班子里有 3 个。

我总结了一个经验，就是我们村干部一定要给老板姓真的做出来一些成绩，做实实在在的事情，才能融合村干部和村民的关系。感受比较深的还有一件事情，就是我们 2015 年建立美丽乡村精品村要修一条长达 10. 5 公里的观光小火车，从设计到规划到项目落地到通车前后只花了 3 个月的时间，这 10. 5 公里涉及到了 200 多户农户，8 各自然村，这件事情如果放在 2011 年之前做基本就是天方夜谭，但是通过这几年美丽乡村全覆盖，村民们也从中获取了一些好处，也明白了村子的建设能给每家每户带来好处，因此我们召开了村民代表大会跟村民沟通了这件事情，村里的干部到队里开会跟他们讲了这个小火车修建好之后一些好处，以及我们村集体经济在这个小火车经营过程中会得到哪些好处和分红，第二个是全村统一的公正透明的赔偿，第三个是老百姓基于前期美丽乡村的受益和享受到了一些好的成果因此也是比较支持的村里建设的，因此才花了短短的三个月就成功通车了。所以要干一些真正让老百姓感到实惠的事情才能使干部和群众的关系处的融洽。原先我们修铁路也是有担心的，因为我们怕安吉县的热线 123456 会打爆，投诉火车会扰民，但是我们的担心到后面反倒没有意义了。现在的情况是火车不开老百姓更着急，甚至村民编出了一个顺口溜："火车一响，黄金万两"，说明火车一响就有游客过来了，等到正式开园的时候，火车的收入都会给农户有分红的，反而火车不开，有些农户可能就会着急会不习惯，因为这样就会没有客人。有一些村民在网上介绍自家农家乐的时候，把在家门口能开火车作为一个招牌宣传的内容，作为自家民宿和农家乐的景观，这样在农家乐吃着饭看着火车经过肯定也是独一无二的一种体验。相对来说，跟村民将他们的利益讲清楚，事情还是比较好做的，村民还是比较支持的。

我们的事情都是大家伙分着干，你只要自己管好自己的一亩三分地，门口外都是村里的事情，包括绿道、观光电瓶车、游客集散中心，小火车等一些基础设施都是村里的事情，大家齐头并进，各司其职。农户在自己原来从事的职业的基础之上，多了人流量，多了体验，多了采摘，对他们来说肯定是好事情，他们只不过是在原先的基础之上进行升华和提升，可能原先的一个蔬菜他们自己卖 2 元/斤，可能经过游客的采摘体验等蔬菜就变成了 20 元/斤，这是完全有可能的，包括土地租赁、体验、采摘和做菜等多个环节的提升都会提升产品的附加值，让普通的蔬菜变成了旅游产品，增加产品的价格。

3. 田园鲁家乡村旅游的发展（旅游公司前总经理束永香）

我们农场跟公司在发展的过程中经历了几个阶段：（1）第一步筑巢引凤，现在我们已经做到了，当时我们花了 300 万做一个规划，我们要树立农业之花，打造全国最美家庭农场集聚区，这里可以是果园、这里可以是蔬菜农场、这里可以是花海、这里可以是白茶、高山牧场等农场，在我们鲁家你可以吃到、看到、用到和体验到的都是我们自己农场的，都是比较放心的，这种规划就是我们的第一步。当时我们鲁家就有 6 家农场，安吉县有 3 家农场、除安吉县以外，也有外地（比如上海、深圳）的一些投资者到我们这里来投资。（2）第二步破茧成蝶，原来我们做的美丽乡村精品村第一个目标就是改变了村容村貌，但实际上你看到的一个农村很漂亮、干净、整洁，它是需要花钱去维护保养的，鲁家村的绿化、维护、保洁、物业就达到了 100 万，那么这个是一般的乡村做不到的，那么这个钱一直靠政府来给也是不正常的，所以我们一定要有自己的产业，能自己供血，能将这个美丽的环境保持下去，能让更多的人去分享，这是乡村旅游破茧成蝶的一个路径。（3）第三步是腾笼换鸟，就是我刚刚讲的有的农场主没有办法沟通的就只能腾笼换鸟了，有多种方式，一种是以公司为主体的也就是政府为主体的，因为公司本来就是政府的，投资的农高原项目，我们把一些就是确实有局限性地把它划到我们的农高原项目的红线之内，由政府统一打造一个农业之花，因为我们是跟农科院合作的；农高原项目指的是创意农业、科技农业、鲜花餐厅、我们的规划是打造三片白茶叶这种大造型，里面全是一些奇花异果，既有观赏性又有研学性、科普教育性，这个以后也会收门票的，作为我们的核心农业旅游区；第二种方式是引进更有资金实力的，更具有科普性的，产业链做的比较成功的，对它进行腾笼换鸟的方式，因为在发展的过程中如果没有资金、没有好的思路经营不下去还不如转手给别人，这样还可以赔的少一点。每个农场主跟公司的合约签的都是 30 年，我们不允许农户跟农场主发生关系的，也不让投资者之间发生关系，一定是以村为核心的，比如说规划涉及到这 18 个农户，这 18 个农户的政策跟村进行对接，把他的土地、拆迁收回到村里来，然后村里再给农场主的，如果腾笼换鸟涉及两个投资者，那么先回归到村里来，再重新进行处理。比如说我们之前的一个中药农场经营不下去，我们就重新引进了一个新的投资方，也是做这个产业的，他的负责人本身就是个老中医，做了很多中药方面的生意，包括中药种植，养生理疗等，那我们的游客过来就可以体验到养生理疗等服务，这样我们就完成了腾笼换鸟。（4）最后的目标是做整改提升，也就是我们的第四步凤凰涅槃，我们就是这样一个思路。

关于村集体与农场的合作关系：第一块是产业方面的合作，这个是简单的一个合作，就是农场主流转土地做自己的产业；第二块是旅游方面的合作，这是由一辆小火车串联起 18 家农场的，每个农场要自己去建设、绿化、美化去做产业的提升，这一块是政府对他们有一个补助，一个是奖励的方式比如说他们要做一个游步道，做一个景观小品，可能他投入了 10 万元，政府会奖励他 5 万元，还有一个是我们的火车是冲着 18 家农场去的，这个交通收入会分配给他们一部分的，具体的分配我们是按照智慧旅游中的统计的数据来分的，根据流量来的，比如说有的农场比较吸引游客，那他那里的游客量就会多一点，这样他就多分一点，这样我们就避免了观赏性的农场和有消费的农场收入分配不公平的问题。所有的农场的收费项目都是通过公司统一进行收费的，我们是你中有我我中有你的，刚刚提到的交通收入是拿出来 1/3 分给农场主的，但是农场里的消费项目的收入我们也要扣留一部分的，比如说住房给游客的报价是 320 元，给公司的报价就是 280 元，这时我们就相当于是一个旅行社的存在，可以拿到比游客好的价格在统一进行销售给游客，从中赚取差价。当然这个底价都是公司统一订好的，因为安吉的酒店客房内都会有散客价、社会团队价和旅行社价，对这些农场主来讲也是一样的，只不过是我们是一个旅行社的概念。

严格意义上讲，按照总的规划设计我们还在起步阶段，因为从公司的角度我们整个的经营模式和利润点事围绕着两环三中心来做的，两环：我们的303省道直接落入到我们的集散中心大型停车场的，所以以后村内不通车，交通收入将是我们收入的主要一部分，因为我们不收门票，我们的火车环线、观光电瓶车环线和自行车绿道这两环，你到农场或者其他旅游核心区肯定要选择一个交通工具，如果你要就近消费我们的公共设施，我们是收停车费的，比如你坐了我们的火车、观光电瓶车、在我们农场吃饭，我们送免费停车券；如果游客自己带一个帐篷，自己带吃的，那我们受20元/小时的停车费。三中心我们也是尝试在做，但是做的还是浅度的：（1）是商品中心，也就是在现在的游客集散中心，现在主要是有安吉当地的一些特产，也不是很全，这个商品现在只是做了一些安吉部分的特产，但是商品中心真正要做的话有以下几块：第一类是安吉的特产；第二类是通过品牌包装的形式一定体现鲁家特色的，就是我们农场的产品，我们鲁家的特产，它的量少而精，顾客是冲着鲁家村来买鲁家的东西的，那我们可以通过半成品或者其他的方式进行销售；第三类是要设计我们的自己的形象，比如说迪尼斯有唐老鸭，我们鲁家也要有自己的形象代言，围绕这个形象代言设计一系列的旅游商品，这个是我们鲁家的特色，所以商品中心就包括这几类。（2）是培训中心，因为配套设施不全，住宿没办法解决，所以现在做的都是浅度的，基本上都是是来考察听听PPT介绍鲁家的昨天今天和明天。培训中心今后的发展是多种的，第一种是浅度的合作，我们和培训机构、党校、高等院校、他们本身就是在办培训班的，他们把培训班放在我们这里来，我们只是收会场服务费；第二块就是我们联合办班，把我们草根讲师团和专业致富的老师组合在一起，比如说很多到鲁家来培训的，他不是想听高大上的理论，他是想听一些接地气的现身说法的东西，比如说要讲乡村旅游农业旅游运营和管理，教授和乡村旅游中的参与者讲的可能会是不同的，所以我们把专业的和实践中在做的结合在一起，也可以延伸一系列的研学商品，包括我创新的一个鲁家密码礼盒就是我对研学商品的一个尝试，里面有大地之歌个缩小版和10包精品白茶以及2只木艺文化的钢笔还有一只U盘，把鲁家的昨天、今天、明天鲁家的模式全部放进去，这就形成了一个很好的研学商品。深入挖掘乡村振兴在鲁家是如何践行的，甚至把书记讲解鲁家模式、我讲解公司旅游运营管理的技巧拍成视频或者做成光盘，或者专家经过访谈做成一本书讲田园综合体的如何发展成功等等。（3）是以18家农场和农高原为中心的农事体验中心，科普教育中心，这个是创意农业、科技农业能真正体现的一些项目。

（二）递铺街道的规划

“我们整个的鲁家模式，包括田园综合体，它的顶级设计实际上是我们的递铺街道，应该说我们的书记村长干部包括我们公司是鲁家模式的践行者，但是鲁家这个模式的规划和设计不是一般的村干部所能承担得起的。这个规划是我们递铺街道的一位姓潘的主任做的，当时这位领导是第一批打造美丽乡村精品村的一个规划设计者，对乡村的工作开展是很熟悉的，设计规划在他的指导下完成的。”——束永香

“鲁家村做旅游是我们的街道副主任潘主任规划出来的，他有很多的想法的，他相当于是我们的总设计师，当然我们村里面和村长书记也在一起探讨出来这个模式。”——柏文

2018 年 9 月 11 日，我们访谈了潘黎明主任。

1. 乡村治理的蓝图

乡村治理的步骤：第一阶段，美丽乡村（支书）可以发挥，田园综合体阶段（村支书不够）提法：环境基本成形，干净整洁，有序畅通，具备乡村旅游，基本服务设施；美丽乡村转化为美丽经济，乡村旅游是抓手乡村振兴：各种诉求，大规模景区的概念，乡村旅游没有门票，没有围墙，没有大型停车场，如何获得收益美丽乡村综合体：乡村旅游是抓手，三农联动，统一进行工作部署；具备潜质，以你为核心打造；看村的资源禀赋，旅游介入：综合体统筹，市场运营的公司，道路等基础设施，统筹规划，标识系统；各个村的资源进行综合统筹，生产-销售一体化进行。

2. 美丽乡村的梦想

鲁家村提前布局几十年，我个人不上任何一个媒体的镜头，保持头脑清醒。打个比方，就好像我是一个导演，鲁家村是执行者，也是演员。我脑子里有 50 集的布局，我的计划是：5 年初见成效，7 年基本完成，10 年能成功。

安吉这样的村子比较多，不仅要考虑一个鲁家，还有街道很多村子。长远的考虑：总体规划和专项规划相结合，几个效益的统筹（政治、经济、社会）合作，美丽乡村与乡村振兴、田园综合体一起考虑，三农问题的解决是需要协同的。比如三产融合、三资转化、三生同步，等等。从递铺街道来看，我们主要靠大型平台公司，高新技术，旅游产业贡献率不会超过 10%，一手抓工业发展，一手抓乡村旅游，浙江发展乡村旅游：生态宜居的目标，促进三产融合，实践乡村振兴，力争做实践地；追求美好生活，打造田园综合体终极版。

我个人对美丽乡村的理解：树上有鸟，水中有鱼；房前有花；儿童快乐，老人幸福；村级集体经济；基本保障；发展过程是痛苦的，但我坚信结果一定是美好的！

3. 政府角色问题（街道-村集体-公司-村民关系）

乡村振兴的主体多元化，总体规划非常重要，从我们农村的现状来看，规划主体应该是街道和乡镇。我们打造区域型美丽乡村，3~5个行政村先行，是核心-带动-辐射的关系。村里主导的是建设；运营的主体是乡村旅游公司为主导；我们需要进行二次经济分配——由客流量分配利益，因此未来乡村旅游的开关是智慧旅游。因地制宜，量身定做是我们规划的核心；同时，背后需要有理论体系，强大的意志力和执行力，需要有深入的思考。从这个意义上说，鲁家是不可复制的，可以有鲁家模式，但真正的成功是不能复制的。乡村旅游发展的核心是因地制宜、量身定做！

有一点需要明确：美丽乡村政府是主导，乡村振兴时政府做平台，总投资100亿元，政府投10亿元，做大盘。

4. 更大的规划

鲁家成功不能复制，但鲁家的带动作用还是可以发挥的。可以透露的是我们已经有了较为成熟的“一带四园”规划，四个板块，四个田园综合体（核心村，带动区，辐射区）核心村快速起来，思想现行。

一带四园、四梁八柱：按递铺街道农村地区天然的地理分布和自然的肌理进行区域性规划，形成一带四园，共涉及辖区21个村（社区）。一带是指西溪港风情带，四园是指：田园鲁家（6个村）、古色谷香（4个村）、千年村落（3个村）、印象三国（4个村）。目标是通过田园综合体创建、小城镇综合整治、美丽乡村精品示范村创建、“四美”（最美村落、最美小河、最美河流、最美村道）创建、村庄经营示范村创建、乡村旅游示范村创建，实现街道旅游总游客量1 000万人/年，旅游总收入20亿元（1 000万人次×200元/人），带动旅游就业人数1万以上。

第三节　创意跨界——流浪艺人

一、琴兽小飞

（一）小飞这人

“琴兽小飞”是一位创意工作者的艺名，大名为：胡鹏飞。因为对吉他喜欢到痴迷程度，在温州音乐圈内便有了“琴兽小飞”的外号，熟悉的朋友都亲切地喊他“小飞”。小飞1977年出生在辽宁，1998开始就在浙江、广东、安徽，江苏等地当驻场乐手。2003年来到了温州，组建原创《角度乐队》并担任键盘手，同时任乐队队长。

2015年，小飞和太太在温州洞头开了一家民宿，开启了人生第二篇章。

（二）小飞的音乐

小飞是一个不折不扣的音乐人，歌手、键盘手、词曲作者、音效师、乐队队长。他是温州最早“玩”现场音效的。在很多晚会现场都可以看到他的身影，他是一个不折不扣的音乐人。谁也没有想到，学机械专业的他，吉他、键盘、唱歌、创作……靠着喜欢，在这么多年的玩乐中，把这些功夫琢磨了个透。

2004年发行单曲《坚强的理由》《未来》。2005年获得“联通uni杯全国网络歌曲大赛第一名”。2006年开始在温州的电台、电视台从事现场音效工作。2010年开办了自己的录音工作室从事录音、编曲。

坚强的理由

（词曲：潘峰）

我想知道，我们是不是醉了
我想知道，我们是不是老了
我想知道，天空为何是蓝色的
我想知道，理想是什么
我想知道，他们是不是笑我
我想知道，你脸上的哀愁
我想知道，明天是不是最后
我想知道，我是恐惧的小丑
那些孤单的夜
路上简单的人们
告诉我，我被抛弃的理由
那些平凡的欲望
整日沉默悲伤
告诉我，让我坚强的理由

花时间

（词曲：琴兽小飞）

又是忙碌的一天
生活过得像直线
清晨黄昏，哭着笑着
忘了初心忘了简单
总是幻想有一天
带上孤单走远
转眼一年又一年
现实像一条锁链
这不是你想要的
来吧，花点时间
没有诗也没有远方
人已醉，管他酒醒何处
没有诗也没有远方
一首老歌温暖多少过往
听着海霞的故事
触摸潮起潮落
空气有一点慵懒
夕阳西下，星星作伴

（三）小飞的民宿

小飞的民宿在浙江温州洞头区，取名“花石间”。“花石间”客栈在2015年四月开始营业，开创了洞头的民宿历史。

1. 洞头的旅游与民宿

洞头是全国14个海岛区（县）之一，也是全国唯一以县域命名的4A级景区，地处浙南沿海，由302个岛屿组成，以海为美，拥海而兴，电影《海霞》讲述的就是洞头女子民兵连的故事。洞头实施“生态立区、旅游兴区、海洋强区”三大战略，把发展乡村民宿作为蓝色崛起、绿色发展、乡村振兴的突破口，全面激发海岛发展活力。截至2018年，洞头共有民宿350家、床位4 600多张，近两年年均增速达到60%，游客接待人数年均增长20%以上，旅游从业人口占就业人数20%以上，为海岛高质量发展注入新动能。

民宿是播撒在海岛的种子，为乡村注入新的生活方式和时代精神，让乡村茁壮成长，让海岛人换了一种方式“靠海吃海”。2015年起实施古渔村保护开发三年行动，保护修缮了一批石头屋、古祠堂、古街巷，留住“乡愁”。海岛民宿遍地开花，形成花岗、白迭等13个民宿集群特色村落，涌现出海天左舍、花田花地、纳山纳海等一批精品民宿品牌。我们推行“好主人、好故事、好产品、好服务”的洞头民宿标准，倡导民宿主人文化，提供海钓、摄影、音乐、骑行等多种“私人定制”式的休闲产品，让民宿更有温度、服务更加多元，使游客参与度更高、体验性更强。不论是作家、音乐家、画家还是商务人士，无论是亲子游、蜜月游还是银发游，都能在这里找到一款适合的产品。

2. 客栈创意

2013年是音乐人小飞在温州的第十个年头，这一年他做了一个大胆的决定，那就是开一家民宿。那一年，小飞去了一趟云南，开始酝酿着开家民宿，花了差不多一年的时间到处在洞头找心目中的房子。“我去了云南，看了受到启发。现在的都市人都很浮躁，太需要有这么一处乡村民宿既文化又能散心、养心了。”在小飞在谋划中，民宿代表一个地方的人文和民俗，更是一个追求自我，找一个扔掉一些束缚，寄托心灵的地方。它不奢华，但是必须精致、有味。那个时候，他对民宿并没有多大的概念，就像玩音乐一样，也属于一时兴起吧。“我花了一年的时间找位置，只要一有空就在洞头转，最后选择了海霞女子民兵连附近的一栋民房。我小时候看过《海霞》，对这部电影印象非常深刻，来到温州之后，又看了很多关于海霞的新闻，所以我对海霞是特别有感情的，这也是我把民宿开在那里的原因。”

位置是找好了，接下来就是装修，该怎么装修呢，这费了他一番脑筋。有朋友提议他可以去清迈走一走，看一看，那里的民宿都很有特色。说走就走，小飞发现在清迈，几乎每一家民宿都有一个泳池，这是他对那里的民宿最初的印象。七天的时间，他大部分都在逛民宿，用他音乐人的眼光去观察，去思考。踏在回温州的路上，他心里大抵就有了一个印象：我的民宿一定要有一个泳池，家居设计要结合清迈民宿的特点，要有绝对的私密空间，公共区域要足够大……

一个在洞头的外地人，真正开始着手民宿时难题一个接着一个来了。先是资金不足，超过了他当初的预期。夫妻两人一咬牙把刚刚装修好，住了不到一年的新房卖掉了。随后，他又停掉了温州收入颇丰的录音工作室，专心致力“我为卿狂”的民宿

“花石间”的设计。签订了20年租借契约，并应允房东一次性付完十年房租要求。连卖房带借款，捉襟见肘的夫妻俩陆续投入一百三十多万！这样的投入，这样的执着，身边的朋友觉得小飞简直疯了。

在装修“花石间”客栈当时，甚至有人质疑，民宿开在那么偏僻又躲在山间的旮旯里，会不会有生意？夫妻俩就这样，顶着不被理解不被看好的压力，从小院布局到室内设计、物件摆设，改造方案，无不亲力亲为。有些温州哥们被他的执着感动，前来献计献策达成了他的愿望。

“我原本的预算是30万元，但是如果按照我的设想，估计要投入100万元，怎么办呢？”他在心里纠结着，而眼睛一直盯着那栋民房。这个时候，他的妻子似乎看透了他的心思，看着小飞，鼓起勇气，说道：“要不我们把房子卖了吧？”小飞一听，愣了一下，随即就是一阵感动，他知道这是妻子在圆他做精品民宿的梦。于是，那套刚买来、装修还不到半年的房子就转卖他人。“要知道，作为外地人，我们是好不容易才拥有了一套属于自己的房子，现在要把他卖掉，心里还是舍不得的。好在最后，我老婆还是选择支持了我，这让我感动了很久。”可以想象，当他们拿着卖房款去装修民宿的时候，心情依然是十分沉重的，因为对于未来，他们并不明朗。那个时候，在温州，民宿也是刚刚兴起，而洞头，还没有一家可以称之为真正的民宿。

2015年的春天，取名为“花石间”的民宿正式开门营业。开业第一天，就迎来了第一批客人。“在第一批客人的带动下，我的民宿事业正式起步。让我感到骄傲的是，我的回头客比较多，有些客人已经连续来了三年，这在民宿行业里是比较罕见的。一般客人都不会选择住同一家民宿，他们会一家一家去体验。”说到这里，可以感受到小飞心中的那种自豪感。

海岛洞头除却自然美景，最入味的，还有这么一种流行音乐与民俗交合的文化，它只属于“花石间”。来到海霞村，迎面的海霞广场四周有山有树有鸟叫声，在最里面的一处被绿色植物围绕的幽静处，看到了“花石间”三个字掩映在三角梅下的院落。有同为海岛上标记物，清一色的虎皮墙。门台上的门做得很仿古，扣两只大铜环。门台内，一张大长木桌古船木制做的，很有味，正对着墙面还有烧烤用具。围墙上爬满了绿植，还有篱笆和不少的瓢盆缸罐。他笑着说：这些，都是流浪云南大理等地时采来的“宝物”，还有些透着小心机的摆设、柜台设计、飘窗的靠垫都很有个性。

造物有灵，美景入心。围墙四周的三角梅热热闹闹地开着，这时间正好是此起彼伏的时刻。还有大片的金银花，那淡黄色的花在一片的绿色中尤其抢眼。循着光、循着绿，好奇的我们在他逐一介绍下绕了一下院落，发现一个24小时引入山间水循环的若大“活水泳池”。要知道，海岛寸地寸金，有个这么大的庭院委实不多。生生把占了一半空地的后院挖出一个这么大的泳池来，此举也是惊为天人。绕着泳池边还有小池塘，从山上下来的淙淙山水声，给人一片清凉的感觉。大大小小的观赏鲤鱼点缀了这片幽静的环境。水面还有一簇簇碗莲，竟然开了一朵碗大的荷花，玉白色的、晶莹剔透。几尊迷你假山安放在水里，是一处用了心的微缩‘小园林’。这儿，虽不是仙山，却有一股呼之欲出的“静美清流”。房子的外墙用了很素雅的白，似乎就为了衬托院子里摆上的各种形色物件的。改造完成的房子，主体三层，共有四间客房，还有一个客厅、一个活动室、一个厨房餐厅。院落里，除了泳池和池塘，小飞还用最趋于原始的材料建造了一个凉亭和若干个休息区。

“花石间”是个充满天然、朴素格调的院落，是个性、又有范儿的自然环境。就是人们常说的、最想要的亲和民宿。选择一段时光，放下琐事，所谓“岁月静好”，便是如此而已。这种环境，就有这么一种情调。“小情侣去了彼此倾心，夫妻两去了感情升温，老两口去了情义更浓。”即便是一群的单身狗，在这儿也可寻到玩意。烧烤，围炉夜啜，感受着“花石间”才有的文化气息。

3. 经营之道

花石间有点特别，特别在于：小飞为了保持私密性，一天只接一个订单，入住的客人可以支配院子里的所有房间和设施。这样经营的方式让我很诧异。设计师们把更多想法与创造力融入大自然，大到设计品质、小到周边环境，打造出了更多充满个性需求的空间，不就是奔着钱字去的吗？还有放着钱不赚的。这就是与常人不一样感觉的小飞。把民宿的舒适做到了极致，真正让人获得心灵沉静的居家感受。

民宿不外乎三种环境：自然环境，社会环境，人文环境。民宿本身就是面对大众平民消费，海岛民宿的状态，似乎有点高估了消费群体的承受能力，民宿的概念似乎正走向山乡别墅。海岛美景自带天生丽质，自然环境无须多忧。在大美洞头的感召下，各级联动争创美丽乡村，整个社会环境日益趋于完美。然而，在人文环境这一块上，各民宿虽特色千秋，最终还是依赖于各民宿的文化底蕴。民宿竞争的结果就是经营者更注重文化的挖掘和表达。

“花石间”的民宿入“乡”。有回头客，必是一家民宿经营成功的标志。经营一间民宿不单只是入住的问题，必须有样根深蒂固可以拉拢人心的东西。那就是一种民宿氛围加上主人的文化。从一开始起，小飞有选择性地择取在海霞村为代表的红色文化和海岛渔村风情兼容的特色为民宿驻地，就有着他理想中的情怀。《渔家姑娘在海边》这首脍炙人口的经典歌曲，时常在他和妻子的口中传唱。

“海霞故里，红色小镇”。一部电影，一首歌，一个女子民兵连演绎的故事。这三项经典之作，本身就是洞头海岛英雄传奇下打造的一张金名片。在温州对外宣传旅游的时候，温州旅游局也往往喜欢带上他们这对小夫妻，作为保留节目，他们的男女对唱《渔家姑娘在海边》，一次次唱响在省内外各大舞台。夫妻俩先后获得了浙江省委、浙江省人民政府农业和农村办公室与浙江省旅游局颁发的三星农家乐奖牌、温州市第三届旅游休闲行业十大青年新锐人物提名奖、洞头区“农信杯”十佳最美帼国民宿、温州最美帼国民宿、洞头区旅游发展十佳项目最美民宿。在2017年夫妻俩分别成为第八届政协委员、洞头区第十四届人大代表。

很快，“花石间”在温州的民宿圈里就有了好口碑，夫妻俩的生意红红火火。“花石间”的民宿姓“民”。花石间民宿的价位，一个房间最多也只有七百多。与我所知道的那些民宿价格相去甚远。我笑问：“做民宿无非就是多赚钱，这是为什么？”“之所以成为民宿，就是平民可以接受的价位，过平常人的生活，既舒适又不强加的外来负担，谁都可以住得起。这就是我做民宿的初心。”不禁惊讶于他的胆识，一个男人的气量。这是个不以蝇头小利为营的汉子。在他的眼里，民宿只是一种生活方式，他似乎还有更可追求的思想境界的东西。

民宿不仅是“宿”，还必须有属于自己的独特的文化。民宿的情怀，民宿的文化，无非是主人的情怀，主人的思想，还有主客交流和互动的情境。

花石间的民宿非“宿”。在花石间入驻，所给你的是非纯粹民宿。它带给你的是多元化感受，多层次体验，归根结底是一种人文的体验。所谓的“主人文化”。在民宿中的渗透极为重要。它就像是一杯酒的醇香，让你回味。既勾起你的食欲，又让你萦绕回味，最终割离不舍，成为最多的回头客。环境虽重要，有家庭感是核心。除去生活留人，情感动人、口碑传人，民宿更多的是乡愁文化聚集。

小飞既是老板也是伙计，夫妻两人同心协力打理下的“花石间”在洞头享有知名度，许多外地游慕名前来。偶尔的空闲，小飞便坐在院子门口的石阶上，拨动吉他琴弦，用旋律舒展心情给他们唱唱或者拉拉家常。

民宿可以追样，但永远无法复制文化。文化是一种习惯，是岁月的积淀而来。这种生活气息和文化积淀是无法拿金钱去获得。民宿“花石间”，就有着金钱无法企及的高度。像这样的民宿坐落在那里，耐得住寂寞也品得了乡愁。小飞当初创办民宿的支撑的核心，是人情味。而今天的花石间，它既是一种习惯，一种文化、一段故事。还有，是一种渗透的情怀。民宿归根结底，说白了就是生活文化。这是一种躯壳附上灵魂的结合，一种精神上的诉求和精神上的回归。小飞，这样一种玩转民宿的模式，不仅在完成他的个人情怀、更多的是对自己音乐的一份执着与坚持。

如今，在他的“花石间里”。几乎你所向往的诗意，都可以在这里找到韵脚。它的底气，像是从地上生长出来的，这一种氛围，可以带着你的心无拘无束去流浪。倒是身后的民宿像是一种附着物，用来衬托一种属于客串的角儿。它似乎也不是那样和精品民宿搭得上号，但它天生就是一个气场，一个带着体验生活的气场。它把民宿概念设立在遥远的时间之外，相反的“花石间”，却带着音乐的精灵在这山水之间徜徉。

（四）音乐，流浪，创意，追梦

小飞，一直是个有梦想的人。为了圆梦，他把民宿开出一种情怀，一种带着音乐去流浪的情怀。他有一个被埋藏了多年的理想，当年原创《角度乐队》的兄弟因为当时的环境，生活的压力等太多的原因，而没能够坚持走下去。十年后的今天，小飞带上吉他，带上音乐，带上当年兄弟们的梦想，一个人再次上路。

小飞现在很享受自己的双重身份。一年中，花半年时间待在洞头打理民宿生意，剩余的时间背着吉他四处流浪唱歌。他说，流浪让人上瘾，特别是在衣食无忧的时候，流浪能让人重拾初心。

随着民宿事业日趋稳定，他深藏心中的音乐梦想再次鼓噪起来。了解小飞的人，对他的音乐之路都不会陌生。他曾组建角度乐队，担任队长兼键盘手。他曾带着乐队参加全国网络歌手大赛，凭借着作为原创歌手的实力，斩获了桂冠。后来，乐队解散，队友各自发展，只有小飞一人依然选择留在温州。在傍晚，在茶余饭后，作为男主人，他偶尔会拿起吉他，为客人唱上几首原创的民谣，让住在“花石间”的客人惊喜不已。

有的时候，沉下心来，他也会继续他的音乐原创。《花时间》《下一个春天》这几首原创民谣都是在这期间创作的。一个人在不同的阶段会有不同的感悟，人到中年的小飞经过这一番折腾，感悟也明显比一般人要更为深刻，这可从他创作的歌词中窥探到。

他在《花时间》中这样写道：“没有诗也没有远方/人已醉/管他酒醒何处/没有诗也没有远方/一首老歌温暖多少过往……”

他在《下一个春天》中这样写道：“千山万水/从不曾遗忘/跌跌撞撞/像孩子一样/人到中年坚强的悲伤/曾经的理想已是白发苍苍/盼望着下一个春天/拼凑我破碎的勇敢……”有故事的男人总是充满魅力的，有的客人就是想过来听听小飞唱唱民谣，听听他的故事。而小飞也一直在用自己的方式，来充实自己的故事。

每到淡季的冬天和春天，他就会带着吉他和老婆去流浪，那可是真正的流浪，除了带两张机票钱，身上就没有多余的钱。人之所以对自己残忍，就是为了更好的感受生活吧。2016 年，他去了云南；2017 年，他去了三亚。每到一处，他就拿出吉他，开始卖唱为生，这个时候没有人知道他在温州还经营着一家十分火爆的民宿。过往的游客纷纷停住脚步，被他的演唱吸引住了，静静地欣赏，吉他盒里是他的原创民谣 CD，旁边附着一张纸，纸上写着“青春早已落幕，理想已奄奄一息”。他一遍遍唱着自己的原创，晚上吃什么，明天睡哪里，这些问题会时不时冒出来。遇上下雨天，就开始犯愁今晚住的旅馆太贵了，明天晚饭怎么办，这雨会下几天啊？“我有的时候，会唱两个小时，有的时候唱 5 个小时，最长的一天是 7 个小时。已经好多年没有为温饱发过愁，那一段时间再一次体会到了什么是生活的艰辛。”话虽如此，而这一切都是他自己的选择，可以说是痛并快乐着吧。往昔的疼痛已经远去，流浪的心又开始谋划着下一次旅行，今年年底他想来一次环西南五省自驾游。

二、小飞访谈

1. 您如何走上民谣创作的道路？您的创作灵感来源？

年轻时一直从事着和音乐有关的工作，也组建过原创乐队，但都写不出自己满意的作品。随着年龄的变化，对生活的态度也有了很多变化，我喜欢安静，更喜欢洞头的秋天。灵感大多来自生活，还有年轻时似懂非懂的爱情。

2. 您开办民宿的想法怎么来的？几年来的经营中，您碰到哪些难处？最开心的事情有哪些？

2013 年的时候想换一种生活方式，想把自己的录音工作室停掉。因为录音的后期制作经常是做到下半夜，那是对大脑和身体的双重考验。而一次偶然的丽江之行，让我有了做一家民宿的想法。经过几年的经营，我的民宿早以走上了正轨。最开心的事莫过于——有回头生意上门。这应该是对我和我的民宿的最大的认可。而说到难处，莫过于在越来越多的民宿发展中，如何分得自己的一杯羹。客人对民宿的软硬件要求都在不断提高，做到客人满意的同时，还要努力做好“花石间”的特色服务，区别于同行业的服务。

3. 您现在在音乐创作和经营民宿上投入的精力和时间比是怎么样的？

民宿经营主要集中在五月到 10 月期间，而民谣创作都是在下半年 10 月以后。我喜欢洞头的十一月，那种秋高气爽的感觉。坐在“花石间”的小院里，思绪可以自由的飞扬。

4. 您觉得您长期的音乐创作与民宿的经营有怎样的关系？

在“花石间”刚刚起步的时候，我没有想过音乐和民宿会有什么关系。甚至开业的第一年，来到花石间的客人都不知道我会民谣弹唱。经过几次和客人的互动，渐渐的我才发现，晚上在院子里唱唱民谣，和客人一起来个大合唱，是一件很美好的事情。为了听我唱歌，而来花石间的客人也越来越多。这也成为了我民宿的一道独特的风景。

5. 回顾您这几年的经历，您如何看待与评价洞头旅游的发展？

我很庆幸自己的民宿选址在百岛洞头。洞头一直以来把发展全域旅游，建设海上花园也是放在了洞头发展的第一位。基础设施的提升，花园村庄的建设。

6. 如果谈到创意旅游，您觉得“花石间”有哪些创意元素，“花石间”与其他民宿不同的地方是什么？它有哪些特点？

太大的创意谈不上。在过去的五年里，我和我的爱人都是亲力亲为地在打理花石间民宿。我家的保洁阿姨只负责在客人离店后，对房间和厨房的整理。而客人从入住到离店，都是我和我的爱人亲自接待，亲自服务。这样大大地提升了服务质量。每天客人的早餐也是我爱人亲手来做的。我觉得主人文化是民宿的灵魂，特别是小体量的民宿，主人文化尤为重要。晚饭后，我会和客人在院子里弹着吉他唱唱歌。和客人分享我在每年的旅行途中遇到的有趣的事。

7. 您每年都会去南方过冬，您的游历生活给您的滋养有哪些？

首先是完成了我少年时的一个梦想，就是背上吉他“仗剑天涯”。这个想法很多人都有，但真正迈出这一步的人却很少。前两次去丽江，感觉那里真的美，在那开一间民宿简直就是人生的巅峰。时间久了，去的次数多了，慢慢发现在那里生活也并不像想象中那么美好。能够去丽江开客栈的人，大多是有情怀的浪漫主义者。而常年生活在一个地方，又要面对日益激烈的生意场上的竞争，这显然不是浪漫主义者想要的生活，所以很多人都是矛盾的。随着全国乡村旅游的兴起，云南的旅游也会收到很大冲击。

8. 如果可能，您还计划在您的民宿或者其他旅游项目中策划哪些好玩儿的东西？

今年想在洞头开一家民谣吧，名字还叫“花石间”，以原创为主。目前正在装修阶段，计划四月开始营业。和温州一些有创作热情的小伙伴一起玩，也会不定时请一些国内喜欢民谣创作的朋友来驻唱。

三、小民宿与大产业

访谈对象：浙江省温州洞头区旅委副主任金鸣

问题一：请您谈谈洞头区旅游产业的发展成绩

2016 年-2018 年，浙江温州洞头区旅游经济实现快速发展，游客量和旅游综合收入年均分别保持 12.57%和 12.93%以上的增长速度。2018 年 1—6 月，累计接待游客 360.96 万人次，同比增长 25.18%，实现社会旅游总收入 16.3 亿元，同比增长 24.98%。旅游的影响力和旅游富民的效应逐步显现，有五个变化令人欣喜。一是海岛环境变好了，从点状美走向全域美。先后获得“国家级海洋公园”“十大美丽国家级海洋保护区”“国家级海洋牧场示范区”等国字号海洋生态金名片，2018 年荣获了“中国最美休闲度假胜地”称号。建成四条沿海风景线，串联景区、渔岙、村落，重现沙滩、海岸美景。绿水青山变金山银山，为群众带来了实惠。二是内外交通变好了，从孤岛走向半岛。建成 330 国道和大门大桥（324 省道延伸线）两大通道，融入温州半小时交通圈。岛上有环岛路、码头、停机坪，海上有帆船、海钓船。状元岙港区开通对台航线、东南亚航线，2017 年 12 月 9 日开通邮轮首航。三是游客结构变好了，从低端走向中高端。打造全域旅游示范区，游客群体从过去的低小散走向中高端，省外游客增多，本地和温州游客比例从 90%下降到 70%，旅游人气兴旺起来，海岛精品民宿畅销起来，周末和节假日入住率达到 90%以上。四是招商方式变好了，从外出敲门走向客商上门。过去花钱外出招商、求人办事，现在外地客商主动上门要项目、要土地，异地商会回乡投资休闲旅游产业，2017 年在旅发大会签约十大项目。五是居民就业变好了，从外出打拼走向在家门口赚钱。过去洞头人背井离乡外出打工，通过订单培训、政府花钱才能找到工作，现在主动回乡创业，开办渔家乐和民宿，在家门口赚钱。旅游产业从业人员 1.18 万人，占全社会从业人员 22.17%。

问题二：请您介绍洞头区全域旅游的经验

（一）亲海护海，塑造滨海休闲胜地

一是坚持生态开发。实施王山头、霓屿坝头生态产业性修复以及海洋生态修复，变疤点为亮点，目前霓屿坝头疤点结合紫菜产业园项目开展设计。东屏大巴山地块正开发投资 4.2 亿元的洞头耕海牧渔项目，通过新建渔俗村落的形式，打造综合旅游项目。同时，实施海域审批“一证到底”改革创新，打造全国生态用海样板。二是实施海湾整治。投资 4.76 亿元实施蓝色海湾整治工程，开展渔港疏浚和沙滩修复，整治修复沙滩面积 16.1 万平方米，建设沿海生态廊道 12 公里，逐步把整治成果转变为发展效益和环境优势，成为海岛旅游新亮点。2018 年 1 月 24 日晚，央视《焦点访谈》正面报道了洞头区蓝色海湾整治成效。三是坚持统筹谋划。立足洞头海岛实际，优化空间布局，合理规划都市生活区、旅游休闲区、产城融合区和临港产业区“四大区块”。先后完成海洋功能区划和海域利用、海岛保护、全域景区化等规划编制，其中《洞头国家

级海洋公园总体规划》成为全国首个通过评审的海洋公园总规。

（二）招大引强，推进滨海旅游度假

一是重大项目引领。以梦幻海湾、韵动海湾为旅游龙头产业项目，同步推动中普陀佛教文化园、海洋生态廊道工程等项目建设。其中，位于环岛西片的梦幻海湾度假城是洞头旅游的龙头项目，计划一期投资50亿元，人造蓝海、围而不填；中普陀佛教文化园投资超10亿元；海洋生态廊道工程总投资8亿元。二是主题开发。突出“一岛一主题、岛岛是乐园”，开发大竹峙蜜月岛、大瞿养生岛、南策海钓岛、鹿西“慢生活”离岛等主题岛项目，开发列岛游、海上游产品，建设国家海洋公园核心区。三是谋划“星光经济”业态培育。精心策划夜间旅游项目，做亮“晚上洞头”。建成15公里“星光经济”环线，打造本岛南北向的“中央亮轴”，串联发展老城区夜市街区、东南第一楼（望海楼）、小朴文化休闲村落、九厅渔村美食街等“星光经济”点。精心办好沙滩音乐节，“璀璨放生台·激情世界杯”音乐夜市活动，谋划海岛露营大会暨听海节，推进夜游体验项目“主客共享”。

（三）花园海岛，打造乡村振兴样板

一是打造美丽乡村建设样板。全面实施花园海岛十大工程，计划三年投入22亿元建设70个花园村庄和10条美丽乡村精品线。目前已建成首批17个“花园村庄”和4条美丽乡村风景线。今年5月，建成投用全国首个花园厕所，并集中开工今年首批18个花园厕所。二是确立景区标准改造村庄。邀请中国美院专家参与村庄设计，精雕细琢一批景观、作品，扮靓窗台、阳台、门台。目前已开展8个村庄整村开发，东岙村、海霞村获评省3A级景区村、省慢生活休闲旅游示范村，“美丽环境”已转化为“美丽经济”的就有11个村，占比达64.5%，去年有近200人回乡创业，近千人实现再就业。三是注重因地制宜兴好产业。积极培育乡村旅游集聚区，全力推动大巴山耕海牧渔、大山景边村开发、韭菜岙村旅融合、金岙101民宿等旅游项目落地。培育出岩海凸垄度假山居、古韵魅力花岗、“恒邦·那鹿湾”休闲创意村、白迭汐语文化艺术村等13个特色民宿群，全区渔家乐民宿达283家3 010张床位。

（四）产业融合，培育多元旅游业态

一是注重渔旅融合。开发紫菜、羊栖菜特色菜品，形成紫菜节、羊栖菜节、国际放生节等渔业文化节庆活动，打响洞头渔家乐品牌。推进海洋捕捞与旅游休闲产业融

合，建设全国规模最大的生态海洋牧场项目——鹿西白龙屿生态海洋牧场，累计投资1.6亿元。二是注重体旅融合。精心举办国际矶钓名人邀请赛、中国·洞头横渡半屏海峡冬泳邀请赛、国际山地户外运动挑战赛、全国公路自行车冠军赛等知名赛事活动。引进洞头傲帆游艇有限公司，建成帆船休闲运动基地。三是注重文旅融合。建成海洋文化创意园，集中展示贝雕、古船木制作等传统技艺。推出滩涂讨海、七夕祭拜、妈祖平安、“洞头八大巧”等本土文化品牌，获得央视、韩国教育电视台等媒体的专题报道。以半屏岛为核心打造海峡两岸同心小镇，突出“一岛一湾”空间布局特色，打造“旅游+台湾”的文旅产业链。四是注重康养旅游。成立洞头区区域医疗康养示范区建设领导小组，制定三年行动计划和实施方案，今年共计划投资7.67亿打造健康养生旅游产品。目前，正积极推进石子岙养生疗养、“东海寿乡”海上养生小镇项目落地。

问题三：洞头的民宿产业发展中，您最关注什么？民宿与当地老百姓的生活的关系如何？

一是坚持保护中发展，石头老屋演绎民宿传奇。我们坚持“为游客建一座城”，统筹推进蓝色海湾整治、花园海岛建设等系列生态工程，建成四条美丽乡村风景线，全面提升海岛风貌，努力把海岛特色资源转化为发展优势。我们珍惜海岛渔村的每一寸肌理，2015年起实施古渔村保护开发三年行动，保护修缮了一批石头屋、古祠堂、古街巷，留住“乡愁”。对21个历史文化村落，严格实行规划管控，最大限度保持原乡原貌，像花岗村已有30年未建新房，保存了110幢极具海岛风情的石头屋。同时，对石头屋进行保护性利用，按照“外面五千年、里面五星级”的标准实施生态化改造，引入民宿、咖啡馆、酒吧，提升石头屋魅力。如今，石头屋民宿已成为海岛民宿的皇冠，吸引了越来越多的游客来到这里寻找向往的诗和远方，一位美国设计师感慨“住在这里，有家的感觉，比七星级酒店还要赞！”

二是坚持多业态融合，民宿经济引领乡村振兴。乡村振兴，产业振兴是关键。我们把发展民宿经济作为乡村旅游的主引擎，加大政策、资金扶持力度，海岛民宿遍地开花，形成花岗、白迭等13个民宿集群特色村落，涌现出海天左舍、花田花地、纳山纳海等一批精品民宿品牌。我们推行“好主人、好故事、好产品、好服务”的洞头民宿标准，倡导民宿主人文化，提供海钓、摄影、音乐和骑行等多种“私人定制”式的休闲产品，让民宿更有温度、服务更加多元，使游客参与度更高、体验性更强。不论是作家、音乐家、画家还是商务人士，无论是亲子游、蜜月游还是银发游，都能在这里找到一款适合的产品。我们积极推动海陶工艺、海鲜药膳、渔俗文化等业态融入民宿、走出乡村，形成以民宿经济为引领，文化创意、健康养生、休闲运动等产业融合发展的旅游发展新格局。海岛旅游的季节差不断缩小，村民户均年收入超 10 万元，村集体经济收入增长 70%以上，52 个经济薄弱村完成“摘帽”，乡村振兴战略在海岛落地生根。

三是坚持全社会参与，海岛民宿点亮美好生活。民宿是播撒在海岛的种子，为乡村注入新的生活方式和时代精神，让乡村茁壮成长，让海岛人换了一种方式“靠海吃海”。在民宿发展的带动下，越来越多的渔民“洗脚上岸”，在家门口有活干、有钱赚，村民的获得感、幸福感大大提升，“想发展、要发展”的劲头越来越足。在东岙村，90%的渔农民实现转产转业，原来的老房子 5 万元没人买，现在 100 万元群众都不肯卖。美好的乡村生活吸引了越来越多的城里人留在海岛，外出务工者和在外大学生回归家乡，2017 年回乡创业人数超 1 000 人，这批“新型农民”让渔村焕发新的生机和活力。比如，一位返乡创业的洞头人利用本村闲置仓库从事民宿开发，年收入 1 000 万元以上，既盘活闲置资源，又带来可观效益；半屏岛上的“101 民宿”项目，就是由海峡两岸 101 位设计师携手合作设计，计划打造两岸青年创业基地。海岛乡村的变化更激发了村民的主人翁意识，自发自觉地投入到乡村的建设、管理中，共治共享的氛围越来越浓，海岛振兴后劲十足。

民宿让生活更美好，海岛因民宿更出彩。面向未来，我们将坚定差异化、品质化的民宿发展方向，努力打造更多的海岛特色品牌，为加快海岛振兴、建设海上花园创造更好条件。

第六章
乡愁与乡创

随着我国城镇化建设的不断推进，2019 年末，我国城镇常住人口占总人口的比重首次超过 60%，达到 60.6%。城镇化水平的提高，离乡背井的生活，某种程度上引发了人们“失忆、错忆、残忆、断忆”等一系列记忆危机，无数人的乡愁无处安放。早在 2013 年习近平同志就指出“农村绝不能成为荒芜的农村、留守的农村、记忆中的故园”，2015 年进一步明确强调“遵循乡村自身发展规律，充分体现农村特点，注意乡土味道，保留乡村风貌，留得住青山绿水，记得住乡愁”①。“记住乡愁”成为我国新型城镇化的重要任务之一，在乡村振兴、乡村旅游等背景下，旅游发展被认为是“留住乡愁”的一种有效途径，凝结着本地居民集体记忆的地域乡愁文化元素，有较大的旅游资源开发价值。②

在乡愁难寄和呼唤乡愁的背景下，乡创活动应运而生。乡创指乡村创新创业，也可以指代乡村创客和乡村创意。新时代又赋予了乡创更多的含义，它具有跨界共生、工匠精神、生态与文化自觉、创新创意等后现代特征②。乡创的本质就是要尊重传统习俗与历史文化，并以新的方式去传承和延续。在原生态和重文化的基础上，推动农业与互联网、文化、旅游、教育等产业深度融合发展。乡创的创新往往渗透着文创元素，体现为对生产与生活的用心和极致追求，并进一步创造出层出不穷的具有文化和情怀的创意元素。③

第一节　乡村文化与现代表达

一、乡土文化承继现状

“文化是一个国家、一个民族的灵魂。”乡土文化是中国乡村社会在几千年的历史发展中形成，并反映乡村社会生活面貌的工艺技艺、习俗规范和价值思想等的统称。拥有物质与精神的双重性、个性与共性的双重性和保护与创新的双重性三个特点。④ 正所谓“十里不同俗，百里不同风”，不同地域的乡土文化交叉融合形成中华民族共同的

---

① 刘传喜．新时代背景下乡创运动与新型乡村人才培育的创新机制研究［J］．成人教育，2019，39（12）：57-61.

② 王新歌，虞虎，陈田．旅游视角下的地域乡愁文化元素识别及维度构建——以古徽州文化旅游区为例［J］．资源科学，2019，41（12）：2237-2247.

③ 刘传喜，刘红霞．乡村创客视角下江西传统村落活化模式与特征［J］．地方文化研究，2018（05）：50-57.

④ 曲延春，宋格．乡村振兴战略下的乡土文化传承论析［J］．理论导刊，2019（12）：110-115.

乡土文化。它涵盖了传统技艺、民居服饰等物质形态的文化，又包括道德规范、乡规民约、信仰观念等精神形态的文化。悠久的历史孕育了我们灿烂的文化，农耕文化应是我们传统文化的本源。而在当前社会进程中，不断加快的城镇化脚步留下了摩天大楼，高楼广厦，无可避免地遮掩了部分土地上的文化奇葩。我们的乡土文化传承面临着各方面的缺失。

最明显的表现就是传承人的缺失。老一辈的农民几乎一生与土地打交道，耳濡目染下学习和传承着乡土文化。老一辈的农民随着年纪增长，或跟随子女离开了农村，留下的即使想要做点什么也是心有余而力不足。非物质文化遗产传承人普遍高龄，传统技艺后继乏人。农村青年不断涌入城市，子不再承父业的比例不断增加。在农村青年人的眼中，农村生活不如城市便利，风俗传统与现代生活脱轨。当代农村青年颇有“身在曹营心在汉”的意味，成年后长期在外，与土地的联结纽带愈加脆弱。他们对土地的留恋在车水马龙中逐渐消磨，对乡土文化知之甚微。教育中对乡土文化的重视也不够，小孩们五谷不分是常态，表现最明显的莫过于歌词写的那样“00 后的同学，不会说方言”。

其次是乡土文化式微。进入 21 世纪以来，中国乡村历经巨变，依附于乡村社会的乡土文化式微。科技的日新月异不断冲击着传统习俗，我们常说的“年味”“节日氛围”也越来越淡。先不论还有多少地方仍保留着拜年、守岁、贴春联的传统习俗，光移动支付就让拆压岁钱红包的仪式感寡淡了许多。在乡土文化的保护上，或因一时利益直接抛弃，或选择以“金屋藏娇”和“束之高阁”的方式来做象征性的抵抗。这种静止的、博物馆式的保护不仅难以引发共鸣，也导致乡土文化逐渐失去生命力。

当下青年对我们自己的传统文化习俗不甚了解，却对西方圣诞节、感恩节、情人节如数家珍。从中体现了我们对自己文化的重视程度不足，宣传力度不够等弊端。在我们的认知里，端午节本是我们的传统节日，但韩国却在 2005 年将“江陵端午祭”申遗成功，被联合国教科文组织宣布为“人类口头和非物质遗产代表作”。韩国在端午祭申遗中的第一句话就写着，“端午节原本是中国的节日，传到韩国已经有 1 500 多年了”。反观我们自己，中国“端午节”在 2009 年才申遗成功。虽说民众对韩国申遗“端午”议论纷纷，但不可否认的是其对传统文化的敬意和保护意识值得我们学习。

二、乡愁美学与乡创

很多学者认为，“乡愁”特指目前乡村快速消失背景下，人们对过去日子的回忆和眷恋。但更多学者认为，不只是乡村，在中国快速城镇化阶段，城镇居民曾经生活和经历过的街区和场景也在不断更替并逐步消失，城镇居民同样面临曾经习惯的生产生活方式的模糊和远去①。村落乡愁是指世代生活在乡村中，个体生长于乡村，但因各种因素在某一时间迁移到其他地方，又在某一时间（节假日）返回或者在异乡定居的人，于异乡所产生的思乡之情。都市乡愁是指世代生活在城市，个体生长于城市中，因某些因素在某一时间迁移到其他地方，在某一时间又返回的群体所赋有的情感。都市乡愁和村落乡愁都产生于空间上的距离与时间上的顺延，二者的共性在于都是人们对以往生活方式的怀念与回忆。不同的是，二者所归属的现代乡愁是传统乡愁经过岁月沉淀之后所提炼出的一种独具特色的精神气质和人文历史情怀，是现代人的情感归属和文化认同②。

乡愁的内核是对家乡故土的眷恋与思念，乡愁美学的生成基于对乡愁的审美体验，它是城乡文化命运共同体的乡村审美体验，是乡村自美和外在审美观照与审美体验的交融共生，是一种乡村价值的再发现和尊严感的彰显。乡愁美学在一定程度上架起了城市与乡村的审美关联，既是对乡土文明根脉的延续，又是对乡村文化复兴的召唤，以此唤醒人们内心深处对故乡的眷恋与寻根意识③。

“乡愁”是铭记历史的精神坐标，是构建区域特色的文化符号，同时也是乡村旅游最重要的文化体验。在乡愁美学引导下的乡创活动，无论是在创意还是表现形式上都别具一格。在创意上，如浙江龙游溪口老街的乡愁邮局，把家书、驿站、邮差、邮票、邮局紧紧联系在一起，游客们可以在此享受特色美食、欣赏工艺品；也可以体验《从前慢》的时光，或是寄一封“有声书信”，埋下“时间胶囊”等待开启。乡愁邮局也因此成为一个热门打卡点，吸引游客前来的同时，也成为游子们探讨交流家乡发展的场所。在表现形式上，自媒体的发展让乡愁的表达更加生动多姿。乡村美食博主、传统技艺博主等自媒体爆发，如李子柒、滇西小哥、华农兄弟、野食小哥、山村小杰。他们用创意视频践行乡愁美学，用最淳朴的一箪食、一瓢饮，让乡愁有处可栖。

三、乡土文化与乡愁的现代表达

赵旭东在《文化的表达》中曾这样说道：“透过语言、言语、象征符号、身体动作、社会制度以及各种各样的人造物品，文化得以现身，否则文化就是空的”④。浓厚的乡土文化在过去或以神话、戏剧、曲艺这样的“雅”式，或以诸如婚假、节事类的

---

① 陆大道．留住乡愁是以人为中心的新型城镇化的显著特色——评刘沛林新著《留住乡愁》［J］．地理学报，2017，72（10）：1920.

② 万可歆．现代乡愁的文化表达——村落乡愁与都市乡愁的对比研究［J］．中国民族博览，2018，（05）：19-20.

③ 范玉刚．乡村文化复兴视野中的乡愁美学生成［J］．南京社会科学，2020，（01）：12-19.

④ 赵旭东．文化的表达：人类学的视野［M］．北京：中国人民大学出版社，2009：2

“俗”式来表现。在外游子托物言志，把浓郁的乡愁寄托在明月、亭子、柳枝上，因此有了“我寄愁心与明月”，“垂柳不萦裙带住，漫长是、系行舟”等思乡诗和赠别诗。

不同时代背景下的文化和情感表达方式也有异同。

由于地域原因，每一座城市都有自己的专属味道。“家乡味”承载了一个人的记忆，我们常常通过熟悉的气味回忆过去的时光、人和事。因此在乡土文化和乡愁情感表达中，食物成了十分重要的载体。在古代，《齐民要术》所转录的菜谱，荤素皆有，制作和烹调的方法多种多样；《随园食单》详细论述了中国14—18世纪中叶流行的三百多种菜式。在现代，《雅舍谈吃》美食琳琅满目，有酒楼饭庄的招牌菜，又有独具地方特色的小吃和家常菜；《至味在人间》探索从千里之外的江湖至味到灵魂深处的家乡味道，尽数食物的独家记忆。《舌尖上的中国》纪录片能爆红，正是因为它用朴实的叙事手法，将中国各地的美食生态和对美食、生活的美好追求和乡土文化表现得淋漓尽致，通过最直观最朴素的方式引发了人们的乡愁共鸣。

乡村文化根植乡村，传播方式也因时代变化产生了相应的变化。过去，民俗文化的直接演绎和直接体验是传承文化记忆的重要方式；另外，具有仪式感的宗祠文化也给人以高层次的体验感；口头文化传播使用较多，老一辈同小一辈讲述民间的传统与文化，如赫哲族将祖先的故事留在了口耳相传的“伊玛堪”里①。现代人对家乡和乡村的了解则更多地依赖于电视新闻、综艺以及微博、抖音等社交媒体。新媒体、自媒体的蓬勃发展，为传播传统文化提供了强有力的支持。文化类综艺采撷传统文化精粹，将文化和综艺、高雅与大众进行深度融合，并用年轻化的创新表达来契合人们的情感诉求。因此具有创新精神的文化类的节目好评如潮，文物类有《国家宝藏》、诗词类有《经典咏流传》、书信类有《见字如面》《朗读者》等。展示乡土风物、乡村风情、传统技艺的短视频也是乡村文化表达中响亮的声音，他们的创意更加接地气，通过直观的表达，刷新人们对乡村的认知，能引起人们强烈的情感共鸣。

第二节　李子柒故事

在刚刚过去的2019年年末，被央视点名表扬的李子柒，几乎在瞬间占领了各大社

① 宋颖．乡愁情怀的多诉求视听语言表达——以国家重点工程百集大型纪录片《记住乡愁》中对赫哲族的变现为例［J］．民族艺术研究，2015，28（04）：28-34.

交媒体头条，且热度不减。李子柒，从一名普通的乡村女孩，到坐拥2 300余万微博粉丝的大V，看似无所不能的她，为网友描绘着一幅幅惬意的田园生活画卷，劈柴喂马、摘花煎茶……。背后除了自身的努力与坚持外，更重要的在于公众对其内容的认可，还形成了强烈有力的文化输出。对此央视这样评价："李子柒的成功，在于热爱，爱生活、爱家乡、爱文化"。

一、他人眼里的生活技能，不过是你的求生本能

出生于1990年的李子柒，是一名地道的川妹子。她的童年经历坎坷，父母离异，遭继母虐待，幼年丧父，只好与爷爷奶奶相依为命。14岁时迫于生计初入社会开始打工，端过盘子、睡过公园、啃过馒头，在外漂泊了8年。后因奶奶病重，放弃城里的工作回到乡下照顾老人，只为离得近一点，更安心一点。回乡后她摆过地摊，开过淘宝店，但也只够勉强糊口。正是与老一辈一起生活的日子，让她耳濡目染学会了在乡野间就地取材，农家美食信手拈来；学会了春种秋收，各式农具使用起来得心应手。网友眼里这个技能满点的"仙女"，背后首先是受求生本能的驱使。

二、搭上短视频顺风车，摸索中前行

尽管业内对短视频元年的时间点存在不同的意见，不可否认的是随着科技发展，4G网络趋于全覆盖，人们社交互动、消磨时间的方式从PC端快速向移动端转变。为了让淘宝店增加销量，2015年李子柒受到弟弟影响开始接触短视频平台，但并不深入，只发过几个自娱自乐的小视频。直到2016年3月底才开始拍摄"古香古食"系列美食视频，从摘菜教做饭做起，并"意外"走红。

囿于资金和技术，李子柒刚开始发布在"美拍"的第一个美食视频《桃花酒》还是用手机拍摄、手机剪辑的。为成品画质模糊问题，她请教了朋友后买了人生第一台单反，以及一个120元钱的三脚架。没有任何经验的她，常常因为一个镜头需要反复在镜头和场景间来回奔跑，不仅如此，遇到角度刁钻的画面时，还需要家里的板凳筐盆齐上阵。视频剪辑用手机软件完成，做一些最简单的素材与素材之间的拼接、叠化、字幕和配乐。在剪辑前，还要在20多G的素材中挑出能用的10~15个G的内容后将mov格式转换成mp4格式，最后再导进只有16G内存的手机中进行剪辑。但上传短视频平台时又会被压缩，画质依旧不理想。

而真正困扰她的问题是如何"拍摄"，对于一个没有任何摄影基础，相机的基本功能都不甚擅长的人来说，更妄谈取景、镜头感、剪辑的节奏和背景音乐之间的契合度

了。重拍是她的家常便饭，特写镜头人物出境要重拍，位置没站对导致构图不好看要重拍，角度有问题画面不好看要重拍，自动对焦镜头中人物移动导致虚焦要重拍，面部表情不自然要重拍，头发乱了，衣服多了个褶要重拍……直至拍到没有什么大问题的镜头，才能被用来当素材。好在曾经以 DJ 的身份谋生过，视频中的曲子她都会再编辑过，使其与视频更加契合。

三、边做边学，传递有温度的内容

李子柒一开始做短视频的时候想法非常简单，就是把菜园子里一年四季的蔬菜分享给城里的人们看，教他们做菜。菜肴食材“上天入地”，菜肴派系“天南地北”，菜肴样式“古色古香”。逢花季果季，酿桃花酒、桂花酒、草莓酒、樱桃酒、玫瑰醋，煮樱花茶、荷花茶、金银花茶、蜂蜜柚子茶，蒸野槐花、炸荷花，做琵琶罐头、橘子罐头、玫瑰花酱。逢传统节日，有清明粑粑、七巧果、传统手工老月饼、重阳糕，而到年夜饭时，花开富贵虾、吉祥如意百财包、松鼠鱼齐上阵。逢进补时节，上方鸡枞、野生鲫鱼汤、梅花当归鸽子汤、生滚鱼片粥、蟹粥、腌笃鲜让人食欲大动。想念儿时味道，爆米花、米花糖、覆盆子老冰棍、油馓子绝对能满足你的味蕾。除了颇具四川特色的腌腊肉、腊肠、腊排骨、老坛酸菜、辣椒油以外，李子柒还会熬古法川贝枇杷膏、古方红糖姜枣膏，制作臭黄荆凉粉、松花皮蛋、刀削面、竹筒饭、手抓饭，也会做像西瓜蛋糕、鸡蛋南瓜盅这样的创意美食。

然而美食博主只是李子柒的一面，她的另一面是位手工达人。粽编篮子、搭木桥、做竹架子、绑秋千沙发床，甚至是染布。将破损的物件变废为宝，赋予新的生命是她常做的事。不仅如此，外表看似娇小柔弱的她，挖起池塘挑起水来的干净利落劲一点也不输人，会种瓜果也会嫁接。闲来也会做出养石头（苔藓）这样可爱的举动，家里的多肉更是被照顾装点得错落有致。更有诗意的是，在她的案台上有一陶制花瓶，当外出采摘时她会顺手撷一束花回来换上，这些“花”可不普通，而且经常有棉花、枇杷等作物“乱入”。

除了和网友分享教学自己原本就会的菜肴外，为了进一步提高和丰富视频内容，李子柒会实实在在地去向前辈请教学习。有一期关于兰州拉面的视频，一开始她只了解一些牛肉面的历史，只能说略懂皮毛，并没有掌握真正的拉面技巧。为此，李子柒经朋友介绍向本地开牛肉面馆子的甘肃师傅取经，软磨硬泡，好说歹说师傅才答应教她。接下来她跟着师傅密集学习了牛肉面的各种门道和实际操作，回去后一有空就练习拉面，拉面拉到胳膊发酸，第二天都抬不起来。直到她能完整地拉出均匀粗细的面条时，才开始拍摄制作过程。

回顾李子柒的早期视频，可以发现她的视频从最初简单的固定镜头、模糊画质、不甚流畅的转场过渡和单调的字幕慢慢转为了画质清晰、节奏适宜、教学清楚、画面更具古风的视频，并且还有了“李子柒”印章样式的视频水印。视频的更新频率也更高了，内容更加贴近展示四季更迭。个人装扮上也更加贴近人设，将古风演绎得淋漓尽致，包括她现在的微博头像也是沿用的2016年6月的那张红衣蒙面照，颇有乡野江湖的韵味。经过一年多的努力，一切看起来正在往好的方向发展，粉丝数涨了，也有人找她商业合作了，可这时候她却选择了暂别，这是为什么呢？

四、短暂告别，是为了更好的重逢

2017年5月13日，李子柒发布了一条长微博，宣布自己的视频要暂停更新。原因是有网友不断对她进行污蔑毁谤泼脏水，攻击她的视频有替身完成，她根本不会做菜，背后有团队在炒作，卖惨等。李子柒在暂别信中对以上质疑进行了正面回应，并用晒截图，晒视频的方式自证。同时感谢相关自媒体专业人员对她的指点和提携，重要的是，她在考虑组建团队，寻找摄影师。

不久，5月23日，李子柒在微博上发布了由团队试拍的样片，主题是小龙虾。视频一出就得到了粉丝的大力支持，纷纷留言表示视频清晰度大大提高而且节奏更加欢快了。李子柒本人也表示请了摄影师后解放了自己，不用再来回跑按开关了，但视频的想法和构思依旧遵从自己的内心。后期的视频呈现方式延续了早期视频的固定镜头风格，这也成了李子柒视频的标志性风格。

有了自己团队的李子柒，除了增加视频的可观赏性以外，在内容上也更多地去展示我们的传统文化。习惯了口红唇釉、眉笔眉粉的都市丽人，哪曾想还能在李子柒的手中看到古法纯天然口红纸、胭脂膏、眉黛膏的诞生。自诩“省钱达人”的她，会纳千层底布鞋、编斗篷披风、做蚕丝被，还捣鼓了一整套竹制罗汉床、太妃椅、茶几、落地衣架、竹丝灯罩、台灯和各种餐具。偶尔也中西结合，搭个面包窑。

2019年开始，李子柒的视频内容更加关注中国传统文化。我们都知道四大发明是什么，但也只在教科书上看过简要的制作过程描述，李子柒却用实际操作让我们知晓祖先们是怎样用一双手，让中国成为了世界上最早发明纸的国家。她曾花了三个月的时间到温州瑞安东源村跟着木活字印刷术第34代传人学习，据师傅说，在东源村，还能实际操作这门技艺的匠人只剩2个人了。

更多人开始了解和喜欢她，则离不开2019年3月的“文房四宝”视频。120多道大小步骤的笔、油烟墨、构皮纸、端砚，一如既往地附上了对它们的介绍。这期视频得到了共青团中央官媒“笔之魁、墨之冠、纸之最、砚之首，这是一张沉淀千年历史的文化名片，述尽了中华风流。传统文化的传承，需要我们一起延续”的评论。

李子柒独树一帜的风格赢得了网友们的喜爱，获得了微博 2017 美食十大影响力博主、今日头条 2017“金秒奖”最佳女主角、微博“2018 超级红人节”最具商业价值奖(红人奖的最高奖项)、微博“2019 超级红人节”最具商业价值奖、最具人气博主。由李子柒主持的“古香古食”微博话题阅读量达 18.6 亿，讨论累计 218.5 万，“朝花柒拾”微博话题阅读量达 72.4 亿，讨论累计 609.3 万，影响力不容小觑。她先后被授予成都市非物质文化遗产推广大使、中国农村青年致富带头人推广大使、中国扶贫基金会善品扶贫大使等荣誉称号。2018 年 7 月，李子柒在天猫开设“李子柒旗舰店”，拥有了自己的品牌。2019 年 11 月，李子柒在北京开设了线下门店。

第三节　李子柒现象

李子柒不仅在国内圈粉无数，在外网上也是赢得了满堂彩，她在 Youtube 上的粉丝数有 887 万，而官方账号 CGTN（中国国际电视台）也才 116 万，外媒影响力可见一斑。在她视频火爆的背后，恰是中国传统文化的输出，通过中国故事的讲述，中国生活的展示，塑造了新一代生活化的中华儿女形象。通过小小几寸屏幕，就对千里之外的地方心向往之，这又何尝不是一种散发旅游吸引力的方式呢？

一、春种秋收，农耕之美

伴随着现代化经济的高速发展，乡村似乎逐渐淡出人们视野，加之部分影视作品和短视频潜移默化的渲染，使得人们形成了对乡村“贫穷”“破旧”“落后”的刻板印象，忽略了乡村最本质的四时耕作之美。在李子柒的视频中，首先最直观的感受就是一年四季，瓜果时蔬，春种秋收，如期而至。她把源远流长的农耕文化，用简单而又不失生动的方式向大众展示。

农耕文化的内涵可总结为“应时、取宜、守则、和谐”八个字。“应时”是对自然规律的尊重，“取宜”发挥了人们在生产活动中的能动作用，“守则”是人们道德观、价值观的体现，“和谐”则是核心理念，是天时地利人和的集中表现。在《诗经》

中，就有许多关于顺应时节进行不同的生产活动和生活安排的记载。如《豳风·七月》所载："七月流火，九月授衣。春日载阳，有鸣仓庚。女执懿筐，遵彼微行，爰求柔桑。"以及"八月剥枣，十月获稻。为此春酒，以介眉寿。"等。当代年轻人对农作物知之甚少，也不擅农事，还经常遇上叫不上名字的作物，更遑论孩童了。

一位老师曾留言说偶尔会把李子柒的视频给城里的孩子们看，边看边告诉他们蔬菜瓜果的名字，长什么样子，因为在那之前，老师班上有些孩子以为水稻是长在树上的。从我们这一代开始慢慢脱离了农耕时代，"我们吃的食物，从哪里来？"就是李子柒想表达的初心。她用镜头记录下了姜的一生、玉米的一生、稻谷的一生，从种子到果实，从土地到餐桌。立夏前后埋下姜种，待霜雪将至时挖出窖藏，馋嘴时，就可以做红糖姜枣膏、姜桔酱、姜米茶、猪脚姜、仔姜鸭。一颗小小的玉米种子、萌芽、生长、收获，再到餐桌上的玉米粑、窝头、玉米片儿、玉米饼。对未知事物的好奇，对自然的敬畏，五千年农耕之美，使得李子柒的视频备受喜爱。

二、锅碗瓢盆，器物之美

食因器而增色，器因食而生动，再精美的食物，都离不开灶、离不开锅碗瓢盆的合奏。铁锅是厨房中最重要的炊具，锅铲声、灶火的光亮和母亲的忙碌，就是专属于家的声音与味道。食器与菜肴相辅相成，小小的碟碗，里面却装着山川湖海的美味。人们的口味、习惯、偏好，宗教文化和社会制度，都能投射在食器上。先秦食入礼法，簋、鼎、豆、鬲、甗等不同形制的食器代表了古人对饮食精细严格的追求。食器发展至今，形状愈发简洁，且多为瓷器，方便的同时倒也失了一些美感。

而在食器变迁中，筷子则保留了它淳朴的材质和造型。筷子标准长度七寸六分，代表人有七情六欲，以示人与动物有本质的不同。形状一头圆、一头方，对应天圆地方，这是中国人对世界基本原则的理解。持筷时，拇指食指在上，无名指小指在下，中指在中间，是为天地人三才之象，这是中国人对人和世界的关系理解。筷子在某种意义上就是我们的一种身份代表，为维护传统文化尊严，李子柒就有一期做筷子的视频。

除了碗筷，酒壶，竹盘，陶罐，米缸以及蒸笼等都是视频里出镜频率很高的物件。木勺木碗给人安心的淳朴感，木杯饮茶，茶香浸润木香而别有味道。大陶罐酿醋、酿酒、腌菜，贮藏四时风味。小陶壶精致可爱，鲜衣怒马一壶酒，静谧午后一盏茶。竹盘为仓，土豆作丝，一道"金银满仓"色香味俱全。从这些沾染着烟火，沉淀着岁月的器具中，我们就能体会到细腻精致的东方美学。

三、古色古香，静娴之美

翻阅李子柒视频下的留言，最多的评论莫过于，古色古香，让人仿佛置身一个不受外界喧嚣纷扰的世界。这一切都要归功于她向我们展示的传统技艺，每个传统节日以及与节日相关的古方美食。一谈起传统文化，大多数人的反应是，传统文化使我们不可缺少的财富，不能丢，要传承。随着电子产品的发展，传统工艺的东西离我们越来越远。加之人们疲于生计，疲于奔波，真正能走近并亲自体验参与一门手艺的人寥寥无几。由于种种原因，传统的东西可能在实用性和经济性上有欠缺，但它蕴含着先辈的智慧、记载了过去的历史，其文化价值是新生事物所不具备的。

比如，伴随着我国农耕时代发展而来的条编、草编手工艺品，取材方便，环保实用。可编织篮、篓、筐、囤、笆等人们生产劳作的必需品，千百年来占据了生活的角角落落。原本蓑衣斗笠是雨雪天出门必备，而如今也只在作品上才能一见“孤舟蓑笠翁，独钓寒江雪”的景象。文房四宝，湖笔、徽墨、宣纸、端砚这些本该是我们如数家珍的物品，也逐渐变成了小众爱好。传统节日的仪式感渐淡，甚至被遗忘。在现代文明的浪潮中，被淘去的不仅是传统技艺和传统文化，还有我们的精神家园。

李子柒向我们展示的蜀绣、手工酱、马奶酒、笔墨纸砚制作，都是我们大美传统文化的沧海一粟。传统手工酱油历经三千年，是我们的非物质文化遗产，成为每个家庭餐桌上少不了的调味品。马奶酒是宁夏海西州州级非物质文化遗产之一，是零污染的纯绿色饮品。酿造技艺是中华 56 个民族优秀文化遗产中的一枝奇葩，传承发展了千年之久，兼具医疗和食用价值。蜀绣在古蜀三星堆时期就有，到三国时期已闻名天下，是中国四大名绣之一，有 130 余种针法，小小的绣花针里蕴藏了我们几千年的华夏文明。对传统文化的向往能在李子柒的视频的中找到些许满足，她所展示的传统之美，虽是冰山一角，也是饕餮盛宴。

四、孝顺善良，品格之美

李子柒从城市回归乡村，初心就是为了能更好地照顾奶奶，奶奶嘴馋，她会把李子枝折了放家里，奶奶随手就能够到，省得奶奶大热天跑去摘李子。李子柒的半身厨艺来自已过世的爷爷，因而常常会睹“菜”思人。不舍得吃爆米花的爷爷，中秋节月下讲故事的爷爷，教“卧冰求鲤”的爷爷，把钓来的小龙虾给爷爷炒，一桩桩、一件件都记得非常清晰。只是子欲养而亲不待，思念就成了唯一尽孝的方式。

她用一言一行诠释着勤劳勇敢、敦厚纯良的美好品格，用自己的影响力帮助和感染着一批人。她所展现的，正是人们对美好品格的欣赏和追求，这也是她备受拥趸的原因之一。早年间哪怕在自己也很窘迫的时候，李子柒也会帮天桥老奶奶义卖帽子，资助四川平武的孤儿完成大专学业，一坚持就是八年。她说："因为我的生命被别人照亮过，就像光一样。我相信那些孩子将来在有能力的时候，他也会把这束光，照进更多的人心里面。"

有了一定成就后的李子柒把更多精力投入公益助学。参与助力"三区三州扶贫助威行动"，提高大凉山雷波鸡蛋曝光率。将金秒奖的50万元奖金以"李子柒粉丝"的名义捐助到公益助学。携手新浪杨帆公益基金，为四川省的三所小学捐赠图书室；向家乡绵阳北川9所小学捐赠100台电脑，用于改善教育条件。在2020年新冠肺炎抗疫中，累计筹集送出30 000多个N95/N95级口罩、10 000个医用外科口罩、20 000多副医用手套、1 000多件防护服，还有护目镜、医用消毒喷雾等。她的公益活动仍在继续，未来也会帮助到更多的贫困山区的农人和学子。

五、启示

21世纪，无疑是视频传播的时代。传统文化、乡土风情是李子柒作品中最特别的一点，不同于以往的哗众取宠或教科书式的内容，她的视频"无声胜有声"。她结合当地风土人情，以美食为切入点，从农林渔牧多方位展示农村生活，反映地方风貌，人文特色。正如在活字印刷视频的最后李子柒所书的："柴火的温度，奶奶的清粥，田边的野鹤，还有地窖的老酒，这是我儿时最美好的记忆，现在，我想把它们都写给你"每个人心中都有一个江湖，她用自己的作品，唤起都市人对自然田园和古朴生活方式的向往，激发着人们追求自然、返璞归真的理想生活。

中国很多传统手艺像极了一位迟暮的老者，历经遥远的历史长河，见证自己从兴起到鼎盛再到渐没，不断回首着希望在这个不那么需要它们的时代里找到自己存在的意义。李子柒用创意的结合方式，将新潮的自媒体和乡村生活、传统文化结合起来。她曾言："从我开始做视频、到后来做品牌，一直都离不开中国自古以来的传统文化。甚至于很多朋友愿意关注我、喜欢我，也源于此。我感受得到中国传统文化的魅力与迷人，也一直很自豪中国有这样浓厚的文化积淀。所以，希望你也一样，新一代年轻人也一样，拥有中国文化自信。"

当代旅游处在一个急剧变化的环境中，要带动乡村旅游，振兴乡村经济，就要为经济注入文化元素，赋予经济产品以独特的价值和魅力。乡村经济产业落后的一个重要原因，就是经济产品缺乏文化创意的加持，不能满足当代消费者的文化体验需求。

而农耕文化的深厚文化内涵和独特文化符号可以成为推动乡村经济产业文化化、对乡村经济进行文化赋魅的丰富资源。“文化产业化”是指对相关文化内容进行产业化开发，生产文化产品面向市场竞争，形成文化产业。农耕文化中可以实现产业化的内容非常多，包括各地特有的农作物及农产品、农业生产工具和技术、乡村特色建筑、山水田园景观、四季自然风光、地方独特的节日与民俗、特有的饮食与服饰等。通过发展乡村旅游、乡村文化创意产业等，都可以激活这些宝贵的农耕文化资源，使资源变资金①。

① 解胜利，赵晓芳．从传统到现代：农耕文化的嬗变与复兴［J］．学习与实践，2019（02）：126-132.

第七章
新文艺与文创

第一节　网络时代与新文艺青年

一、文艺青年

5月4日是我国的“青年节”。关于“青年”的界定，似乎没有一个统一的标准，共青团将14~28周岁作为青年的年龄划分，国家统计局的标准则是15~34周岁，联合国教科文组织则规定16~45周岁的人群都可以称之为青年。其实，所谓“青年”，关键不在于年龄上的几岁之别，有些“老骥”虽已伏枥，尚可志在千里，而有些少年虽风华正茂，却心如死灰，难起波澜。因而，“青年”更为重要的是一个人的精神和心境。由此及之，加了“文艺”冠冕的“青年”，是否亦遵循这样的标准呢？

“文艺青年”是一个在历史进程中不断发展的概念，不同时期具有不同的含义。

民国是“文艺青年”聚集的时期，他们经历着整个社会的剧烈动荡，也亲身参与着“新与旧”“东与西”的冲突与融合过程，这群年轻人是社会前进的重要推力，在他们身上有着强烈的历史责任感，以革命事业为己任，或以文学推进革命，或以革命引领文学，最终变成以“文学革命”为起点的“革命文学”。因而，这个时期的“文艺青年”往往被称为“革命文艺青年”。如当时的左翼文学社团就是一些由充满理想与激情的青年人组成的团体。另外，鲁迅、胡适、郭沫若、徐志摩、林徽因等人都是当时“文艺青年”的代表。他们激昂向上，充满斗志，受人尊敬，具有极大的社会认同。

20世纪80年代，同样出现了一大批具有典型意义的“文艺青年”。他们充满激情、满怀希望，对自由有无限的追求和向往，喜欢用文学艺术来表达自己的欲求和内心世界，这是一种发自内心的真诚。文学热、美学热、摇滚热像浪潮一般席卷整个社会，人人读海子、顾城、北岛，人手一本《美的历程》，人人呐喊着崔健的《一无所有》，像高晓松等人发起的校园民谣，在当时都只能算作是“骚柔”。

观之上述两个时期，“文艺青年”是同整个社会紧密相连的，他们的人生态度和信仰追求是一种浸入血肉的外化和表达。

二、新时代下的新文艺青年

网络产业与文化产业汇流是信息时代的大势所趋，目前在世界范围内，文艺的原创性工作已经大规模地与数字技术相结合，相应的文艺思潮也日益呈现出泛化的特点。泛化的表现主要在于网络小说、诗歌、剧本、多媒体艺术等新兴的文艺样式呈现日益繁荣之势。

“21 世纪是科学与艺术相结合的时代”，网络时代为文学艺术交流带来了一种崭新的传播媒体。在文艺网络化的发展过程中，当下的“文艺青年”的含义又有了新的变化。虽然消费社会给“文艺青年”贴上了诸多象征性的符号，比如：帆布鞋、棉长裙、岩井俊二、豆瓣网等。但我们所要辨析的是这些外在的符号并不是“文艺青年”的专属标志，更不是其本质。

总结而言，当下的“文艺青年”有三个主要特征：一是热爱文艺，二是趣味小众，三是具有独特的文艺气质。所谓热爱文艺，从康德到海德格尔，从波德莱尔到北岛，从米兰・昆德拉到张爱玲，从安东尼奥尼到岩井俊二都会是他们喜欢的对象，在互联网的大背景下，无论是哲学、文学、还是艺术都是他们涉猎的领域；而趣味小众是指他们绝不会跟随大众，随波逐流，当很多年轻人在网络上疯狂追星之时，他们却喜欢听质朴的民谣或者狂热的摇滚，追求不同于大众的品位；在真正的“文艺青年”身上还会体现出一种由内而外的气质，是一种内涵气，书香气，儒雅气，甚至有时会带有一丝忧郁气，人的装束可以改变，但人的气质是一种本真的呈现和思想的外化。

正是由于当下“文艺青年”身上所呈现出来的面貌，成为了很多人羡慕的一种生活方式，他们的人生态度、行事作风、审美趣味得到了很多人的追捧。有时，他们也成为了我们这个时代热爱生活，追求美好事物的一个代名词。

然而世间的事物往往具有多面性，相伴随的声音也不尽相同。我们应该肯定当下的“文艺青年”身上所具有的时代特点，但是我们也应该看到，他们的身上似乎缺少了某种过往时期这个词汇应该传承下来，并且立足当下、面向未来的一种品质。而问题的症结在于如何去平衡个人与社会，个人与国家民族之间的关系。当下的“文艺青年”在大多数的时候喜欢沉浸在自己的世界之中，用个人标准评判世事，用主观情绪代替客观理性。更有甚者，有太多附庸风雅之辈，鱼目混珠充斥在这一队列中，给人们造成了一种“无病呻吟、矫揉造作”的负面印象，游走在了社会主流文化的边缘，被看作是主流之外“亚文化”的一部分。

但是江山代有才人出，各领风骚数百年。目前，我国已经进入了新时代的发展时期，新时代就要有新思想、新风气，文艺事业也要有新面貌，同样，也需要有新时代的“文艺青年”，志存高远、志在四方。

第二节　青年眼里的故宫

一、曾经的故宫

北京故宫位于北京市中心，是明、清两代的皇宫，无与伦比的古代建筑杰作，世界现存最大、最完整的古建筑群，被誉为世界五大宫之首。历经 24 个皇帝，历时 570 多年。1987 年，被联合国教科文组织列入《世界遗产名录》。古代用紫微垣（星座名）来比喻帝王宫殿，帝居在秦汉时又称为“禁中”，意思是门户有禁，不可随便入内，这就是皇宫又被称为紫禁城的缘由。

故宫始建于明永乐四年（1406），以明朝在南京的宫殿为蓝本，基本建成于永乐十八年（1420），后经明清历代皇帝的不断整修和扩建，成为一个宏伟壮观的建筑群，共占地 72 万多平方米，四周环绕着 10 米高的城墙，长约 3 400 米，宫墙外环绕着宽 52 米的护城河。内有宫室 9 999 间半，有人做过这样一个设想：一个刚出生的小孩，如果他在故宫的每间房住一天，等他把所有的房子都住过一遍时，他就长到 27 岁了。

故宫是中国建筑史上的一颗明珠，素有“宫殿之海”之称，她的雄伟、堂皇、庄严、和谐，都可以说是举世罕见的。每一块砖瓦，每一座殿宇，都渗透着劳动人民的智慧与血汗。在当时社会生产条件下，能建造这样宏伟高大的建筑群，充分反映了中国古代劳动人民的高度智慧和创造才能。在故宫中游览，既可以见识封建王朝最高的政治中心和帝王的居住地，又可以集中了解古代的建筑文化。

二、如今的故宫

说到故宫，你会想到什么？是大门紧闭的紫禁城？还是中学历史书中运筹帷幄的军机处？又或者是，宫斗剧中频频出现的御花园？

都是，也都不是。如今的故宫，已经不仅是人们心中固有的一派庄严肃穆的形象了。近年来的故宫团队，在文化创作上开辟了新的道路。从高分综艺到周边文具，故宫与年轻人之间的距离正在逐渐拉近，更多有趣的历史等待被发现，它神秘传统的面纱也逐渐被揭开。

一位从事多年与文物规划相关工作的前国家文物局局长——单霁翔院长曾说过这样一段值得人们深思的话：“长期以来，我们说起自己的博物馆，往往说了很多世界之最，这是世界最大规模的木结构建筑群，世界最完整的宫殿建筑群，收藏的是世界最多的中国文物，最多的青铜器、最多的书画、最多的瓷器，也是世界上来访的观众最多的一座博物馆，现在我们反思这些真是最重要的吗？不是最重要的。真正最重要的就是你用你的文化资源究竟给人们带来了什么？这才是最重要的。”

（1）故宫的亲民感——“掌门人”亲自“上阵”，打破大众传统视角

故宫在青年眼中是亲民的。在2017年5月25日，带着满满干货的单霁翔院长，来到上海交大，做了一次135分钟演讲，掌声超过50次，圈粉无数！他不是在推销故宫开发文创商品，而是借助每一个商品制作提取的元素，每件作品背后的故事，让大家真正的了解故宫里的每一个角落。在他的演讲中，让大众有幸能够从故宫管理者和工作者的视角去了解一个全新的故宫。在2017年和2018年这样的演讲数千场，单院长从自己出发，打开游客心中的故宫之门。

（2）故宫的吸引力——综艺节目解读，激发大众文化兴趣

故宫在青年眼中是充满吸引力的。借助《我在故宫修文物》《国家宝藏》《如果国宝会说话》《上新了，故宫》等节目，解密故宫中大众不知道的那些事儿，综艺效果与故宫文化的碰撞，借助近年来人们对综艺的追捧，打开了故宫文化IP的另一种解读方式。不仅仅是让人们走进故宫中，更是将故宫文化融入于人们的茶余饭后间。

2016年，《我在故宫修文物》一经播出，好评无数。退休返聘的老工匠在文物医院哼着小曲儿，剧终时刻，钟表组的王津师傅顺手拿回最佳男演员。因为这部豆瓣评分9.3的纪录片，一道宫门的两个世界，从此便有了连接。一个老院长，一群老工匠，择一事而终一生，既修复了时间，也修复了文化。

单霁翔说，我要让国宝活起来，于是国宝便有了新的归宿。2017年，一档大型文博探索节目燃爆网络——《国家宝藏》。过去，文物是冰冷的，被安放在博物馆的玻璃展柜里；如今，单院长将一手旧牌打出新花样，用旧载体讲出新故事。历史，不再是上下五千年的数字，而是鲜活的人、事、物的构建。文物，也不再是“庙堂”之上陌生的物件，它们开始变得生动。

豆瓣评分8.2的《上新了·故宫》是2018年故宫出品的首档电视节目，打破了大家对故宫的刻板印象，“零距离”走进公众视野。突破性地将这些未开放区域首次呈现在观众面前，透过“故宫兄弟”徜徉故宫的脚步来探索它的历史秘密，破解它的文化密码，寻求历史和文物的“前世今生”，并从中获取新的灵感。

（3）故宫的科技感——科技娱乐互动，丰富文化传播方式

故宫在青年眼中是充满科技感的。通过紫禁城祥瑞、每日故宫等游戏软件、学习软件、线上表情包等线上推广，强化与大众的互动，推出了胤禛美人图、紫禁城祥瑞、每日故宫、故宫展览等故宫中各方面的相关软件，让古老的故宫开始与数字世界接触，开启了新的篇章，也开始了无法停止的步伐，既符合年轻人的“胃”，又贴近年轻人的“心”。让大众足不出户，也能观遍故宫百年光景。

在互联网时代，网络售票只是故宫数字化发展的一个体现，这些年故宫已经建立了自己的数字博物馆。利用各种科技手段、信息化手段可以与大众展开更多互动，给观众带来全新的感官体验。想象一下，点击一个院落、一个房间，就能详细看到房间内容；数字技术放大后的《清明上河图》，可以详细看到当年街道景观，甚至人物的表情、头饰...... 利用数字化技术，让故宫的宝藏与人们展开了一场跨越时空的对话，既让人从不同的角度观赏藏品，对藏品有了更深的了解，同时有趣的互动也给人们带来全新的观看感受。

除了数字化，故宫利用虚拟科技让参观过程变得更加有趣。比如根据提示亲自“制作”一顿御膳；通过 kinect 体感试衣可以将宫廷服饰“穿上身”；数字宫廷织绣，选择一个图案能自己操纵织绣的机器；扫描多宝槅上层的珍宝，可以“带入”“三希堂”中...... 大型的高沉浸式投影屏幕、虚拟现实头盔、体感捕捉设备、可触摸屏等，利用 AI、VR、语音图像识别等多种先进技术，观众更可以穿越到历史中，感受当时的生活。在高科技外衣下的故宫满足了观众所有的想象。

（4）故宫的反差萌——产品跨界联合，走入大众生活角落

故宫在青年眼中是反差萌的。故宫不再是你记忆中那个庄严肃穆的宫殿，华丽转身后，它成为了博物馆营销的“教科书”。从前我们心中的故宫，庄严肃穆、巍峨中透着一股不近人情。而现在提到故宫，我们想到的却是亲和、搞笑，背后隐藏着一个有趣的灵魂。2014 年，故宫自媒体推出《雍正：感觉自己萌萌哒》一文。内容以《雍正行乐图》为参考，包括雍正打虎、戏猴、弹琴等，配文诙谐，页面访问量一度达到 8.19 亿人次。

以往，故宫和皇家文化给人们的形象通常是庄严和高冷的，然而，比着剪刀手的“萌萌哒”雍正一炮而红，改变了人们对故宫的认知。故宫通过制造反差萌，拉近了与大众的距离，显得更加亲近。在此之后，故宫文创在反差萌的道路上越走越远，越走越溜，各种反差萌产品层出不穷：“朕实在不知怎么疼你”折扇、“奉旨旅行”行李牌等；妃子、大臣也纷纷放下“偶像包袱”，卖萌、吐槽，充满烟火气息地为故宫文创产

品代言；“买了就是朋友”“关注本宫但没有红包发”等调皮的推广文案更是让销量节节攀升，这种反差萌的谐趣设计风格大受人们的喜爱。

故宫跨界联合农夫山泉、稻香村、时尚芭莎、百雀羚等多家品牌，对故宫的建筑文化、藏品、历史故事、服饰、形象、色彩、图案等传统元素进行深挖，推出饮、食、穿、戴等11 900多种文创商品涉及人们生活的方方面面。既贴近于实际生活又增加了人们对传统文化的关注。

第三节　故宫文创与旅游

一、故宫文创

故宫走“时尚+实用”的路线，其文创产品深谙年轻市场。故宫历史悠久，却并非像一位垂暮老者，反而以一种逆生长的姿态频频走入时尚圈和人们的朋友圈。曾经故宫淘宝一篇名为“雍正：感觉自己萌萌哒”的文章出现在朋友圈热传，虽然伴随着质疑声，却让故宫修炼成网红，之后一系列类似的创作让故宫卖萌、搞笑的网络形象深入人心，诙谐幽默的出场方式也符合年轻人阅读习惯。

在自媒体快速发展的背景下，紧密贴合当下人的生活习惯，故宫系列出品了app，而在网络技术的支持下，人们还能更便捷地找到各种各样的故宫文创产品。近年来“故宫淘宝”“故宫微店”的火热也能看出，故宫的文创产品受到很多年轻人的喜欢。为何年轻消费者对故宫文创产品如此买账？首先故宫藏品像是一座宝藏，为文创产品的研发提供源源不断的灵感。单单是利用某一图案元素就能研发出精美的产品。运用凤凰、梅花等古典图案和中国画元素制作的织锦段、方巾、披肩、领带等产品别有一番风格，最近火热的故宫胶带同样运用了特有的故宫元素。

除此之外，这些文创产品不仅外观美，同时也很实用。故宫筷子、云如意的领带、如意凉拖，故宫元素的手机壳等在生活中能够经常使用。这些产品精于设计，巧于运用，同时具有故宫特色，将时尚与传统之美完美融合。此外，故宫还拥有一支很强的研发团队，他们都是由年轻人组成，熟悉掌握年轻人的喜好，研发的产品自然会大受欢迎。

除了对成年人开放，故宫也注重建立与下一代的沟通，比如故宫娃娃系列，能满足孩子们的童趣，学生卡通书签、曲别针式书签、钥匙扣实用又可爱。还有利用故宫的宫门，做成的箱包、开瓶器等。动物是孩子们非常喜欢的事物，故宫的猫作为故宫文化的一部分，也有了不一样的身份。猫做成的文创产品，深受孩子的喜欢，当然，也包括每一个住着童心的成年人。

二、旅游效益

北京故宫博物院在 1984 年成立故宫文化服务中心，2008 年注册“故宫淘宝”实现网上销售。如今官方认可的淘宝店铺有两家，一是天猫旗舰店“故宫文创”，另一个是淘宝企业店铺“故宫淘宝”。前者主营高端精致产品，后者则亲民可爱，通过不同定位细分市场。虽然这两家店铺分开经营，但其对故宫文化的输出都功不可没。数年间文创产品的种类数量成倍增加，从最初几百件产品的文博商店，2013 年，故宫文创增加文化创意产品 195 种，2014 年增加 265 种，2015 年增加 813 种，在 2016 年年底，故宫文创产品达到 9 170 种，到 2018 年 12 月截止，故宫博物院文化创意产品研发共计 11 936 件，并且还在不断增加中。近年来，故宫博物院文创产品数量快速增长，种类丰富，并实现了产品系列化、差异化、分众化。

北京故宫文创产品研发的高质量高效率的保证在于，北京故宫下属的 35 个部处绝大多数都参与研发和知识产权保护的相关工作，上下通力合作有效提升团队的凝聚力；文创产品的研发以馆藏文物特色为依托，将馆藏文物形象内容充分融入产品中，打造出具有馆藏特色的产品，并且注重产品的品牌包装，通过品牌效应以此来实现博物馆的长久发展。

近年来，故宫文创收入直线飙升，呈现出强劲的增长势头。据济研咨询统计，故宫的文创产品销售额 2013 年为 6 亿元，2015 年上半年实现 7 亿元，到 2016 年为近 10 亿元，实现了可观的经济效益。故宫在 2017 年就已达到 8. 91 亿元的网站访问量，同年更是达到 15 亿元的文创产品销售额，同时拥有多达 17 家公司的实际控制权，超过 1 500 家 A 股上市公司的收入。

据故宫博物院相关负责人介绍，在 2002 年，故宫游客量是 700 万人次，仅次于排名第一的卢浮宫；2009 年，故宫博物院年度接待观众人次首次突破 1 000 万，之后每年参观人数都以百万计持续增长。2012 年突破到 1 500 万人次，十年就翻了不止一番。2016 年突破 1 600 万，到 2018 年首次突破 1 700 万，不断刷新年度参观人数的纪录，当之无愧是世界上参观人数最多的博物馆。

一天接待 4 万人次很轻松，8 万人达到饱和，所以近年来故宫通过各种手段消减人次，每天游客人次上线不超过 8 万，历史性的实现了旺季不济、淡季不闲。而且现在已经实现了全网购票，取消了窗口售票。大家再也不用排两个小时的队，才能去参观故宫了。而且故宫也从原来的开放 30%，慢慢开放到现在的 50%，到 2020 年，故宫 600 周年的时候要开放到 80%。

三、故宫营销案例

【案例 1】表情包

调皮的文风搭配各种搞笑表情图，故宫博物院也开始不严肃啦。在故宫为其淘宝商城制作的表情包中，康熙帝、雍正帝、鳌拜等历史人物“放下架子”，纷纷化身成为故宫周边的“代言人”，集体卖萌，成功为周边商品造势。腾讯与故宫携手打造的系列表情包也深得网友喜爱，在 QQ 表情平台上线不到一个月，使用量就接近 4 000 万次，十分讨巧。

【案例 2】雍正的剪刀手萌萌哒

2014 年 8 月，《感觉自己萌萌哒》雍正行乐图 GIF 图上线一周，单击量超过 100 万，广受热议。

雍正卖萌、宫女摆剪刀手，鳌拜比心，……把严肃的历史和人物用社会化和娱乐精神的角度诙谐展现，“宠幸了”现代人钟爱的内容画风让故宫首次登顶公众号单篇浏览量 10W+ 。

【案例 3】微博软文《假如故宫进军彩妆界》

就在吃瓜群众不明就里四处打听“故宫彩妆”的时候，机智的网友找出了真相。原来是故宫淘宝的官方微博发布了这样一篇文章——《假如故宫进军彩妆界》。短短几天之内，这一篇文章就被转载超过 6 万条，文章的阅读量更是超过了 858 万。虽然故宫没有真正出品彩妆文创，但是这篇文章已经为观众剧透了不少初具雏形的创意，文中展示的眼影、腮红、指甲油都别出心裁，美观雅致。

究其创意来源，其实是一组用胶带重新“包装”的 YSL 口红，当口红遇见具有故宫特色的胶带，竟然碰撞出了极具美感的火花。读至文末，猝不及防地被安利了一波胶带纸，才恍然大悟，原来这才是文章的重点。

【案例 4】故宫 H5

这年头，没做过 H5 裂变的都不好意思说自己是营销人。2016 年 7 月，故宫 IP 推出《穿越故宫来看你》H5 火爆朋友圈获得 347 万点击量。

这次是戴着墨镜跳骑马舞，爱自拍后发朋友圈的明成祖，平时一脸严肃的老朱皇帝，配合 Rap 说唱动起来了！我是皇帝我怕谁！

故宫携手腾讯推出的故宫 H5 充满了趣味性，将萌萌的永乐皇帝、宣纸质感的背景以及许多潮流元素通过现代科技结合在小小的屏幕里，却取得了极大的成效，一时之间刷爆朋友圈，也让大家关注故宫并以新的视角重新认识了故宫。古老庄重的故宫博物院提供元素，科技新潮的腾讯提供技术，两者所形成的巨大化学反应让这次营销事件成为了优秀案例，双方也都大火了一把，强强联手，更多后续值得期待。

【案例 5】合作现象级综艺《国家宝藏》

有着极高价值的博物馆和有着深沉内涵的文化综艺，这样的牵手合作意义非凡。专业的制作班底和强大的明星国宝守护人阵容，也透露出了央视对这档节目的许多期许，希望吸引更多的观众收看节目，传达保护文物的主旨。

《国家宝藏》最终完美收官，成为了一档现象级综艺，无论对于节目来说，还是对于参与合作的博物馆来说，无疑都取得了成功。伴随着节目热度的升高，博物馆也获得了极大的关注，成为了旅游热门。《国家宝藏》特展作为故宫博物院 2018 年的开年第一展，延续了节目热度，到如今每年也有很多的人慕名而来，走进故宫。

【案例 6】纪录片《我在故宫修文物》

《我在故宫修文物》是一部讲述文物修复过程和修复者生活故事的纪录片。该片涵盖了故宫书画、青铜器、宫廷钟表、木器、陶瓷、漆器、百宝镶嵌、宫廷织绣等领域的稀世珍宝，以其细腻、温软且富有人情味的讲述在 B 站爆红，点击量超过 200 万，累计有逾 6 万条弹幕评论，随后迅速扩大影响。

创作这部纪录片本身不存在营销意味，旨在对文物修复者工匠精神的赞颂。意外翻红之后，引发了“故宫网红”等一系列文化现象，从而吸引了更多年轻人带着对文物的向往以及对匠人精神的崇敬走进了故宫。无心插柳柳成荫，谁又能否定这部纪录片带来的营销效果呢?

故宫营销案例的成功，是对其他博物馆未来发展的启示，也是对许多传统文化企业的启示。这些珍藏着文化瑰宝，或者是非物质文化遗产的地方，也应当寻求思路的改变，借助更多创新的科技以及新颖的理念，吸引更多年轻群体好奇、了解、喜欢这些传统文化并得以传承。

【案例 7】文创周边，IP 赚钱年入 10 亿元

2015 年 8 月，正值故宫博物院院庆 90 周年，故宫魔性周边走红。“如朕亲临”的旅行箱吊牌，朝珠形状的耳机，各式各样的带有皇宫色彩的生活用品及工艺品萌翻了整个 80 后和 90 后。

【案例 8】故宫火锅

2019 年大年初一奉旨开张：故宫首开火锅餐厅，过大年去吃“朕的火锅”吧！故宫再放大招，继角楼咖啡走红之后又推出“朕的火锅”，逛完“宫里过大年”还可以去尝尝宫里的火锅味道！店面依然延续故宫一贯的“萌萌哒”风格：亲民的帝后像、圣旨菜单、故宫印章……在故宫脚下吃火锅，到底是什么感觉？火锅迷们可以和“朕”约一锅。

四、文创产品的特点

文创产品作为文化产品的一部分，其本质都是通过人的劳动创造出来用以满足人们精神文化需要的产品。但文创产品不同于一般文化产品，而是文化产品的重要分支，具有以下鲜明的特征：

（1）独特性与超越性

（2）教育性与公益性

（3）民族性

（4）系列性与延续性

在“文创产品”概念提出以前，对应的概念是“旅游纪念品”。很长时间以来，我国旅游纪念品品质不高、雷同重复，不能满足广大旅游者的需求，尤其是如今网络时代，消费的主体变为了时下的 80、90 甚至 00 后。近些年，文化和旅游主管部门认识到这个问题，不断出台政策予以引导。市场上也有一些运营主体，如故宫等文博单位积极创新，走出了一条特色化的文创产品开发路径。通过文创产品开发，既满足了广大旅游者的文化需求，弘扬了中华优秀文化，提高了游客满意度，同时又获得了一定的经济和社会效益，这种理念得到各方认同和支持，尤其是新时代下的文艺青年们，他们掀起了文创产品流行和开发的热潮。

在网络时代的大背景下，随着对旅游纪念品到文创产品的转变认识，青年眼中的文创产品总结归纳为以下三个特点：

一是文创产品强调并突出了“产品”性质。“产品”是一个市场化的概念，产品设计、创意的出发点是市场需求。市场需求是在一定价格水平下消费者愿意购买的数量。因此衡量文创产品，主要看一定价格水平和质量档次条件的市场效果，而不是艺术价值和文化价值。过去许多景区和博物馆设计的纪念品具有很高的艺术价值，参加旅游商品大赛屡获大奖，但是动辄上千元，甚至上万元的价格，叫好不叫座，主要原因在于价格、质量不符合消费者预期。

二是文创产品是具有文化内涵的产品。文创产品旨在满足广大旅游者对目的地文化体验的需求，因此必须具有文化特色，让旅游者能够把旅游目的地文化带回家，延长旅游体验感。

三是文创产品的市场价格主要体现在创意上。同样的日记本、手机壳，生产成本相差无几，但是价格可能差几倍，这里的市场价格差距主要取决于有没有创意，创意能否满足旅游者需求。创意越强，产品附加值越高，在市场上越受追捧，越可能成为“网红产品”。

第八章

创意旅游产品

如果要定义什么是创意旅游产品，直白的说法可能就是：能让游客眼睛一亮的不一样的旅游产品。旅游产品本身也有不同的、可宽泛可狭窄的定义。狭义来说，旅游产品只是一个景区、一条线路，一种伴手礼；广义来说，只要是可以被旅游者消费的都可以称之为产品。那么，创意旅游产品包括所有新奇好玩的旅游消费品，可以是一个旅游目的地，可以是一条定制的旅游线路，可以是一台旅游演艺，还可以是一个旅游活动。不论是旧瓶新酒还是老酒新瓶，正如第一章中构建的创意旅游图谱中，理念创新、模式创新和内容创新的最终指向都是价值的创造，创意旅游产品的核心在于是否创造新的价值。

第一节　主题创新——好莱坞环球影城

主题公园的出现，本身就是旅游资源的突破和创新。通过人造景观和人造氛围的营造，从无到有，成为吸引旅游者的组合产品。主题公园在全球范围内以迪斯尼为范本，在中国以深圳华侨城的实践为基础，半个世纪以来，在内容和玩法上有了不断的创新，也成为创意旅游实践的大本营。主题公园不仅是一个旅游目的地，满足了旅游者吃住行游购娱的全方位需要，还通过大资本投入，引进先进技术，不断更新主题内容，设计扩展衍生品，创造出新的旅游产品，成为一个以创意旅游目的地为核心的产业链。

一、案例分析

好莱坞环球影城位于美国加州洛杉矶市区西北郊，是一个再现电影主题的综合性游乐园，以多部大制作电影为主题的景点最受欢迎。

20 世纪初，电影制片商在洛杉矶发现理想的拍片自然环境，使好莱坞逐渐成为世界闻名的影城和美国电影的代名词。1908 年好莱坞拍出了最早的故事片之一《基度山恩仇记》，1912 年起相继建立制片公司；1928 年形成了以派拉蒙等“八大影片公司”为首的电影企业阵容。三四十年代是好莱坞的鼎盛时期，摄制了大量成为电影史上代表作的优秀影片，并使美国电影的影响遍及世界。

好莱坞环球影城以美国近百年发展起来的雄厚的电影产业为依托，以其高质量、多变幻的场景制作、影音技术、动感体验为基础，吸引来自全球的电影爱好者，逐渐发展成为游客真切体验电影拍摄场景，集娱乐、餐饮、购物为一体的动感娱乐主题公园。

（一）环球影城旅游体验版块

1. 哈利·波特的魔法世界：包括哈利·波特禁忌之旅和鹰马的飞行。

从魔法咒语到魔幻生物，从暗黑恶棍到勇敢英雄，全部都在哈利·波特的魔法世界。探索神秘的霍格沃茨城堡，在霍格莫德街头小店购物，到魔法世界里最著名的几家餐厅品尝佳肴和甜品。这里还有精彩纷呈的冒险游乐设施和景点，将会带您进入一个充满惊险与刺激的魔幻世界。

（1）哈利·波特禁忌之旅：乘坐开创性过山车，跟随哈利·波特和他的朋友们一起在霍格沃茨™的教室和走廊间穿行，在城堡里上下翻飞，亲历令人兴奋而难忘的冒险体验。

（2）鹰马的飞行：选择适合的方式亲近鹰马，骑着它开启您的亲子游乐过山车之旅。在南瓜地上空盘旋、俯冲，再穿过海格的小木屋，感受无限精彩体验。

2. 速度与激情：加入影片的全明星阵容，置身国际犯罪团伙之中，在危险重重的地下赛车世界体验惊心动魄的飙车之旅。速度与激情——超动力，运用前沿的超逼真特效，包括全球最广的360°屏幕3D高清投影，让您仿佛置身真实世界！

3. 世界知名的影城之旅：在占地4公顷、展示了13座城市的历史城区布景中探索，这个在斯蒂芬·斯皮尔伯格担任顾问创意指导下的历史布景，是影城历史上最大的布景。

4. 金刚360°3D体验：这是影城之旅首个以3D技术为特色的景点，打造身临其境的骷髅岛体验。金刚360°3D历险，以全球最大的三维投影为主要特色。高达10米的霸王恐龙和号称世界第八大奇迹的金刚之间正在展开一场殊死搏斗！置身其间会让您心跳加速、血脉偾张，求生的本能空前强烈！近在咫尺的金刚为您带来前所未有、身临其境的体验。

5. 梦工厂剧院之功夫熊猫：梦工厂全新精彩游乐项目——功夫熊猫：帝王任务现已开放，赶快来体验一番吧！探索全新多感官景点，置身内部投影映射、360°环绕立体声音频和清晰的身体感知等先进视觉效果和高端技术营造的冒险世界。与阿宝和其他梦工厂明星一起开启一段挑动您感官的惊心动魄之旅，运用智慧和工夫的力量，找到您内心的英雄。

6. 行尸走肉鬼屋：来感受一下由AMC出品的电视剧《行尸走肉》中描绘的末日

之后的世界。穿行在满是饥肠辘辘的丧尸之中，准备好为生存而战吧。追随人类幸存者的脚步，在噩梦般的场景中奋力前行。在行尸走肉鬼屋，史上最受欢迎的电视剧将真实上演，还有 18 个来自热播电视剧中的人物形象隐藏其间。

7. 神偷奶爸小黄人 3D 虚拟过山车：乘坐神偷奶爸小黄人 3D 虚拟过山车，与格鲁和他的女儿们，还有顽皮可爱的小黄人一起体验充满感动与欢笑的精彩之旅，在这里您将和小黄人们一起参与他的最新计划！在完成“入伙培训”之后，很快就能在格鲁的超级恶棍实验室开始一段难忘的旅程了。旅程结束后，还有妙趣横生的小黄人互动舞会等您参加哦！

8. 变形金刚 3D 虚拟过山车：变形金刚 3D 虚拟过山车将真映像三维高清晰媒体、惟妙惟肖的飞行模拟技术和世界上先进的实体与特技效果完美结合，将人体的感官体验提升到极致。属于最新一代的主题公园体验性游乐项目。您将置身于威震天、擎天柱、大黄蜂和 EVAC 之间的殊死决战。您将上天入地，亲自参与威震天和擎天柱之间的生死搏斗。您将近在咫尺地面对超大体格的巨无霸变形金刚。准备迎接最伟大的战斗！

9. 辛普森虚拟过山车：和辛普森一家一起乘坐辛普森虚拟过山车吧。在旅程的开始，就有人在小丑库斯提的主题公园搞破坏，您将和霍默、玛姬、巴特、丽莎还有麦琪一起进入非同以往、精彩不断的刺激旅程。别担心，我们会尽量帮您平静下来的。室内模拟给人感觉非常真实，视觉体验令人惊叹。拜访最受美国人欢迎的动画家庭辛普森一家™，参观他们美丽的家乡——春田镇。

10. 木乃伊复仇过山车：想要置身于喜爱的影片之中，亲身体验那些令人兴奋的电影场景和桥段？快来挑战世界上最恐怖的室内过山车之一——木乃伊复仇过山车吧！过山车将以 45 英里/小时（约 72 千米/小时）的速度载着游客在虚拟的黑暗世界中穿梭。墙壁上的古埃及象形文字诉说着古埃及的神秘和古老的警世语。

11. 超级愚乐园：超级愚乐园是一座精巧的游乐园。这座拥有缤纷主题的户外互动游乐园，受《神偷奶爸》电影的启发，是一座真实版的“海滨嘉年华”。这里的 80 多个嬉水游乐设施将满足不同年龄段的游客。相邻的游乐区同时提供可供游客攀爬、跳跃及滑行的众多游乐设施。此外，一驾小黄人主题的“淘气旋转过山车”，将带您搭乘独特的车队，在飞翔与旋转中 360°全方位领略“超级愚乐园”的风采。超级愚乐园的又一亮点则是令人难忘的电子游戏——超级愚乐太空杀手。艾格尼丝在这里“赢”到了她那毛茸茸、可爱的独角兽玩偶。您也有机会亲自体验打败怪物、赢取小黄人游戏奖品及属于您自己的独角兽玩偶。

12. 淘气旋转过山车：小黄人主题“淘气旋转过山车”将带您搭乘独特的车队，在飞翔与旋转中360°全方位领略“超级愚乐园”的奇妙景色。景点有12个造型独特的车厢。在飞翔与旋转中360°全方位领略“超级愚乐园”的奇妙景色。

13. 特效表演：通过独特的幕后视角了解您最喜爱的大片。

14. 水世界：体验环球影城最受好评的水上特技表演和爆破表演。全新布景、全新演员阵容、全新的动作设计，来好莱坞环球影城千万不要错过水世界！每年水世界有大168 500个烟火特效表演，其中包括50英尺（1英尺=0.304 799 9米）高的空中巨型火球。摩托艇世界冠军为观众带来精彩特技。

（二）环球影城娱乐板块

1. 霍格莫德精彩体验

（1）魔杖魔法：从公元前382年开始，奥利凡德魔杖店™就是优秀的魔杖制作商，在这里您可以亲眼见证魔杖如何选择自己的主人。加上我们新增的两个全新的魔杖魔法场所，现在整个哈利·波特的魔法世界共有15个充满魔法、令人激动的机会让游客亲自尝试施展魔法。您可以通过火焰咒来小试牛刀，根据不同的施法水平它会产生不同大小的火焰；然后您可以在一系列复杂的门锁上尝试一下阿拉霍洞开咒——成功后，您就能揭开隐藏其后的秘密。

（2）三根扫帚酒吧：菜单丰富，最新增加全新美味主菜如鸡肉奶酪土司和周日烤三明治。

（3）在风雅牌巫师服装店，你可以找到一系列电影主题的服装。本季新品有西弗勒斯·斯内普教授经典长袍高品质复制品，以及赫敏在《哈利·波特与火焰杯》中圣诞舞会中的所穿长裙的复制品。

2. 迅猛龙出没：迅猛龙是侏罗纪世界™中最具智慧的恐龙之一，这些冷血猎手正好想见到您，而您刚好也想见到它们。主宰侏罗纪公园的迅猛龙会在下园区出现。

3. 霍格沃茨城堡夜影灯光秀：从霍格莫德™欣赏四个霍格沃茨™学院的奇幻色彩与魔法为您带来的视觉盛宴。制订您的旅行计划，欣赏炫目灯光中霍格沃茨™城堡的壮观景色。

4. 好莱坞环球影城娱乐星闻：娱乐星闻（EXTRA）节目由马里奥·洛佩兹（Mario Lopez）主持，并由洛杉矶娱乐之都好莱坞环球影城的Tanika Ray和Renee Bargh共同主持，是一档集娱乐、流行文化、政治和生活为一体的娱乐电视节目。现场观众可以亲身体验娱乐星闻节目带来的震撼效果。Mario、Tanika和Renee将在好莱坞环球影城和环球城市大道的各个地点进行现场直播。

5. 青蛙圣歌队：倾听来自霍格沃茨魔法学校的四大分院：格兰芬多™、斯莱特林™、赫奇帕奇™ 和拉文克劳™ 学生们的小青蛙，用它的特殊嗓音为您吟唱颂歌。

6. 魔法三强争霸赛：在霍格沃茨™ 布斯巴顿和德姆斯特朗魔法学校的魔法三强争霸赛上，跟随缤纷多彩的游行队伍一起欢呼雀跃。

7. 小黄人嘉年华游戏：参与小黄人嘉年华游戏，您将有机会赢取小黄人游戏奖品和独角兽小礼品！

8. 辛普森一家嘉年华游戏：孤独的射手！在 Krusty land 乐园的辛普森一家嘉年华游戏中测试自己的技能。您可以试试摔跤游戏、扣篮等游戏。辛普森一家的每一位成员（霍默、玛姬、巴特、丽莎和麦琪）都有一个属于自己的游戏。

9. 环球影城动物演员：看看《爱宠大机密》中您最喜欢的场景如何重现，在环球影城动物演员这里还有独家影片内容等您欣赏！亲眼看见这些动物明星是如何接受训练的。这些动物不仅仅是在现场表演，甚至可以说它们 hold 住了全场！当然，说不定……您可以走上舞台和动物演员们同台演出。

10. 电影魔术：通过独特的幕后视角了解您最喜爱的大片。

（三）季节性活动

1. 农历新年：每一年，我们都在好莱坞环球影城欢庆农历新年。当欢庆的节日再度来到的时候，你将会在这里邂逅包括来自《功夫熊猫》的阿宝和悍娇虎，来自照明娱乐、身穿传统中式服装的小黄人以及来自变形金刚™ 会讲普通话的威震天等心爱的角色。当然还有神龙大侠互动功夫秀、平先生的面馆以及精彩现场表演等你体验。

2. 圣诞怪杰狂欢节：当圣诞怪杰™ 再度来临的时候，和格林其，麦克斯以及呼呼镇所有居民一起庆祝这个盛大的节日。呼呼镇的所有居民将会聚集在高达 60 英尺（约 18 米）的树下，载歌载舞举行各种庆祝活动！

3. 万圣节惊魂夜：由最变态、扭曲的恐怖片始祖电影公司所创造，南加利福尼亚最令人胆裂魂飞的万圣节活动——万圣节惊魂夜。万圣节活动将以让人毛骨悚然的鬼屋为主，声势浩大、前所未有。鬼屋主题为惊悚至极的电影和电视影集。准备感受望不到头的惊心动魄，因为惊惶梦魇永远不会终止。

二、精彩创意

（一）技术特效让游客身临其境

主题公园的重要吸引物，或者说最大的卖点就是好莱坞大片。这也正是环球影城的核心竞争力。其商业模式就是从影视拍摄的票房延伸到影视作品的周边。从某种意义上说，环球影城是好莱坞电影产业链中的一个环节，也是影视产业中的一个产品。电影拍摄的场景，影片中的人物（演员）、动物和卡通形象，都以非常直观和真切的样子，出现在游客的面前，大片的粉丝们，甚至没有看过大片的游客，也会被这些所感染。

比如特效表演中的好莱坞特技、现场特效以及各种顶尖技术都能让游客大开眼界。加入好莱坞优秀特技专家的行列，重新演绎备受喜爱的电影中令人震撼不已的音效、虚实相交的情境，留下一段难忘的影城之旅回忆。了解好莱坞电影制作的秘密，如壮观的战争场景、惊悚恐怖的画面、失重的太空旅程，甚至还有真人动画拍摄。通过专业的技术展示和观众亲身参与活动，这场传奇电影制作之旅定会带来一次真正令人难忘的、环绕音效的感官体验。正如电影一般，凡事皆有可能——只有在好莱坞环球影城才会成真。

以世界知名影城之旅为例，游客可以跟着影城之旅电视主播、喜剧演员 Jimmy Fallon 一起，在欢声笑语中游览好莱坞环球影城。这位《肥伦今夜秀》的明星主持人，通过游览车上的高清显示屏，为游客讲述影城旅途中的精彩片段，让游客的旅程更加妙趣横生。在影城中，还可以“遭遇”斯蒂芬·斯皮尔伯格执导的《世界大战》电影中的波音 747 残骸；游客可以鼓足勇气到深水区探寻“大白鲨”的踪迹。当洪水袭来，当飞机俯冲，高科技的声光电的配合，游客体验到极其真切的现场感。

（二）游客体验贯穿始终刺激和欢乐

从看电影到参与电影，从影迷到游客，游客需要更深入的体验。与一般的景区不同，主题公园集中展示了场景，更通过精心设计的展示手段和技术，增加了游客的体验浓度。环球影城带给游客的核心体验就是：刺激和欢乐。不论是紧张刺激的过山车板块，还是金刚 360°3D 体验，所有的布景、设计，都让游客惊喜连连，尖叫不断。以环球影城最热门的“水世界”为例，这里为何能成为游客必到之地？特技表演让所有的游客，能顶着烈日（还不算排队的时间）与演员们一起共度 40 分钟的美好时光。水上摩托艇特技、极速俯冲、枪林弹雨以及近在眼前的飞机失事，精彩超乎想象！滨水演出设计了几组与观众互动的环节，观众被水枪喷得全身湿透，也其乐融融。

（三）多板块互动让游客记忆不断增强

在环球影城，围绕大片展现给游客的是一个包括游览、娱乐、餐饮、活动四大主题的整体旅游产品，每一个板块，通过与游客的互动，使游客意犹未尽，流连忘返。喜欢小黄人的游客，不仅能在小黄人板块中体验电影场景，也可以在小黄人嘉年华中与小黄人互动游戏，还可以在小黄人甜品店品尝一系列的小黄人相关的小吃和零食，比如：特饮“冰冻激光冰沙”，小黄人最喜欢的巧克力脆皮香蕉、小黄人最喜欢的香蕉和葡萄口味的棉花糖，还能获得小黄人纪念版吸管杯！在纪念品商店里，关于小黄人主题的各种旅游商品应有尽有，拍照留影，还是把喜欢的公仔带回家，都是不错的选择。各路粉丝，以自己的方式与自己喜欢的电影人物和卡通人物亲密接触，留下美好的回忆。

第二节　内容创新——宋城千古情

曾经，演艺是中国旅游产品的软肋。20 世纪九十年代，导游们流行一句话：中国旅游白天看庙，晚上睡觉。说的就是中国当时旅游产品不够丰富的状态，尤其是晚间的活动是很贫乏的。巴黎的红磨坊秀，拉斯维加斯的彻夜喧嚣，我们如何学习国外经验，找到既有中国文化，又能吸引国内外宾客的突破口？杭州宋城一台演艺节目改变了这个现状，也拉开了中国旅游人探索演艺市场的序幕。

一、案例分析

有人说，大型歌舞《宋城千古情》是一生必看的演出。不夸张地说，《宋城千古情》是“给我一天，还你千年”的宋城景区的主要吸引力，是杭州宋城景区的灵魂。用先进的声、光、电科技手段和舞台机械，以出其不意的呈现方式演绎了良渚古人的艰辛、宋皇宫的辉煌、岳家军的惨烈、梁祝和白蛇许仙的千古绝唱表现得淋漓尽致，带给观众视觉体验和心灵震撼。从某种意义上说，《宋城千古情》是一个旅游演艺的传奇，与拉斯维加斯的“O”秀、巴黎红磨坊并称“世界三大名秀”。也许，从未有过一台室内演出像《宋城千古情》一样，受到那么多的关注和欢迎——一天演出九场，年演出 2 000 余场，至今已累计演出 20 000 余场，接待观众 6 000 余万人次；不到 100 亩的土地每年产生 4 亿多元利税，每年拉动周边消费数十亿元；多次受到中央领导人批示嘉奖，获得了中宣部颁发的“五个一工程奖”以及舞蹈最高奖“荷花奖”。在怀疑的目光中起步，历经岁月的打磨，她锻造出世界演艺史上空前的奇迹，这个奇迹还在继续。

2010 年，为了在有限的黄金时间接纳更多的观众，千古情 1 号剧院扩容到 3 200 座，极大地提升了宋城景区的接待能力，但到旺季时一天演八场仍然难以满足游客旺盛的文化需求。宋城景区再度动工建设一个 4 700 座的千古情 2 号剧院，同时推出在舞美和科技含量上有极大提升的新版《宋城千古情》，这个超大规模的剧院和原有的 3 200 座剧院一起迎接来自五湖四海的宾朋，每天接待游客容量超过 60 000 人。现在的《宋城千古情》已是国内旅游演艺行业的领头雁，很好地把握了艺术与市场的契合点，成为我国旅游演艺事业发展的经典案例。

（一）良渚之光

杭州自古以来就是一片十分适合人类栖息、繁衍的乐土。早在八千到五千年前的新石器时代，“断发文身”的先民们就已在古越大地上创造了无比灿烂的史前文明。从跨湖桥文化到良渚文化，形成了一个又一个举世闻名的文化高峰。它们是蒙昧与文明的最初分野，也是后起的夏、商、周文明的主要构成要素，是古老东方悠久文明的前奏和第一道曙光。

（二）宋宫宴舞

杭州自古以来就是一片十分适合人类栖息、繁衍的乐土。早在八千到五千年前的新石器时代，“断发文身”的先民们就已在古越大地上创造了无比灿烂的史前文明。从跨湖桥文化到良渚文化，形成了一个又一个举世闻名的文化高峰。它们是蒙昧与文明的最初分野，也是后起的夏、商、周文明的主要构成要素，是古老东方悠久文明的前奏和第一道曙光。

（三）金戈铁马

“东南形胜，三吴都会，钱塘自古繁华。烟柳画桥，风帘翠幕，参差十万人家。”杭州的繁华使北方的金国皇帝为之心动，公元 1127 年正月，金兵攻入汴京，俘徽钦二帝，史称“靖康之难”，宋室被迫南渡。宋徽宗第九个儿子康王赵构，史称宋高宗，建立南宋王朝，最后定都杭州。从此黄河两岸、江淮之间的人民纷纷起兵反抗，掀起了波澜壮阔的民族战争的巨浪。岳飞，就是这时涌现出来的民族英雄。岳飞一生曾四次从军，一直奋战沙场，他率领的岳家军身经百战，收复了建康和中原的大片土地，直抵汴京！

（四）魅力杭州

今天，勤劳智慧的杭州人民，书写了杭州历史上最辉煌的篇章. 每年数百万游客相聚在宋城，体验杭州“东方休闲之都，生活品质之城”的无穷魅力。杭州正形成西湖观光，宋城怀古，休博园杭州乐园休闲度假游的主流旅游线路。让美丽的西子姑娘们，以曼妙的舞姿，轻盈的脚步，捧出沁人心脾的龙井茶，迎接来自五湖四海的宾朋。

二、精彩创意

（一）找准文化的切入点

文化是演艺的灵魂，旅游演艺就是旅游目的历史文化的舞台展示。一台演出，尤其是旅游演艺更需要以当地文化相融合，用艺术的方式对旅游目的地的历史和文化进行舞台表达。在迎合市场需要的同时，“千古情”系列演出总导演黄巧灵时刻提醒创作团队，“一场成功的演出，需要市场反复打磨，以市场为演出导向。但不是说为了迎合市场，可以放弃文化，没有文化核心，最终也会失去市场。表现手段可以变，但文化核心不能变。”“《宋城千古情》的灵魂是文化。有文化内涵才有灵魂，才能吸引观众，才能触动心灵。”游客需要解读杭州人文历史，《宋城千古情》恰恰以这样浓厚的地方特色和深厚文化积淀，将人们游览中观赏到的景观与歌舞文化艺术相融合，用文化去触动观众柔软的内心深处，满足了游客的渴望。

文化赋予了《宋城千古情》持久的生命力。纵观《宋城千古情》可以发现，整台演出牢牢抓住了杭州文化最精髓的根和魂，《良渚之光》劳作生息的古越先民，《宋宫宴舞》繁华如烟的南宋王朝，《金戈铁马》慷慨激昂的岳飞抗金，《西子传说》感人至深的爱情传说，众多的杭州历史典故、民间传说和西湖人文景观融进了《宋城千古情》，它的每一个篇章都以多种表演艺术元素诠释了杭州的人文历史，再现了一个缠绵迷离的美丽传说，一段气贯长虹的悲壮故事，一场盛况空前的皇宫庆典，一派欢天喜地的繁荣景象。

白娘子、许仙、梁山伯、祝英台、岳飞……一个个耳熟能详的人物，杭州人熟悉，外地游客同样熟悉。断桥、白堤、岳庙、龙井……刚刚游玩过、欢喜赞叹过的地方，忽然在舞台上以另一种方式重新与自己撞个满怀。或凄美感人或豪气冲天的情节，让观众沉浸其中，犹如穿越时光的隧道，时喜时悲，或惊或叹，沉浸到那段既熟悉又陌生的历史当中。

有位游客说，自己虽然很早就到过杭州，很早就知道白娘子与许仙的故事，但每次到断桥，总是想象不出这座冰冷的普通石桥，与美丽的爱情故事有什么渊源，觉得这座桥与中国南方见到过其他众多桥梁没有什么区别。直到在宋城观看了《宋城千古情》，那漂亮的舞蹈、那动人的音乐和壮观的场景，才让这段美丽的传说深刻地留在记忆中。

虽然整场戏中没有一句台词，全靠舞台表演，但即使是不懂中文的外国游客都能看懂剧情，看到它所要传递的杭州的历史与千年的中国文化。可以说，《宋城千古情》在国内外游客眼里已经不仅仅是一场演出，已经名副其实地成为了杭州城市的一个标志。演出传承了一个城市的历史文脉，播种了一个城市的历史文化，诠释了一个城市的文化底蕴，并与这座城市完美地融合在一起并成为这座城市的文化符号，为游客留下了难忘的旅游记忆。

（二）常改常变，才能常演常新

思路决定出路，创意就是力量。在坚持文化内核的同时，《宋城千古情》大胆创新保持活力，保持艺术生命。“每天一小改，每年一大改”，“改”是《宋城千古情》的家常便饭。在《宋城千古情》的发展历程中，变化贯穿始终。不断地创新正是这台演出生存进步的灵魂。演出的剧场舞台效果也时常变幻提升。“金戈铁马”采用烟火和低压供电技术，虚化出射向观众席的炮火；“水漫金山”中的水幕喷头让整个舞台如瀑布喷流；“梁祝化蝶”里的激光灯将观众带入了时光隧道……升降舞台、移动观众席、全彩激光灯等科技手段的介入为这台演出制造了震撼的视听体验。源源不断的惊喜，让游客们回味无穷。

创新是生命线，创意是生产力。宋城人的创意来源于深入生活的艺术探索，来源于对真理对艺术孜孜不倦的追求。宋城打造的每一个主题公园都是寻找一段城市的根，每一台千古情都是寻找一个城市的魂：黄巧灵带领着创作团队走遍世界，看过无数知名或不知名的公园和演出，汲取着中外文化的精华；为了看一个小小的民俗表演，坐五六个小时汽车翻山越岭去到海拔四千多米的藏族村落；爬上快要坍塌的高达数十米的碉楼，零距离地触摸羌寨的灵魂……踏遍万水千山，穿越历史的烟云，无数次的艺海拾贝、沙海淘金，终于成就了今天的“宋城”和“千古情”系列。

宋城的创意来源于不同的观点碰撞与头脑风暴，来源于超越自我不断的否定之否定。黄巧灵常说，在真理面前，没有领导没有上下级。为了《宋城千古情》中一个舞美背景，编创组面红耳赤争论了四五个钟头，最后却被宋城大剧院一个引座员的观点说得心服口服。正是在这样百花齐放的民主氛围下，一次次的去伪存真、去粗取精，才有了今天呈现给大家的一个又一个不平凡的创意。

（三）市场需求是创新的源泉

为了让演出更接地气、更加贴近老百姓的口味，黄巧灵和创作团队经常在演出结束后通过调查问卷、访谈的方式，广泛搜集游客、导游、业内各方专家的意见与建议，了解观众的心态：您对这场演出是不是满意？您看过的演出里，还有哪个剧目印象深刻？杭州文化中，您最熟悉、印象最深的是什么？每月发放的调查问卷，让《宋城千古情》的创作与一线观众保持密切关系。创作团队会根据观众要求，及时调整演出内容，修改、丰富节目表演形式。比如原先的《相聚杭州》一幕，就会根据当天的客源变动情况，安排采茶舞、韩国舞、印度舞、泰国舞等舞蹈，让演出更贴近观众。黄巧灵经常会躲在观众群里看演出，散场后留意观众的评价。

不能故步自封，这是《宋城千古情》创作团队对自己的告诫，也是常葆青春活力的要诀。观众的眼界越来越开阔，只有永远有新鲜元素补充，才能持续吸引观众走进剧场。这种与市场紧密结合的创作方式，让这台演出更贴近大众，充满了新鲜的泥土气与蓬勃的生命力。黄巧灵经常戏称自己是穿草鞋的，或者说赤脚的，来自乡间地头。而这种乡间地头恰恰是中国目前文化最大的消费市场所在。《宋城千古情》很好地把握了艺术与市场的契合点，真正做到了社会效益和经济效益的双丰收。

第三节　设计创新——桂林阿丽拉

设计能化腐朽为神奇，设计能改变一切——这是一个属于设计的时代。特别的建筑设计能让一栋普通的房子直接成为一个旅游目的地，成为城市的地标，或者赋予建筑独特的审美观光功能。悉尼歌剧院，卢浮宫的玻璃金字塔，迪拜的帆船酒店，等等。

这样的例子不胜枚举。中国美院象山校区，因为著名设计师王澍的作品，成为杭州独特的校园采风处。酒店业的竞争从选址到品牌，从文化到服务，如何吸引游客？湖景房、海景房？还是高尚大气的地标式外形？商务客人更多考虑交通、舒适以及标准化的服务，度假客人更多考虑是特别的感受，让入住不单单是满足“住宿”和“休息”的需要，更成为独特的家外的生活体验和审美体验？美，是人的最高需求。食品，不仅要好吃，还要好看；酒店，不仅要舒服，更要好看。设计，为实现美提供了路径。

一、案例分析①

（一）设计理念

阳朔阿丽拉度假酒店桂林市阳朔县漓江岸边，由一所充满深厚文化底蕴的历史老糖厂改建而来，故取名“糖舍”。阿丽拉·阳朔糖舍享有俯瞰漓江美丽的全景的山丘背景，周围环绕着喀斯特地貌的绿色山丘和蜿蜒曲折的河流，钟爱探索的游客一定会被这里的地域性自然风貌所吸引。古语有云：“桂林山水甲天下，阳朔山水甲桂林”，阳朔以甲天下的奇绝秀美中国水墨画为背景，是独一无二的。在这令人叹为观止的自然风光中，阿丽拉·阳朔糖舍，一座带着历史印记的老糖厂，被现代的设计语言诠释为隽永的度假酒店。Alila 阿丽拉，在梵文中寓意“惊喜”，这个以设计征服全世界的酒店品牌，恰如其当地突出了其清新自然的品牌定位以及宾客在阿丽拉的难忘体验。

依山傍水的糖舍在夜幕下，层层灯光和远处的青山碧水交相辉映。斑驳零星的灯光从镂空的砖窗渗透出来。水面灯光摇曳，仿若世外桃源。自踏入阳朔阿丽拉的那一刻起，自然学会放慢脚步，感受传统与天然的矜贵。在阿丽拉阳朔糖舍你能看到设计师对建筑的追求，对工艺的打磨，对细节的苛求和对阳朔在地文化完美的解读。连阿丽拉的创始人来了之后都感叹，这是他见过最完美的阿丽拉，几乎毫无缺陷。

（二）每一处细节都是一个心意

阿丽拉·阳朔糖舍作为一家奢华度假酒店，拥有 117 间别具艺术现代风格的客房和套房，是桂林最美原生风景和现代艺术建筑的结合。套房和别墅采用现代的设计，融舒适和便利于简约而时尚的风格中。

① 悦旅生活．老糖厂的惊艳变身——阿丽拉·阳朔糖［EB/OL］．2018-9-16［2019-11-10］．https://www.sohu.com/a/254156127_395941.

卫浴的部分，客房配备具有强烈度假感的深泡浴缸，并以在桂北民居中常见的水磨石装饰元素作为墙体的主要材质。遵循跨时代感设计，现代化舒适的房间，以确保每一位客人通过奢华的入住体验感受最纯粹的目的地魅力。

喀斯特山岩和花园庭院尽收眼底，让您轻松惬意地坐在私人阳台上，为亲朋攀岩加油助威，定时进行吊篮选购，回忆童年往事。

花园和阳台拥有绿意盎然的竹林，面对历史文化建筑群，并被大片镜面水景相隔，保持宽裕的私人空间，为每一位客人带来尊贵而轻松的假期生活。跨越时代感的设计，呈现出现代向传统致敬的理念。

历史套房以阳朔地名命名，每一间高雅的套房都是由近 50 年历史的老建筑改造而成，兼具舒适、宽敞和量身订造的功能性，两个独立的居住区域可以同时共聚亲朋和好友。岁月痕迹历历在目，近观文化建筑，远眺漓江美景，前所未有的空间为情侣、家庭客人提供难忘的入住品味。

泳池别墅位于漓江畔的独栋泳池别墅，拥有私密花园和专属泳池，是为情侣特别准备的温馨空间。您可以在夜晚的花园里享用 BBQ，或者泳池畅游。与大自然共呼吸，找寻满天星空，泳池别墅为您和爱人呈现浪漫的终极体验。

二、精彩创意

（一）让美食与美景融为一体

现代摩登的用餐氛围，用崭新时尚的感触表达本地口味，以及新鲜的“农场到餐桌”的菜单概念，以季节性农场食材为原料，成为糖舍餐厅为客人创造的“别具一格”。糖舍餐厅还拥有落地敞开式展示玻璃，让您享受与自然亲近的用餐环境。

1969 酒吧：阿丽拉·阳朔糖舍的标志性符号，由老糖厂的压榨车间改建而成，面向游泳池，是城市里关于酷的最新诠释。酒吧展示了一个前卫现代化的工业设计，侧重于以糖和朗姆酒为主题的美味鸡尾酒。现代下沉蒸馏车间式酒吧将给客人们提供阳朔最具独创性的社交空间。

（二）定制服务，感受尊贵

阿丽拉·阳朔的其他设施包括室外游泳池、图书馆、设备齐全的健身房、阿丽拉精品店，可容纳多达 20 位客人的创意设计空间以及私人码头上的特制用餐地点等。阿丽拉童聚是一个儿童乐园，提供一系列游戏和玩具以及室内和室外活动。爸爸妈妈不用担心宝贝们乏味于自然风光，大可在这里玩耍嬉戏。

糖坊：制作传统手工糖果，阿丽拉为客人提供一个回到老糖厂旧日制糖时光的机会。这种真正迷人的体验让客人能够在传统的制糖过程中体验手工制作糖果，带着美好回忆回家。

遇龙河畔骑行：从遇龙河边开始，沿着一条狭窄路径，一面高耸的山脉，另一边是蜿蜒的遇龙河。客人将由 LC 成员带领参加这个风景优美的自行车之旅，同时分享关于当地自然景物的知识。

竹筏体验：从富安码头沿着风景如画的漓江抵达阿丽拉阳朔，一个静谧而优美的抵达地点，将抵达的过程变成一次绝佳的体验。乘坐传统的竹筏，观赏壮丽绝美的风景，在西街和传统本地鱼市逡巡。还可以船上办理入住手续以及行李服务，确保您的抵达简单而轻松。阿丽拉水疗师向来以娴熟的技术而闻名，在按摩和冥想训练中，理疗师将最新的生理学和健康知识相结合，让温和真实的能量借由手掌的触碰流动至身心，瞬间逃避繁杂琐事，放松四肢百骸，唤醒新生。水疗中心位于老历史建筑橘水罐内，一个独特的地下空间，新锐设计的螺旋入口蜿蜒进入奢华的茧状内部。墙壁和地板由施工期间挖掘的地下岩石制成，在洞穴的内部形成了宝石色调，让葱郁喀斯特山岩宛若环绕四周。

第四节　玩法创新——故宫上元之夜

2019 年的元宵节，微信圈被故宫华丽璀璨的“上元之夜”刷屏。故宫又在搞事情？为了用更“接地气”的方式与博物馆观众对话，为了进一步“让收藏在禁宫里的文物活起来”，为了让大家享受更多“传统节庆”带来的团圆幸福感，2019 年的上元之夜，故宫博物院特举办“紫禁城上元之夜”文化活动，建院 94 年来，首次在晚间免费对公众开放！

上元之夜，紫禁城古建筑群将第一次在晚间被较大规模点亮。“紫禁城上元之夜”将在文物保护的基础上，利用高新科技产生的光影对比，使被点亮的区域具有“见光不见灯”的自然立体感。

是的，没有什么不可能！古老的故宫，不断刷新旅游者的认知。又一轮新的玩法来了！

一、案例分析[①]

由中共北京市委宣传部和故宫博物院联合举办的“紫禁城上元之夜”文化活动，将于2019年2月19日、20日在故宫博物院举行，这是故宫博物院首次举办夜间参观活动。此次活动在故宫博物院门票预售网站（gugong. 228. com. cn）免费预约，预约成功的观众凭身份证安检入院。本次活动开放时段为18：30至21：30，参观路线仅限于太和门广场、午门城楼、东城墙、神武门区域。由于开放时间有限，参观区域有限，又是夜间的参观活动，因此，为保证故宫和观众的安全，并为预约成功的观众提供良好的参观体验，本次活动采取实名制免费预约方式，参观人数每晚限定3 000名。2月19日晚，将有2 500名驻华使节、劳动模范、北京榜样、快递小哥、环卫工人、解放军和武警官兵、消防指战员、公安干警等各界代表受邀参观，同时接待网上预约的观众500人。2月20日晚，全部时段用于接待通过网上预约的3 000名观众。目前，两天活动的门票均已预约完毕，故宫博物院感谢广大观众的热情参与，也请未能预约成功的观众给予充分理解。在此，也提醒大家请勿相信其他任何渠道出售的门票，以免上当受骗。新年以来，“故宫人”放弃节假日休息，在保证日常安全开放的同时，为丰富节日文化生活，在春节期间给广大观众奉上了“贺岁迎祥——紫禁城里过大年展”“中华老字号故宫过大年展”等精彩展陈。为了给社会各界一个热闹、祥和、安全的故宫特色元宵之夜，举办好“紫禁城上元之夜”文化活动，“故宫人”白天正常上班，夜里加班加点，期待“紫禁城上元之夜”文化活动，使历史悠久、恢宏壮丽的紫禁城焕发出青春活力和时代风采。今后，故宫博物院还将适时举办特色文化活动，以回馈社会和广大观众的热切期盼”。

（一）科技介入，华美绝伦

“紫禁城上元之夜”照明设计是元宵夜最吸引观众的亮点之一。据介绍，它是将高新科技与文物保护有机融合，在方案制定阶段，就考虑到避免因照明对古建筑产生损害。因此，通过设定不同的灯光强度，产生光影对比，使其在夜间自然产生立体感，达到“见光不见灯”的布光效果。使照明融入建筑，让观众更充分感受到紫禁城的夜间风采。

元宵之夜的故宫，午门城楼及东、西雁翅楼在灯光映照下，展现壮美雄姿。太和

① 故宫博物院官网.［EB/OL］.［2019-02-11］. https：//www. dpm. org. cn/Home. html.

门建筑主体及汉白玉台阶作为主要投影目标，则用55 000流明的激光电影放映机，通过激光投影技术，实现精准对位，让数字画面跃然于故宫古建筑之上。此外，午门至神武门东侧城墙区域，由充满节日氛围的红灯笼点缀城墙，引导观众步行。临近城墙西侧的建筑也被点亮，营造出喜庆祥和的节庆氛围。《千里江山图卷》等绘画作品以艺术灯光形式，投影于建筑屋顶上。

（二）故宫亮了，文物活了

2017年北京故宫文创产业营业额高达15亿元人民币，超过1 500家A股上市公司。以“故宫唇膏”为例，2018年年底北京故宫旗下的故宫文创馆在线销售及故宫淘宝先后推出一系列彩妆产品，迅速被一扫而空。80后及90后已经成为主客源，且比例仍不断攀升。从开咖啡馆、卖彩妆，再到搞综艺，北京故宫文创模式百招尽出，使600岁的故宫成为“网红”大IP。

2019年从农历除夕开始，每天限制8万人的北京故宫天天爆满。2018年全年更刷新纪录迎来超过1 700万名参观者，成为“全球参观人数最多的博物馆”。北京故宫推广文物的手法日益接地气，前有《我在故宫修文物》让文物修复师一夕成网红，后有《国家宝藏》由名人加持获得好口碑，去年纪录片《如果国宝会说话》，第一季和第二季都在豆瓣上有9.4和9.6的高分；《上新了·故宫》则让年轻人参与设计文物衍生商品。

二、精彩创意

故宫IP创新，玩法创新的动力何在？如果说企业为了生存而被“逼”创新，作为一个副部级单位，作为一个全国重点文物保护单位，作为一个全世界都知名的历史遗存，作为中国千年帝制的当代缩影，作为一个没有任何营收压力的5A级景点，故宫的创新动力何在？为生存而创新，不创新就等死，创新就作死；故宫就是为了责任而创新，不创新就对不起历史，不创新就对不起中华文明。

“紫禁城上元之夜”的举办并非偶然，其意义也不仅仅只是一场简单的活动。它作为故宫博物院“紫禁城里过大年”系列展览活动的延续，目的是满足公众的文化需求、心理需求、情感需求，更好地阐释“传统节庆”这一充满团圆幸福感的话题。同时，也是让新春的故宫博物院，在深沉壮美的厚重文化之外，以更加“接地气”的方式，让公众感受博物馆里独特的节庆味、人情味。通过灯光照明及灯光布景，紫禁城内的午门-雁翅楼、太和门、太和殿、东南角楼、东华门、东北角楼和神武门等区域霓虹闪耀，让观众可以在晚间游览紫禁城。故宫博物院以此不断探索文化创意的创新方式，拉近博物馆与公众的距离。

近年来，故宫博物院通过持续开展古建筑整体维修保护工程、稳步推进“平安故宫”工程，故宫开放面积从2012年的30%到2018年的80%，越来越多的院落、展览、文物与公众“见面”。故宫里各种实体展览、虚拟展览亮点纷呈，不仅在学术界具有影响力，也在观众中不断形成观展热潮，引发广泛关注。似乎转瞬之间，紫禁城已经走过了近600年岁月。在悉心保护故宫文化遗产的前提下，故宫正在通过一系列方式，让沉睡的文物活起来。

第九章
创意旅游可持续发展

第一节 重构视域中的创意旅游

一、产业与文化双重构

“随着半个世纪以来主要的亚洲国家制造业的加速发展，服务业——具体指中介服务或“生产商”服务——在城市一线地区经济的转型中发挥了更为中心的作用。它们不再仅仅作为出口型制造业的支撑功能。东京、首尔、上海、香港、新加坡和其他大城市的先进服务业已经高度专业化，其中某些服务已经进行交易。而且，至少在某些方面，由于追随欧洲和北美的早期经验，这些城市的服务业以及诸如中央商业区的公司综合大楼和国际机场等特定的具有战略规模的综合体，都影响了城市结构的重塑和土地的利用。最后，服务业和劳动力普遍增长使亚洲城市和社会的就业机构和社会构成发生了变革，产生了新的社会认同和行为方式，并使政治价值和从属关系发生了转变”①

创意旅游无疑是一个面临重组、重构、跨界的产业，包括城市和乡村空间的重构，通过对新产业、新制度和新劳动力的重组和重构，集技术、文化和地域属性为一体。此种重组和重构同时也是谨慎的，在20世纪90年代以来，重组和重构在各地上演：巴黎、东京、伦敦、爱丁堡、纽约、休斯顿、旧金山、洛杉矶、香港、北京、上海，旅游创意来自文化、艺术、高科技、金融等领域；在里尔、米兰、赫尔辛基、汉堡、威尼斯，旅游创意或来自港口城市或者老工业城市的转型；在日本、法国、中国台湾的乡村复兴计划中也可以找到创意发展的轨迹。

在中国，旅游业主动出击，主动要求重组或者被组。按照国家《关于促进旅游业改革发展的若干意见》（国发，<2014>31），旅游业主动与新型工业化、信息化、城镇化和农业现代化相结合，以经济、社会、文化、生态多方协同的改革精神，从推动“旅游+”到提出“全域旅游”战略，实现“美好景观”到“美好生活”的转变。旅游产业在全面重组和全面创新的思维和站位中找到了自己的发展方向，也初步形成了转

① ［英］彼得 .W. 丹尼尔斯等著：《亚洲城市的新经济空间：面向文化的产业转型》，周光起译，上海：上海财经大学出版社，2016年版，序言第2页。

型升级的新格局。

回顾创意产业的发展，我们知道，创意产业诞生之初，就是出于产业重构和文化创新的双重要求；历经发展，通过各国各地的实践和经验积累，的确探索出各种跨界发展、叠加发展的创新路径。产业与文化在各自重构的目标中更加融合，也获得了更多的发展。

二、文旅政策与创意旅游

一个国家的文化政策无疑极大地影响着创意旅游产业的发展。全世界，政府、学者、企业家都在研究文化政策。政府通过文化政策引导创意产业的实践，专家通过文化研究来评估并促进文化政策发挥更为积极的作用，企业家通过对文化政策的理解来把握更多的商业机会。同时，这三者也绝不是孤立的，通过各种层面的会议和各种方式的沟通，至少通过文化政策本身而相互理解和相互支持，虽然出发点和路径各不相同，虽然形势错综复杂，短期目标也不尽相同，但促进产业和文化繁荣的大目标是一致的。因此，乐观地看，所有的努力和工作都朝着互惠多赢的方向而去。

根据党的十九届三中全会审议通过的《中共中央关于深化党和国家机构改革的决定》《深化党和国家机构改革方案》，为增强和彰显文化自信，统筹文化事业、文化产业发展和旅游资源开发，提高国家文化软实力和中华文化影响力，推动文化事业、文化产业和旅游业融合发展，将文化部、国家旅游局的职责整合，组建文化和旅游部，作为国务院组成部门，不再保留文化部、国家旅游局。十三届全国人大一次会议表决通过了关于国务院机构改革方案的决定，批准设立中华人民共和国文化和旅游部。2018 年 3 月，中华人民共和国文化和旅游部批准设立。这一改革，从机构设置的层面推动并确保文化与旅游的深度融合。

从顶层设计的视角来看，在我国文化和旅游部的十三项主要职责中，与创新创意相关的条目分别有：第六条、第七条和第八条。“第六条，指导、推进文化和旅游科技创新发展，推进文化和旅游行业信息化、标准化建设。第七条，负责非物质文化遗产保护，推动非物质文化遗产的保护、传承、普及、弘扬和振兴。第八条，统筹规划文化产业和旅游产业，组织实施文化和旅游资源普查、挖掘、保护和利用工作，促进文化产业和旅游产业发展。”

早在 2016 年，国务院办公厅转发了文化部、国家发展改革委、财政部、国家文物局四部委《关于推动文化文物单位文化创意产品开发的若干意见》。提出：一要提升文化创意产品开发水平。深入挖掘文化资源的价值内涵和文化元素，广泛应用多种载体和表现形式，开发艺术性和实用性有机统一、适应现代生活需求的文化创意产品，满足多样化消费需求。结合构建中小学生利用博物馆学习的长效机制，开发符合青少年群体特点和教育需求的文化创意产品。鼓励开发兼具文化内涵、科技含量、实用价值的数字创意产品。推动文化文物单位、文化创意设计机构、高等院校、职业学校等开展合作，提升文化创意产品设计开发水平。二是完善文化创意产品营销体系。创新文化创意产品营销推广理念、方式和渠道，促进线上线下融合。支持有条件的文化文物单位在保证公益服务的前提下，将自有空间用于文化创意产品展示、销售，鼓励有条件的单位在国内外旅游景点、重点商圈、交通枢纽等开设专卖店或代售点。综合运用各类电子商务平台，积极发展社交电商等网络营销新模式，提升文化创意产品网络营销水平，鼓励开展跨境电子商务。配合优秀文化遗产进乡村、进社区、进校园、进军营、进企业，加强文化创意产品开发和推广。鼓励结合陈列展览、主题活动、馆际交流等开展相关产品推广营销。积极探索文化创意产品的体验式营销。三要加强文化创意品牌建设和保护。促进文化文物单位、文化创意设计企业提升品牌培育意识以及知识产权创造、运用、保护和管理能力，积极培育拥有较高知名度和美誉度的文化创意品牌。依托重点文化文物单位，培育一批文化创意领军单位和产品品牌。建立健全品牌授权机制，扩大优秀品牌产品生产销售。四要促进文化创意产品开发的跨界融合。支持文化资源与创意设计、旅游等相关产业跨界融合，提升文化旅游产品和服务的设计水平，开发具有地域特色、民族风情、文化品位的旅游商品和纪念品。推动优秀文化资源与新型城镇化紧密结合，更多融入公共空间、公共设施、公共艺术的规划设计，丰富城乡文化内涵，优化社区人文环境，使城市、村镇成为历史底蕴厚重、时代特色鲜明、文化气息浓郁的人文空间。将文化创意产品开发作为推动革命老区、民族地区、边疆地区、贫困地区文化遗产保护和文化发展、扩大就业、促进社会进步的重要措施。鼓励依托优秀演艺、影视等资源开发文化创意产品，延伸相关产业链条。

（一）文化政策与创意旅游

在文旅合并之前，2017 年 4 月国家文化部制定的《文化部“十三五”时期文化产业发展规划》中，多出提及创新创意工作的重要性，明确指出，文化领域创新创业日趋活跃，“文化+”“互联网+”相互交融，文化产业发展空间更加广阔。规划要求：以文化创意、科技创新为引领，提升文化内容原创能力，推动文化产业产品、技术、业态、模式、管理创新，推动文化产业与“大众创业、万众创新”紧密结合，充分激发全社会文化创造活力。坚持跨界融合；推进“文化+”和“互联网+”战略，促进文化产业与文化事业、文化产业不同门类、文化产业与相关产业的深度融合，进一步拓展文化产业发展空间，为国民经济和社会转型升级注入文化活力。

在具体举措方面：推进“文化+”和“互联网+”战略，促进互联网等高新科技在文化创作、生产、传播、消费等各环节的应用，推动文化产业与制造、建筑、设计、信息、旅游、农业、体育和健康等相关产业融合发展。一是培育新型业态。加快发展以文化创意内容为核心，依托数字技术进行创作、生产、传播和服务的数字文化产业，培育形成文化产业发展新亮点。提升动漫、游戏、创意设计、网络文化等新兴文化产业发展水平，大力培育基于大数据、云计算、物联网、人工智能等新技术的新型文化业态，形成文化产业新的增长点。二是促进转型升级。促进高新科技在演艺、娱乐、文化旅游、工艺美术等传统文化行业中的应用，推进传统文化行业在内容创作、传播方式和表现手段等方面创新，推动线上线下融合发展，提升传统文化行业发展活力。推动优秀传统文化资源数字化进程，积极促进共享和利用。继续引导上网服务、游戏游艺、歌舞娱乐等行业转型升级，全面提高管理服务水平。推动重点文化产业展会转型升级，提升市场化、专业化、国际化发展水平。三是推动融合发展。推动文化创意和设计服务与装备制造业和消费品工业深度融合，提升产品附加价值。鼓励合理利用工业遗产发展文化产业。鼓励文化与建筑、地产等行业结合，注重文化建设与人居环境相协调，以文化创意为引领，加强文化传承与创新，建设有文化内涵的特色城镇，提升城市公共空间、文化街区、艺术园区等人文空间规划设计品质。促进文化产业与旅游业深度融合，以文化提升旅游的内涵，以旅游扩大文化的传播和消费。推动文化产业与农业有机结合，合理开发农业文化遗产，支持发展集农耕体验、田园观光、教育展示、文化创意于一体的特色农业。支持发展体育竞赛表演、电子竞技等新业态，鼓励地方依托当地自然人文资源举办特色体育活动。推动文化产业与健康养老产业结合。支持开发承载中医药文化的创意产品。

在具体的创意产品生产方面，着重强调了几方面的工作：一是系统梳理传统文化资源，推动文化创意产品的开发；二是大力开发适宜互联网、移动终端等载体的数字文化产品，创新产品服务供给方式；三是鼓励传统工艺从业者，振兴传统工艺，将传统工艺品的设计、生产与文化创意产品开发与文化旅游等有机结合；四是建设文化产业创业创意人才库，进行创业创意人才扶持，促进市场对接和成果转化。

在具体行业转型升级方面，提出“落实创新驱动发展战略，促进演艺、娱乐、动漫、游戏、创意设计、网络文化、文化旅游、艺术品、工艺美术、文化会展、文化装备制造等行业全面协调发展，以重点行业的跨越式发展助推文化产业成为国民经济支柱性产业”。尤其在文化旅游业的发展中，明确了发展和融合的方向：到 2020 年，文化与旅游双向深度融合，促进休闲娱乐消费的作用更加明显，培育 5~10 个品牌效应突出的特色文化旅游功能区，支持建设一批有历史、地域、民族特色和文化内涵的旅游休闲街区、特色小（城）镇、旅游度假区，培育一批文化旅游精品和品牌。鼓励文化创意、演艺、工艺美术、非物质文化遗产等与旅游资源整合，开发具有地域特色和民族风情的旅游演艺精品和旅游商品。提升文化旅游产品开发和服务设计水平，促进发展参与式、体验式等新型业态。支持开发集文化创意、旅游休闲、康体养生等主题于一体的文化旅游综合体。扶持旅游与文化创意产品开发、数字文化产业相融合。推进区域文化旅游一体化发展，支持培育一批跨区域特色文化旅游功能区。支持民族特色文化旅游繁荣发展，支持设计开发民族文化体验项目，促进文化生态旅游融合。

（二）旅游政策与创意旅游

从旅游发展的角度来看，近年来提得最多，在实践方面引导最多的无疑是“全域旅游”。可以说，“全域旅游”作为旅游工作的战略指向，集中反映了旅游供给侧改革和产业转型的方向和目标。可以说，“全域旅游”是应对我国旅游有效供给不足、市场秩序不规范、体制机制不完善等问题的一揽子解决方案。在 2018 年 3 月国务院办公厅《关于促进全域旅游发展的指导意见》中，为创意旅游发展指明路径和方向。在全域旅游发展目标中，明确提出旅游供给品质化。加大旅游产业融合开放力度，提升科技水平、文化内涵、绿色含量，增加创意产品、体验产品、定制产品，发展融合新业态，提供更多精细化、差异化旅游产品和更加舒心、放心的旅游服务，增加有效供给。对于如何提升旅游产品品质，指导意见提出：深入挖掘历史文化、地域特色文化、民族民俗文化、传统农耕文化等，实施中国传统工艺振兴计划，提升传统工艺产品品质和旅游产品文化含量。积极利用新能源、新材料和新科技装备，提高旅游产品科技含量。

2017 年国家旅游局发布的《“十三五”旅游人才发展规划纲要》中，多次提及创新创意人才的培养和储备。一是旅游创新创业人才开发计划。重点围绕旅游业态创新、产品创新、科技创新、文化创意、经营管理创新以及云计算、物联网、大数据等现代信息技术，大力培育旅游创新创业人才。借助中小微旅游企业创新创业公共平台、国家旅游示范园区和示范企业、示范基地、旅游创客示范基地等打造创新创业人才孵化平台。大力开展旅游创新创业教育，鼓励院校与企业共建旅游创新创业学院或企业内部办学，依托重点院校、龙头企业构建产学研一体化平台，培育和孵化旅游创新创业项目。实施“互联网+旅游”创新创业行动计划，引导旅游企业中高层经营管理人员、专业技术人员、高技能人员、院校师生等积极参与旅游创新创业。举办中国旅游创新创业大赛。实施专业技术人才知识更新工程。二是旅游新业态人才开发计划。适应“旅游+”融合发展需要，加紧培养自驾车旅居车旅游、海洋及邮轮旅游、森林旅游、冰雪旅游、低空旅游、工业旅游、农业旅游、文化创意旅游、健康医疗旅游、研学旅游、体育旅游、商务会展旅游等各类专门人才。研究制定旅游业重点人才开发目录。鼓励高校根据旅游业态发展，设置相关专业或专业方向。加强与相关产业部门合作，推进“旅游+”复合型人才开发。

“制度分析的核心在于分析为统治和社会再生产所需的理论或智力配置。”（3-41）文化旅游部正式合并才刚满一年，省、市、县级的文旅机构调整到位不久，文旅融合工作也刚刚起步。文旅的政策制定和公布需要时间来进一步推进。目前公布的政策和规划基本是文化线和旅游线的简单相加。创意旅游作为旅游产业和旅游产品的一个小分支，并不可能直接纳入文旅部的主要工作，但从字里行间来看，创新是无疑是旅游产业的发展方向，非遗的弘扬和振兴离不开旅游平台，对文化、旅游资源的重新审视是文旅融合发展的基础工作。可以预见的是，随着文旅融合的深入推进，将会出台更多真正文旅融合版的政策。

创意旅游可以是大众消费，但未必适合大众规模。规模化在实现经济效益的同时，有时候意味着复制、重复和同质化。因此，在产业规模与文化品位之间需要保持一个平衡，既要在创意旅游产品的类别上，充分考虑市场需求，具备一定的市场规模，实现企业和市场的可持续；同时，需要再具体的旅游产品设计中保持创意的独特性和个性化，以便激发旅游者的兴趣，能始终让旅游者眼前一亮。

三、文旅融合视角下的创意旅游

2018 年 3 月中国文化部和中国国家旅游局进行了组织机构调整，组建了新的中国文化和旅游部，各省区、地市、区县在 2018 年年底和 2019 年年初完成了机构调整。2019 年可谓中国文旅融合元年。人们感慨说“诗和远方”终于在一起了。文旅为什么要融合？什么方面需要融合？融合的路径有哪些？文旅融合，其实质是自上而下的组织机构调整带动的文旅互相促进和发展，是中国文化事业和旅游产业发展到一定阶段的需要。旅游产业要进一步发展，需要文化的内容注入，需要对文化的挖掘和深刻了解中去做深、做好旅游产业的文章；文化事业要进一步发展，同样需要旅游的精神，需要有市场开拓的勇气和魄力来做好文化的传承和发展。简要地说，文化是旅游的资源载体，文化是旅游的灵魂精髓；文化通过旅游要载体，旅游通过文化找内容。正是这样的互相寻找、互相需要，才能最终促进文旅的融合和文旅的发展。融合的目的是双赢。

产业要发展，必须要有不断的创新，这是业界的共识，也是产业发展到一定阶段，转型升级的必经之路。创造创新最难。旅游创新创意从哪里来？回到第一章构建的创意旅游构建图谱，创意来源于理念、内容和模式，理念创新——内容创新——模式创新既一脉相承，也互为因果。文化不仅是理论创新和理念创新的思维源泉，也直接为创意旅游产品的生产提供内容。文化为旅游提供了创意源泉和 IP 支撑。

（一）文化异质性是旅游创意的重要内容

从旅游的定义和本质来看，旅游就是对文化的寻找和探寻，文化被认为是旅游的本质内容和价值所在。旅游最大的动机在于看不一样的风景，体验不一样的文化。旅游是建立在空间位移基础上的，文化距离是产生旅游的重要因素。

众所周知，旅游本身就有极强的文化属性。“旅游从本质上讲是一种文化体验，是一种以审美活动为主的异地身心自由体验”[①]。“旅游活动（含旅游消费活动、旅游经营活动、旅游资源开发等）中的文化现象是普遍存在的，旅游业是具有文化属性的事业。美国学者罗伯特．麦金托什和夏希肯特．格波特在《旅游学》一书中指出‘旅游文化实际上概括了旅游的各个方面。’将旅游作为一种文化现象加以研究，有助于进一步认识和揭示旅游的本质和旅游发展的固有规律，促进旅游业的可持续发展和社会文化的繁荣。”旅游与文化密不可分。用诗情画意的语言来表述就是：你在桥上看风景，桥上的你也是一道风景。

文化异质性赋予人们思考和学习的机会与可能。在日复一日的惯常中，人们往往沉溺于熟悉的场景之中，人的观察会产生惯性和惰性，审美会疲劳，思考力会下降。不同的文化会刺激人们的感官，人们在进行自觉或不自觉的文化比较中，进行新的思考，获得新的感受，在文化与创意之间架起桥梁。时空的差异、休闲的环境，不仅使生命个体获得轻松愉悦的体验，更重要的是能享有生命的自由。浸润在异质文化的时空中，体验到不同于惯常生活的自由，思维无疑是自由而跃动的，生命也因此而勃发——创造和创新也应运而生。因此，文化异质性是一种刺激，是一种激发。

（二）地方文化为旅游创意营造氛围

氛围，可以是空间的概念，但又不限于空间；氛围既包括硬件基础设施，还包括

① 曹诗图等编著：《旅游文化与审美》，武汉：武汉大学出版社，2017 年版，第 13 页。

地理空间孕育的文化。一个地方的氛围是由地方文化、智识、技术、组织等方式创造出来的，文化和技术不断融合，通过政府治理和组织秩序加以促进并得以强化。旅游创意往往带有很强的特定的生活方式意味，因此创意在不同的地域空间得到不同程度的激发、点燃、蔓延。地方文化为旅游创意提供了软、硬件环境。政府主管部门、教育和研究机构、文旅企业，以及交通、卫生等社会支持配套是主要的硬件；当地的文化网络、传播网络、信息网络、交流网络和关系网络是旅游创意的软件，其中各类创意及相关人士组成的交流网络非常重要。

地方文化可能包含不同的地域文化和组织文化，还包括地方认同感。大到国家、城市、乡镇，小到组织、家庭等，不同的地域文化和组织文化孕育的创新创意不仅产品不同，气质感觉也是不同的。空间提供的是创意的场域基因，价值系统提供的则是创意的精神基因。

首先，社会与文化的多元性会正向促进旅游创意的产生，社会和人口的状况可能影响地方的创造力。“生气蓬勃的民间社会通常取决于包容的历史、爬上机会之梯的承诺，以及广泛的安全感。这一切不仅增进活力，也将使用、参与、执行、互动等程度提高到让活动得以展开的门坎。反之，只有单一族群的城市往往会发现，要广泛发挥创意比较困难。他们或许会在自身观点中发现新奇的对策，但比较不可能针对城市生活层出不穷的复杂性，找到必要的创意融合”。“在整个历史上，来自国内外的外来人口或移民，始终都是建立创意城市的关键。在容许其尽情贡献，而非畏惧其贡献的环境中，他们不同的技能、才华与文化价值观等，都会促成新的创意与机会”①。

其次，社会与文化包容度会正向促进旅游创意的产生。文化的形成不是一个一蹴而就的过程，需要长时间的积淀。多元，意味着不同，意味着碰撞，也会导致冲突。旅游活动本身也会导致文化震惊和文化冲突。衣饰不同，饮食习惯不同，审美观不同，旅游带来的异质性可能弥漫于生活的方方面面。外来文化与本土文化需要建立一种平衡，既能为创新创意的产生提供新鲜感与好奇感，也能创新创意提供深厚的文化底蕴。这种包容是相互的，不仅需要本土文化包容外来文化，外来文化也需要包容本土文化。一言不合就转身离去，明显不是包容的态度和行为。包容具有高风险性，因为包容的实质就是融合在先，判断在后；包容意味着多合作，少责难。创意往往产生于主流文化之外，因此，对于非主流的态度某种程度上决定了创新创意的可能。

① ［英］查尔斯.兰德利著：《创意城市》，杨幼兰译，北京：清华大学出版社，2009年版，第173-174页。

（三）地方文化是旅游创意的重要根基

中国有句古话，叫做一方水土养一方人。这实际上说的是人文地理规律。人的气质养成离不开所属的地理环境，吃的，喝的，居住的环境，所有的风土人情，等等；人、地，以及人地关系构成了地方文化。“创意带有很强的特定生活方式（艺术性的）意味，有自由、个性化等含义在内。随着工作和休闲的融合，时空交错在一起”①。不同地域的人地关系养成了特定的生活方式。旅游创意植根于地方文化，也是特定生活方式的反映，地方文化是旅游创意重要的根基。

中国幅员辽阔、地大物博，地方文化差异大，精彩纷呈。南北、东西的差异自不必说，即便同处江南的苏杭，地方文化各有特点，文旅融合中的旅游创意也各有自己的玩法。

作为首批国家历史文化名城，苏州有世界文化遗产 2 处，市级以上文保单位 816 处；国家级历史文化名镇 13 个、名村 5 个、传统村落 12 个、历史文化名街 2 条；6 项非遗列入联合国教科文组织名录，市级以上非遗项目 159 个。作为重要的风景旅游城市，苏州全市有 5A 景区 6 个、4A 景区 35 个；国家级旅游度假区 2 个、省级旅游度假区 7 个；省级旅游风情小镇创建单位 5 家，9 个古镇纳入江南水乡古镇申遗项目。这样的规模和总量，为文旅深度融合奠定了坚实基础。

自 2018 年 6 月上演以来，苏州沧浪亭里的浸入式园林版昆曲《浮生六记》迅速走红，“曲高”却不“和寡”，几乎场场人气爆棚。演员们在园林空间里移步换景，演绎着诗情画意的苏式生活；观众们紧紧跟随，听昆曲、赏园林……既没有舞台，也没有观众席，一出戏剧就能同时领略世界文化遗产沧浪亭和世界非物质文化遗产昆曲的“双遗”之美。在平江路金谷里，体验昆曲文化的美妙婉约；在李良济中医药博物馆，感受吴门医派的博大精深……随着文旅融合加速深化和推进，一批创新文旅产品走红，带来了新的产业增长点。2018 年，苏州文化产业营收 5 720 亿元，旅游总收入 2 600 亿元，均居江苏省前列。以苏州为背景的电视剧《都挺好》近期热播，让原本安静的小巷同德里成了网红景点，吸引着全国各地的游客争相前来“打卡”。除了同德里，剧中出现的酒店、饭店均人气大涨，市民游客络绎不绝。

“姑苏城外”的绿水青山变成金山银山，八方游客在小桥流水间体验“苏式生活”，市民在粉墙黛瓦下收获“产业红利”……文化为旅游铸“魂”，旅游为文化扬

---

① ［澳］菲奥伦萨．贝鲁西，西尔维娅．丽塔．赛迪塔编：《文化产业中的情境管理》，孙方红译，上海：上海财经大学出版社，2016 年版，第 119 页。

“帆”，江苏苏州深入推动文旅融合发展，“绣”出了一个“双面绣”般的精致苏州。作为著名的国家历史文化名城，同时也是重要的风景旅游城市，近年来，苏州围绕建设具有独特魅力的国际文化旅游胜地这一发展目标，以文化旅游业率先发展、融合发展，推进城乡社会保障持续优化、多层次消费能力持续释放、生活和旅游品质持续提升，更好地满足人民群众对美好生活的向往。

古典园林、水乡古镇、历史街区，这是以往来苏游客最喜欢去的三类旅游目的地。但现在，除了这些传统景点，越来越多的游客愿意放慢脚步，慢慢品味这座城市的文化底蕴与生活气息。如果说十年前苏州的热门景点是苏州园林，苏州园林周围的平江路、水乡风貌，尝小吃、听评弹对游客更有吸引力。单是苏州博物馆和诚品书店就撑起了苏州文旅大戏的一片天。诚品书店的运营主要是企业行为，但在选址落户方面，政府提供了很多“产业融合不是简单的叠加，而是要寻找文化和旅游产业链各个环节的对接点，促进业态融合、产品融合，持续释放大众对文化和旅游的需求。”苏州市文化广电和旅游局局长李杰说，对于融合过程中产生的新业态，要注重培育孵化，加强引导扶持。为了进一步做大文旅产业“蛋糕”，推动文旅真融合、深融合，苏州积极加强顶层设计。苏州先后完善了政府部门联动的工作机制、政企紧密合作的发展机制、全民共建共享的社会化参与机制“三大机制”，出台了《关于加快推进文化和旅游深度融合的实施意见》等政策文件，同时借修订全域旅游发展三年行动计划的机会，加快确立文旅融合的评价体系、指标体系，未来将在更高层次、更大范围推动树立文旅融合的新理念。

以古城为“核级”，按照保持原真、创新利用的原则，发展文化休闲、精致度假的模式；以乡村为“支点”，探索生态、农业与旅游相互融合，发展生态休闲、立体度假的模式……当前，苏州打造的全域化的文化旅游新空间，正与“一体两翼”“一核四城”的城市总体规划布局相吻合。在苏州，以活态保护、人文生活为核心吸引的城市更新模式，以融入自然、彰显文化为提升方向的田园人居模式，逐渐成为主导。面对新形势，苏州创新利用信息化手段，以旅游总入口、文化云平台为载体，整合行业资源，升级配套服务，提高市民游客享受文化旅游资源的便捷度。

（四）文化的开放、活力与互动是旅游创意的重要推手

1. 注重公共空间的塑造

公共空间不仅是人们集会的场所，也是人们的创意思想得以交流、碰撞、产生和销售的、极佳场所。城市的会议会展中心、博览中心，各类演讲场所、教育机构、俱乐部，营利性的咖啡馆、茶馆、酒吧，还包括互联网时代微博、微信、公众号等构成

的新型公共网络空间，这些或实体、或虚拟的公共空间都正向促进人们的文化互动，也为旅游创意的出现提供了载体和平台。从咖啡馆与创意文化的关系来看，“1880—1914 年间，随着帝国衰微不安所导致的社会、制度、政治结构失衡，维也纳就成了创意中心。从经济、医学、哲学到精神病学、表现和视觉艺术、城市规划及建筑等，它促使种种无关的领域重新思考。在这因缘际会下，兴起了咖啡馆文化；而从那时起，咖啡馆文化就成为柏林、维也纳、慕尼黑、布拉格、苏黎世等中欧各地的共同特色。也是从那时起，咖啡馆文化成了世界上各地创意氛围的重要特色。咖啡馆为知识分子、新闻从业人员、艺术家、科学家，甚至商人，提供了每天与人接触的场所。它们形成绵密的网络，以传播创意点子、知识与技术专业，并成为能克服阶级差异的熔炉”[①] 如果说维也纳咖啡馆是 20 世纪创意文化的代表，那么星巴克则成为 21 世纪创意文化的一个聚集地。星巴克不仅创新了咖啡制作、品尝方法，创造出咖啡在饮用之外的系列衍生产品，事实上星巴克已经成为咖啡文化创新的代表。在星巴克不仅能喝咖啡和交流，人们在星巴克可以做任何与工作、与休闲相关的事情。

2. 注重教育培训、会议论坛的引导作用

文旅融合首先是具有组织保证的，但是政府机构不可能也没有办法包揽所有的事情。这就需要各种非政府组织机构的参与和推动。教育机构、研究机构的参与，通过会议、论坛的方式，进行引导并提供智力支持。2019 年 4 月，《旅游学刊》作为中国最重要的旅游研究平台，开辟了以“文旅融合”为主题的专栏，刊登了数篇论文进行专题探讨；由浙江省文旅厅下属的浙江省文化艺术研究院牵头，邀请在杭州各个大学和规划机构，共同成立文旅融合发展规划中心，共同打造文旅融合发展规划培训基地，以期成为浙江文旅融合的思想库和智囊团。理论的探讨、理论建构与实际应用的整合，智慧平台的建立，促进了信息资源、文化资源、旅游资源的深层互动。

第二节　创意旅游治理

一、治理思维

治理这个词，严格地说属于公共管理领域。正因为，从西方到东方，全球化与对

① ［英］查尔斯．兰德利著：《创意城市》，杨幼兰译，北京：清华大学出版社，2009 年版，第 202 页。

全球化的反思，发达国家的经济增长动力问题，后发展国家的中等收入陷阱，等等，今天，不论是资本主义国家还是社会主义管理，同样面临更为复杂的市场环节、公私关系和利益关系，因此迫切需要解决的新范式和新路径。公共治理应运而生。从公共行政到公共管理，再到公共治理，治理的概念从某种意义上是一套新的概念化的政策工具，或者是在公共行政和公共管理的理论和实践积累基础上的新范式。与公共管理相比较而言，制度经济学和新的网络理论的出现为公共治理提供了基础性和战略性的思考，区域性的行政管理在更为复杂的管理环境中，公共服务的提供者越来越多元，资源分配机制更趋向于网络和关系契约，公私关系更为开放和透明；因此，公共治理的焦点是通过价值、意义和关系的协商，平衡公私组织与环境的关系，以达成公共资源的有效、可持续地被利用，实现公私组织的效益。

就旅游产业而言，在旅游产业在区域经济发展中逐步彰显自身作用的时候，在创意旅游还在苦苦寻找自己的利基市场和产业价值的时候，治理问题未必是区域的行政管理者能前瞻的、自觉地去思考和解决的。但，理念的先行，还是必须的且可能的。在市场体系不尽健全，公民社会尚未建立的时候，如何“推进国家治理体系和治理能力现代化”亟待政界、学界、业界共同思考。尤其在新时代中国特色社会主义发展时期，政府的引领地位正在凸显，同时也对政府的治理能力提出了更高的要求。尤其对于中国正在形成的文旅行政管理格局而言，治理思维显得尤为重要。理由有二：一是我国文旅融合格局初步形成；二是创意旅游产业关联度广、开放度高、参与面广。文化、旅游、创意都是边界模糊的词。你中有我，我中有你。文创是旅游吗？如果文创产品满足了旅游者的需要，就属于旅游；同样，旅游离不开文化，创意也离不开文化。

二、治理创新

创意产业，尤其是新兴的创意旅游产业是否需要从公共管理的层面去解读并进行相应的管理？或者说创意旅游治理具体可以解决哪些问题？

对照新公共治理研究成果中一系列的基本“新问题”，来反观创意旅游可能是一个可以切入的思路。学术前沿关于公共治理的问题聚焦于：（1）在公共服务提供主题日益多元和政策制定过程日益复杂的背景下公共服务提供的基本原则；（2）公共服务系统而非单个的公共服务组织。英国爱丁堡大学奥斯本教授提出新公共治理的七个新问题，涉及公共治理的基本问题：（1）在对公共政策实施和公共服务提供的研究中，基本的分析单位应该是什么？其对理论和实践的影响是什么？（基本问题）（2）在多元主体共同参与公共服务提供的背景下，何种组织架构是最合适的？（结构问题）（3）怎样确保公共服务体系的可持续性，同时“可持续性”含义究竟是什么？（可持续性问题）（4）在这种体系下，支持公共政策实施和公共服务提供的价值是什么？（价值问题）（5）关系绩效需要的关键技能是什么？（关系技能问题）（6）在如此碎片化和多元化的体系中，责任的本质特征是什么？（责任问题）（7）在开放的、自然形成的公共服务的提供体系中，如何评估可持续性、责任和关系绩效？（评估问题）①。以上七大问题无疑也是创意旅游产业布局和宏观管理中需要去解决的问题。

Kooiman（2003）将治理界定为“各种互动行为的总和，公共部门和私人部门的行动主体都可参与其中，旨在解决社会问题或者创造社会机遇；维护和管理作为治理互动环境基础的制度；并对所有这些活动建立规范性基础”。政府作为一个重要的治理机构，由于有能力运用权力将不同部门的行动主体聚焦在一起，同时有能力对不同行动主体的活动进行管制和提供资金支持，所以，政府在社会生产系统的（社会）治理创新的引入方面，可能发挥着至关重要的作用②。

严格来说，旅游创意需要规划、策划、设计三个层面的工作。就旅游产业，尤其是针对某一区域性（城市区域或者乡村区域）的产业发展布局、方向和战略来谈，需要的是旅游创意的规划；就某一微观旅游企业、某一具体项目的开发和改进来谈，需要的是旅游创意的策划；就某一旅游景观、旅游线路、旅游商品来谈，需要的则是旅游创意设计。因此，旅游创意既需要规划，也需要策划和设计，规划、策划和设计针对不同层面的问题，给出不同尺度和高度的解决方案。

文旅融合产业融合是关键。从中国旅游产业的发展来看，结合区域产业发展的管理流程，旅游规划与旅游策划需要政府层面去确定和谋划，旅游设计则是企业方需要着重思考的。换句话说，宏观的产业定位和地理布局多由政府决定，尤其是涉及到产业用地，以及周边交通及服务配套等方面；企业则从投入与产业、商业模式、运营维护等方面考虑微观层面的具体旅游产品设计部分。创意旅游从产品的定位、创意到功能设计，都要从市场梳理开始，最终必须得到市场的认可和检验。

三、构建治理网络

旅游资源的归属管辖问题在中国比较复杂，既会牵涉到属地政府，也会因为资源

① ［英］史蒂芬·奥斯博尔编著：《新公共治理：公共治理理论和实践方面的新观点》，包国宪，赵晓军等译，北京：科学出版社，2016年版，第9-10页。

② ［英］史蒂芬·奥斯博尔编著：《新公共治理：公共治理理论和实践方面的新观点》，包国宪，赵晓军等译，北京：科学出版社，2016年版，第49-52页。

类别的不同，与林业、海洋、园林、文化等等部门有交叉重叠，更需要上级政府的综合协调和治理。一方面，创意旅游是小而微的产业领域，在创意产业中角色是边缘化的；但创意旅游同时也是产业关联度极高的部门，旅游业对市场的拉动作用不容小觑。

如果说旅游的主要着眼点是产业，那么文旅则是一项事业。创意旅游产品，如果上升到满足人们对美好生活的追求的层面，旅游的供需也绝不仅仅是单一企业的行为，也成为区域公共服务的一部分，为地区人民的生产—生活—生态的全面提升服务。因此，如果我们把创新创意视为一种全局性的、需要通盘考虑的整合流程，那么政府的倡导和引导作用是放在首位的，政府在宏观治理中需要在流程中确保地区创意旅游发展的路径和方向。如果把创意旅游作为旅游产品，根据其经营主体的性质不同，政府与企业要打组合拳，有的时候需要企业主导，政府做政策推动；有的时候则是政府牵头推进，企业来具体执行。

除去政府与企业的参与，事实上创意旅游还牵涉到更多的行动主体，需要公共管理者以及政府以外的各类利益相关者的互动与合作。这种较为复杂的公私伙伴关系面临新的挑战。一般来说，公私伙伴关系可以被宽泛地定义为公共部门和私人部门之间制度化的合作安排。在治理的框架下，权威被分散在了大量的行动主体之中①。因此，在新公共治理的理念指导下，创意旅游需要治理创新，研究并发展出清晰描述其特征和评估其价值的分析框架，建立多元行动主体参与的治理网络。

（一）从组织创新到系统创新

突破单一组织的界限来解决某一既定（且复杂）问题的举动，确实代表了这类创新的部分重要特征。只要问题的解决依然局限于某一既定的组织之内，只要社会依然依赖于与外界隔绝的组织来解决此类问题，这些问题便不可能得到全面的解决。只有当社会通过政府机构并邀请其他行动主体参与进来时，重大的变化才能可能发生。这些创新在更大程度上来说是系统创新，而不是组织创新。系统创新能对生产系统进行重新配置，进而实现既定的社会目标②。

对于创意旅游来说，引入系统创新的理念至关重要。绝大多数创意旅游产品和产品系列都非单一组织可以解决一揽子问题。这里的系统，一是指参与的多元主体构成

---

① ［英］史蒂芬·奥斯博尔编著：《新公共治理：公共治理理论和实践方面的新观点》，包国宪，赵晓军等译，北京：科学出版社，2016 年版，第 139 页，第 142 页。

② ［英］史蒂芬·奥斯博尔编著：《新公共治理：公共治理理论和实践方面的新观点》，包国宪，赵晓军等译，北京：科学出版社，2016 年版，第 58 页。

的参与系统，二是指从资源开发—生产—市场—评估的整体评估系统。

纽约市的公园系统曾一度是纽约生活的额荣耀之一。占地开阔、随处可见的绿化带网络，长期以来一直是城市居民的庇护所。然而到20世纪60年代末，公园破损失修，花园遭践踏，娱乐设施破旧不堪。由于公园运行管理的财政和人力资源有限，市政府公园管理机构不堪重负。于是高级管理人员决定采取新的方法，改变市政府公园管理机构是公园管理的那一责任主体的现状，与市民团体建立合作伙伴关系，激发他们参与公园管理的更大兴趣，从而使其对公园管理问题拥有更大的控制权。针对不同的公园，他们的合作伙伴关系的建立采取不同的形式，但无一例外的是市民团体都被请求对公园贡献直接的资源。贡献的形式不是通过税收，相反，每一个公园都要求市民团体资源贡献自己的时间和金钱，用于公园的某些项目或公园中进行的某些活动。这种合作关系可以被看做将公园的一部分“出售”给一定的使用者以换取额外的志愿劳力和资金。事实上，这些重新整修的公园和联合赞助的新活动不只是为了这些贡献者，因为（至少原则上）它们是属于所有人的。志愿贡献者可能会更加心系公园的改造和翻新，更能感到享有使用公园空间和接待公园使用者的特殊权。但是公园的公共性质并没有改变，因为公园依然是想全体市民免费开放的，而且公园的总体使用状况也并没有改变。合作伙伴关系的使用使纽约市公园再次绽放光彩。它们变得更加漂亮、更加安全，使用范围更加广泛，而政府的成本没有增加①。

（二）注重新资源的开拓

在创意旅游的框架内，旅游资源和旅游吸引物是无限开放的，新资源的挖掘、发现、整合，以及呈现方式都是创意旅游产品形成的关键和基础。除了直接的旅游资源以外，治理创新还能贡献新的财力、物力和人力资源。从财力的角度来看，很多合作模式可以去探索。

蒙特利尔圣米歇尔区的城市垃圾填埋场的改造是一个很好的案例。

蒙特利尔市位于加拿大东南部圣劳伦斯河下游，城市绕山而起，面积494平方公里，人口180万。蒙特利尔是加拿大第二、魁北克省最大的城市，不仅是加拿大重要的工业、经济和金融中心，也是迸发无限创意与灵感的艺术文化殿堂，它有“设计之城”的美誉。圣-米歇尔环保中心（CESM）项目处于蒙特利尔城市西部的圣-米歇尔地区，区域四周被成片住宅区包围，占地约192公顷（2平方公里），相当于约300个

① ［英］史蒂芬·奥斯博尔编著：《新公共治理：公共治理理论和实践方面的新观点》，包国宪，赵晓军等译，北京：科学出版社，2016年版，第53-54页。

足球场大小。环保中心过去是个深约 70 米的大型石灰岩采矿场——米隆采石场，1968 年开始作为垃圾填埋场，到了 1995 年，在圣米歇尔，陆陆续续地已经在开采石料形成的坑洞里充填了 4 000 万吨的垃圾，深度达 60 多米。圣-米歇尔成为了“北美最大的垃圾填埋场”，被市民视为“蒙特利尔血淋淋的伤疤”。

当时的垃圾填埋场地不仅异味难闻，而且由之导致的噪声污染、交通堵塞相当严重，垃圾填埋场还吸引了大批鸟类啄食垃圾，对周边环境造成了极大地污染，极大地影响了当地居民的生活环境。垃圾填埋给城区环境带来了诸多不良影响，过去一直是蒙特利尔主要的污染源。近一个世纪的工业活动，给这块伤痕累累的土地上留下了深重的人类破坏痕迹。在 1995 年，当地政府决定对旧垃圾填埋场进行改造，大规模的振兴改造开始进行。预期把垃圾填埋场改造成为一个能为市民提供丰富的体育、教育文化、休闲娱乐于一体的大公园，同时是城市环保技术研发和环保理念教育的最佳阵地，以更好地体现蒙特利尔可持续性发展的城市诉求。

改造采取的具体措施如下：①修复污染土，改良整体土质，在垃圾层上面有厚 1.2 米的种植土覆土层，并种植花草；②完善相关制度及处理手法，促进垃圾废弃物的有效管理；③以社区参与为基础进行合理地场地规划，以有利于发展环境、教育、娱乐、文化等活动为目的进行规划布局；④设立废弃物循环利用基金。

改造中的环保中心分为中央地带和周边设施两部分。中央地带就是从前的垃圾填埋场，中央地带不建造任何项目，只打造公园。现在这部分区域已建成五大区块：岩石环绕的湖泊、八面来风的平原、览胜探幽的树林、露天剧场和堆肥场。这些区块之间有 5.5 公里长的步行和自行车道相连，这些道路是跑步和骑行的理想场地；中间的观景台可以俯瞰整个环保中心景观，让人联想到风、火、土、水四大元素。中央地带的配套设施除了沼气发电外，还建有一座废料鉴定中心、一座沼气和垃圾滤渗液回收中心、一家可再利用材料分拣中心。

环保中心周围修建了一些适合开展有关环境、教育、休闲和文化活动的设施。东北部是文化区，东南部是工商区，南面是教育区，西北面则是体育运动区。享誉世界的太阳马戏团于 1997 年将国际总部设在此处的文化区，2003 年、2004 年，国家马戏学校和北美地区第一家马戏和杂技表演剧场 TOHU 马戏城相继在此建成，从前的垃圾填埋场一跃成为现在的国际马戏艺术之都。一个个项目落户，让这个街区开始复活，马戏、艺术、音乐、戏剧、舞蹈、游戏等活动，使得这片区域格外热闹。

TOHU 是传播、创造、体验文化、环境和社区参与的地方。自 2004 年成立以来，它已经成为通过文化进行可持续发展的很好的一个例子。TOHU 马戏城专注于马戏美学的发展，它为相关研究活动和创新行为提供空间，并不断鼓励在该领域的新的形式和实践的探索。它还为专业的艺术家、艺术团体、非营利组织提供创作、设计等场地，支持他们完成自己的项目。TOHU 一楼就是一个大的艺术中心，通过大厅的大电子屏幕，可以很清楚的了解到圣米歇尔环保中心的“前世今生”。每天都会有很多小学生、中学生前来参观。

2014 年，蒙特利尔马戏节作为北美第一个马戏艺术节开始在 TOHU 举办，得益于丰富多彩的室内室外项目，艺术节期间，超过 185 000 名游客来到这里。马戏学校为杂技爱好者或专业人士提供日常训练设备并开办专门的培训科目。

如今，这座北美第三大垃圾场转型成功，成为全市最大的绿色公园，预计 2023 年将改造成为蒙特利尔最大的多功能大都市公园。圣米歇尔环保中心是蒙特利尔市近些年最骄傲的环保成绩，它通过还原自然的手段，将一座城市“负资产”转化成“正资产”。这个项目颇受国际关注和认可，它获得荣誉也是数不胜数。TOHU 马戏城是魁北克省获得的首座 LEED 金奖建筑；圣-米歇尔环保中心获得了包括联合国“最宜居社区国际奖 · 可持续发展类金奖”在内的 25 个大奖。

（三）多维度、全系统的评估体系

对创新的绩效评估，单一企业的变革和成功不再是唯一关注的焦点，而需要系统分析和评估跨组织的，由多元行动主体组成的生产体系的绩效，评估还包括某一地区创意旅游生产系统与外部生态环境和文化氛围构成的相对长期的互动系统。

同样在纽约，垃圾填埋场通过资源的整合利用，形成了一个综合的“生命景观”。纽约市弗莱士河公园（亦翻译为“清泉公园”）场地位于斯塔腾岛西岸，紧靠阿瑟溪，清泉湾和草原岛屿也被包含其中。场地北部以胜利大道和特拉维斯大道为界，东部到达里士满大道，南部以阿瑟基尔路为界，史泰登岛购物中心和斯塔顿岛绿带在北侧，西海岸高速公路从南到北贯穿整个场地。场地总面积约 891 公顷（1 公顷 = 10 000 平方米），是纽约中央公园的 2.7 倍，其中约 45%由高度为 27~68.5 米不等的 6 座垃圾山组成，另外 55%由溪流、湿地和干燥凹地构成。50 年来由生活垃圾堆成的 6 座垃圾山，其中 3 座在 1997 年被封场覆盖，其他 3 座在 2008 年到 2011 年间做同样的处理。

成为垃圾填埋场之前，这里曾是一大片被清澈泉水和溪流所滋润的潮汐湿地，“清泉（Fresh Hills）”之名正由此而来。1948 年启动，1955 年清泉垃圾场成为当时世界上最大的垃圾堆放场。从 20 世纪 80 年代中期开始，纽约市平均每天运往这里的垃圾多达 14 000 吨，1986—1987 年间的巅峰时期，每天的垃圾接收量更达到 29 000 吨之巨。

1991 年，清泉垃圾场成为纽约唯一一个生活垃圾堆放场；到 20 世纪末，这片垃圾山庞大到能够从太空中被拍摄到，垃圾填埋场与周边区域的矛盾关系受到广泛关注。2001 年，纽约市政府下令永久关闭垃圾场并对其进行景观恢复与改造。纽约政府决定将清泉垃圾填埋场建成一座新型公园，创新性地计划将其转变为集休闲娱乐、文化教育、动植物生活空间等为一体的社会性公共生态景观公园，并作为纽约市最大的城市公园。通过设计竞赛的形式挑选出“生命景观”的方案来指导未来的公园建设。

作为一个世界级公园，弗莱士河公园的娱乐、文化教育、体育运动项目极其丰富多样，一些不能在城市中心公园进行的运动项目，诸如骑马、山地骑行、自然小路、爱斯基摩单人划子和大尺度公共艺术等活动，在这里获得广阔的空间。为了保持一种巨大辽阔的感觉，超过 688.5 公顷的公园区域将开发成不受干扰的自然生态区，包括开放的水面、盐沼和淡水湿地、草地和林地，这些场地通过生态恢复措施和创造性的景观设计，为鸟类、植物等野生动植物群落提供丰富多样的栖息地。同时，交错的陆路与水路，为公园构建出一个多层次的道路网络框架。活动场所、栖息地和交通系统将共同支撑起清泉公园的“生命景观”。

不同运动和文化活动等分别纳入公园的 5 个主要区域：综合区、北部公园、南部公园、东部公园以及西部公园，每个区域将有自己鲜明的特色和独特的设计方法。

综合区：位于清泉场地中心地带，分为清泉湾北岸的亲水平台区和南岸的中心区，总面积为 40.5 公顷。亲水平台区位于三条溪流的交汇处，为亲水活动而设计，包括滨水散步平台、皮划艇和划船项目、游客集散中心、停车场以及可供聚会野餐和日光浴的大草坪。中心区是清泉湾南岸的一片平坦区域，提供会议场所、艺术工作室、滨水散步道、饭店、宴会厅和露天市场等设施，展示清泉垃圾填埋场的器械设备是其最大特色，比如把旧驳船改装成漂流在水面上的移动花园，这里还提供来往曼哈顿的轮渡服务。东部公园：占地 195.2 公顷，除了分布着公园基础设施和几片湿地之外，该园的最大特点是包含一条东起里士满大道、向西连接西海岸高速的景观车道。东园中里士满大道穿过的部分已经被初步设计成一个自然教育区，其中有专门设计的湿地、木栈道和展示性小品及公共艺术装置。北部公园：面积约 94.4 公顷，与特拉维斯大道毗邻，其特点是简单、淳朴的自然风貌。环绕北部垃圾山，各种用途的道路交错延伸，组成道路网，其中有不少小路野径通向溪流岸边。北部公园安排了观光、野餐、垂钓和休憩的场所。南部公园：面积约 172 公顷，该园的特点是拥有巨大的体育休闲空间，包括足球场、山地自行车道、赛马场、野餐区等，游人也可以攀登到南部垃圾山顶欣赏风景。西部公园：占地 220.7 公顷，设有自然保护地，巨大的垃圾山构成了该园最大的特征，为了纪念发生在此处的9・11灾后重建活动，在土丘之上竖立一个土方工程巨大的9・11纪念碑，作为该恢复地区的地标。游客可以从纪念碑顶部360°全方位俯瞰纽约市、港口和海岸线。巨大的纪念碑被广阔的草原花丛包围着，提供了一个巨大简洁的空间，对天空和远处的地平线完全敞开，为参观者提供了一个安静沉思的场所。

鉴于场地内的废物分解和沉降需要约30年，公园建设将在30年内分3个阶段进行。一期工程：从2008年初开始，为期10年，公园的积极作用将从这里开始得到展现，并推动后面的两个发展阶段，该阶段将初步建立公园的交通 系统与项目设施，开放南部、北部公园以及集中区的部分区域，完成新公共用地的定位以及东、西垃圾山的关闭与覆膜，展示明显的生态环境改善过程；二期工程：由于公园大部分基础构造已经组织到位，该阶段的重点放在增加项目设置、促进生态恢复上；三期工程：主要任务是扩大对外开放面积，增加栖息地面积，合理开发利用垃圾填埋场的原有基础构造。

对于这样一个大规模的创意旅游项目，其规划思路和评估体系也是多元。在系统规划的支撑下，首先考虑的如何让垃圾填埋场进行生态改造，然后是围绕生态改造进行的旅游休闲等项目策划、活动设计等。旅游清泉公园并没有被考虑建设成一种固定的形式。设计师在设计中保留了某种特定的流动性，选择以时间和自然变化这两种存在于景观和景观变迁内部的现象为基础，利用植被对环境持续变化的适应和回应能力，构建场地生态恢复和景观更新的框架。总规框架包括：创造世界级的大尺度公园、恢复生态以及培养可持续性的景观、为城市的活动项目提供场所、用独特的方式来纪念“9・11”事件以及场地的恢复性变化、建造注重生态保护的公园道路系统来优化公园和当地的交通。生命景观=活动项目+栖息地+循环，生命景观的概念旨在进行有活力的新型生态配工和培育——是一种生态体系，包含了土壤、空气、水、植被和野生动物，人类活动、融资监管和适应性管理环境技术、可再生能源、艺术和教育以及人类、自然、技术和生物之间的新型互动。

通过生态创新和创意设计，把公园与周边公园和城市其他空间连成一体。虽然清泉公园的方案还在不断完善之中，但它所蕴含的理念和设想的意象足以表现了这个未来新公园的特征和精神。无论是在城市公园的设计和建设，还是在城市废弃地的恢复和重建方面，尤其在兼顾各方利益的系统性的整合评估方面，“生命景观”都为我们提供了一些思路和借鉴。

第三节　创意旅游者的发展

一、有闲、消费与创意

最早关注消费问题的是经济学，这是因为消费首先是经济活动过程中与生产、分配、交换相并列的一个重要环节，所以最初关于消费的定义是经济学的定义，即消费是对物质产品和服务的消费和实用，用以满足人们的需要和欲望①。如果说消费的功能维度还可以作为经济学的对象来探讨，那么消费的符号性维度则只能作为文化的对象来研究。进一步讲，如果说消费与文化原初意义上的内在契合意味着消费进入文化的可能性的话，那么随着社会生产力的发展，消费符号性维度的凸显则代表着消费进入文化的现实性。至此，消费不再仅是一个经济的概念，更是一个文化的概念②。

在马克思的经济因素决定论之外，从人类精神，或者说文化的层面去剖析消费、奢侈的产生，无疑是有积极意义的。在节俭与奢侈之间，或许难以评说韦伯和桑巴特孰对孰错；但桑巴特只是将奢侈作为资本主义诞生的条件，未免让人略感失望。凡勃伦早已得出结论有闲阶级显现荣耀的方式有两种：明显的有闲和明显的消费，归根到底，有闲阶级的“有闲”只有通过“消费”来实现。撇开“阶级”的字眼，因为经由精英阶段发展到休闲的大众化阶段，有闲与消费愈发如影随形，两者的关系意味深长。如果说，当今社会可以用“消费”来命名，而“有闲”又恰是其重要特征的话，文化意义上的有闲、创意、消费研究变得更为复杂起来。如同消费概念在当今的消费文化语境中，已经突破了其原有的物质实践含义一样，休闲消费的指向并不是消费本身，而成为一种符号操作行为和系统。作为消费者来说，它意味着通过消费活动形成的体验过程，对于社会建构来说，其构成的是一种复杂互动的社会关系。

人是在创造中不断发展自我和成就自我的。从这个意义上说，人须臾来不开创新创造。创造创新是天赋的能力和价值。如果说劳动创造了人，劳动工具的使用是从猿到人的质变里程碑，劳动（满含着创新创造）成就了人的自我发展。创新创造既是人

① 胡金凤，胡宝元：《关于消费的哲学考察》，《自然辩证法》，2003 年 11 期，第 70-90 页。

② 夏莹：《消费社会理论及方法论导论》，中国社会科学出版社，2007 年版，第 193 页。

的本性，也是人的本能。创意旅游行为也是休闲生产行为；它既是有闲消费过程也是有闲生产过程；甚至可以说，也正是在消费的过程中，才产生出“休闲”的意义。在这样的关系中，并不意味着有闲从属于消费，变成“某一种”消费，成为消费的附庸；相反，“有闲基础上的创意”成为打破消费结构中垄断的方法和手段，体现了主体的能动，是主体个性化的体现。从某种意义上说，创意旅游是一种主动消费。

二、消费文化范式与创意旅游者

高宣扬引用布迪厄的观点指出，当代社会的最重要的特点，就是文化在整个社会中的优先性以及文化的决定性意义①。

英国著名的社会人类学家马林诺夫斯基在1944年发表的《自由与文明》中指出，一切自由，归根到底就是文化自由。参照一个文化系统，自由的概念才能被界定；他得出结论说“自由是文化的一个礼物”②。如果说马林诺夫斯基将文化当作是自由的产物——从社会的整体意义上着眼，是否可以说，休闲也是自由的产物——从个体的生命体验意义出发。从个体意义上看，休闲与自由也具有同等意义。

艺术审美自律已然被体制化，在被后现代颠覆和解构的浪潮中，审美的地位何在？审美不再是理想的乌托邦，审美成为生活的一部分，亦成为文化的中坚力量，虽然这种坚守有时宛如海中的孤岛。费瑟斯通指出：“后现代主义把审美问题抛到了社会学理论之核心；它为对文本（文本的快感，文本间性、书写文本）的阅读与批判，提供了审美模式和判断标准，也为生活提供了审美模型（生活以审美的形式呈现出来，艺术成了一种美好的生活）”③。

布迪厄认为“趣味是分等级的，它会分出不同级别的群体”；他期待趣味与文化消费的科学废除这种区隔，“这种把审美消费重新整合到一般消费世界的行为废除了‘感官趣味’与‘反思趣味’的对立”④。似乎这样的理论并没有完整地被建构起来，但现实首先发生了变化。对创意的渴望和追求，其实就已经意味着创意的消逝。创意的反义词似乎是复制，在两者没有区分的农业社会和前农业社会，创意即便存在，也只是人之存在的一部分；工业社会和后工业社会，人们向往创意，因为人们已经失去了创意。

---

① 高宣扬：《布迪厄的社会理论》，同济大学出版社，2004年版，第14页。

② 转引自：高宣扬：《布迪厄的社会理论》，同济大学出版社，2004年版，第63页。

③［英］迈克·费瑟斯通著：《消费文化与后现代主义》，刘精明译，译林出版社，2000年版，第46页。

④ 转引自［英］奥斯汀·哈灵顿著：《艺术与社会理论》，周计武，周雪娉译，南京大学出版社，2010年版，第91页。

三、生产者创新

（一）第四次科技革命

现代社会的发展，越来越意识到人的重要性。人-机器-人（完整的人），还是人-机器-机器人？千禧年之后，由于网络、数据、人工智能的出现，人们可以创造的机器越来越多，人们可以创造的机器技能越来越强，人们开始反思并担忧人与机器的关系。

如果说第一次工业革命和第二次工业革命带来的是劳动力的解放，第三次科技革命伊始，已经产生人与机器谁与争锋的较量，那么在第四次科技革命即将或者说已经到来的时候，人与机器的关系究竟会走向何方？

《未来简史》的作者希伯来大学的历史系教授尤瓦尔·赫拉利在一次演讲中指出："新技术带来的一个危机就是，一些人会被升级为超级人类；而其他人，甚至世界上大多数人将成为无用阶级。21 世纪的变革可能会产生一个新的无用阶级。数百万甚至数十亿人将没有经济价值，没有任何政治权力，因为他们做任何事都不如计算机、机器人或人工智能。这可能是21 世纪面临最严重的社会、政治和经济问题。"这样的担忧不是没有道理的，也绝不是危言耸听。

人创造了机器，但人会被机器人所控制或被机器人取代吗？信或不信，幸或不幸——未来已来。

（二）从"全人教育"到"新人教育"

人是发展中的人，人也是可以被发展的。多年以来，教育的目标是要培养人成为全面发展的人，很多学校提倡全人教育。所谓"全"，简单说就是能力全，素质好。需要注意的是"提倡"两个字，因为从某种意义上说，"全人"是不存在的，"全"仅仅是我们追求的目标和想达到的境界。

在科技发展日新月异的今天，这样的教育是否同样需要被反思？或者说"全人教育"的内涵是否同样需要有所发展和更新？或者说，我们可以来探讨一下"全"在今天的意义。

20 世纪五六十年代，美国芝加哥大学哲学所所长莫默提．艾德勒博士曾经发起西方世界经典名著项目，并开辟了电视系列节目《大观念》，其中有一个话题就是"如何思考人"。他在反驳达尔文理论时指出，"我要提醒你注意只有人能做到的三件事。一、只有人能从事艺术；二、只有人能漫无边际地思想；三、只有人能够结成政治联盟”①。艺术、思想、结盟，都源于思想和创造，也都指向思想和创造。人区别与其他物种，甚至区别于其他人的特质在于：人是会思想的！”

笛卡儿的名言：我思故我在，以大胆怀疑、追求真理的信念，吹响了复兴人文的号角。思想，是一个非常高尚的词，也是一个非常奢侈的词。一切高高在上的权威都妄图阻止人思考，王权、神权（尤指被人为扩大的神权，把人当做工具的神权）都试图阻止人的思考。当我们被技术世界和纷繁的事务所困扰的时候，当我们被物质的贫困和物质的繁荣所困扰的时候，思想始终是一片净土。思想，也只有思想，孕育了创新的可能，并不断地创造新的理念和新的事物。

美国教育家、思想家布赖特比尔，曾经写道：教育的目的首要是发现真理，其次是拓展人的个性。教育的另一目的是促进人类的幸福②。第一个层面是激发潜能，第二层面是人性的丰富，第三层面是人存在的意义。

首先来看第一层面，发现真理，是基于知识，但又高于知识的。因此，教育对发现真理的促进作用主要在于激发人们的潜能。机器，以及人工智能最先占领的位置是知识和信息层面。所幸的是，教育并不是简单的信息传送。一个小小的芯片，能储存的信息量是巨大的。被人工智能最先取代的一定是信息以及信息的集合。发现真理，高于知识的部分就在于激发人们对未知的渴望，并获得探寻的能力。人类文明的成就足以让我们自豪，现代技术的成就更值得我们骄傲。然而，当我们仰望星空，或是面对自己内心世界的时候，又会深深体味这一切还多么不够；不论是对宇宙和人体的物质洞察，还是对所有非物质存在的体验，未知是更深切的存在。真理是照耀人类前行的明灯，对真理的追求是内心燃烧的火焰。所有知识的获取、信息的集成，最终都是为了促进思考，激发创造的能力。

其次，从人性的丰富、从人存在的价值来看，创新创造的地位同样举足轻重。网络构造了虚拟的空间，物联网让人们有可能去体验艺术的魅力在于不可被复制，思想的魅力在于不可被重复。

因此，我们今天的教育目标是成为新人。教育就是要带来改变，并且也一定可以带来改变，这是教育的目标和使命。全，是在一个既定的尺度和范围之内的；新，是

---

① ［美］莫默提·艾德勒著：《大观念：如何思考西方思想的基本主题》，安佳，李业慧译，广州：花城出版社，2008 年版，第 75-76 页。

② ［美］查尔斯·K. 布赖特比尔，托尼·A. 莫布莱著：《休闲教育的当代价值》，陈发兵，刘耳，蒋书婉译，北京：经济出版社，2009 年版，第 26 页。

开放的，是一个外延不断被拓展、边界模糊的存在，新代表着一种趋势。新究竟是什么样的？答案是不知道。新，可能是跨界的，也可能是叠加的。正因为没有答案，新才有了其本质的属性和存在的价值和意义。

（三）未来社会的竞争

社会发展中，什么是核心竞争力？80年代争机器，00年代争资本，2020年代争人才。劳动密集型产业也需要人，但今天再提人的时候，已经远远不是人的数量问题，看中的、比拼的是人的质量。未来组织、未来城市比拼的是人才。这也恰恰回应了赫拉利的预测。但也可以乐观地说，这并不是社会发展的问题和灾难，而是社会发展的方向和趋势。这样的趋势促使我们在教育和受教育的过程中，把它视作一个目标，就是不断超越现有，不断通过创新和创造，突破现有的边界，突破物理边界，在非物质的思想宇宙中成就全新的人。

未来社会的竞争，需要的、争夺的就是新人。

新人，就是拥有不断突破自我，突破极限的能力，成为一个更好的人；新人，就是拥有自我发展的能力，拥有接受改变的能力，成为一个发展的人。新人，需要视野，需要能力，需要胸怀；能够改变，能够创新，能够超越。

从某种意义上说，一个人的视野、能力、胸怀决定了其是否能改变，是否能创新，是否能超越。当代社会评价一个生产者的时候，不论他/她是物质产品还是精神产品的生产者，产品数量都不再是重点的考量标准，取代数量的是品质。未来，取代品质的，或者说在数量和原本意义上品质的基本满足以后，产品的创新性变得更为重要。一切能够被量化的东西将会被颠覆，人们的需求被极致地挖掘出来，模仿意味着被更快地淘汰出局，创新和迭代变得更有价值。与创意有关的产业，因此应运而生。

四、创意与发展

“消费的促进，犹如自由的冲动，导致了自身满足的不可能。我们总是要求拥有更多的自由——即使我们所需要的自由是限制和禁止目前自由的自由。自由总是一个基本条件，并在持续的再生产中表达自身。就是在对未来的开放性中，在超越（陈旧或新近确立的）势态的运转中，在实现梦想与恐惧的交织中，难以控制的、自我推进的文化活力展现在那里”①。也许，消费展现了“创造”追求中的一种文化活力，或者是

① ［英］齐格蒙特·鲍曼著：《后现代性及其缺憾》，学林出版社，2002年版，第170页。

某种再生产的过程。更加乐观地看："这个社会已经将休闲变成了一种消费工业——不为快乐付钱的快乐，是对经济和时间控制的自信的把握"①。通过消费，创意旅游者把握自身，并进而在控制与反控制之间找寻属于自己的力量。

亨利预测中心认为，强化个人主义表现形式的出现是推动新消费的根本动力②。创意旅游无疑是一种新消费，其个人主义的表现形式亦是毋庸置疑的。当今社会中，如果按产业的角度来看，创意旅游涉及的主要领域或者进行跨界发展的领域有：旅游业、餐饮业、体育保健业、娱乐业，以及某些文化产业（比如出版业、演艺业等）。创意不仅折射出现代人的一种消费文化观念，更具有深刻的文化符号意义，其本质是人们对有个性的生活方式的认同和追求。

旅游体验是否存在符号化的倾向？波德里亚说"我们这个'消费社会'的特点：在空洞地、大量地了解符号的基础上，否定真相"③。在他看来，符号是不真实的，或者只是部分的真实。创意旅游与其他各类消费显著的不同在于其非物质性，很大程度上是货币换作精神的过程。在创意旅游活动中，人们获得的是体验。在此体验中，并没有外在于自身的其他目的。创意包含一种自目的性。在体验的意义上，创意旅游存在一种对符号的反叛。

如果说"消费中有个较大的倾向，就是在破坏中超越、变化"，那么创意旅游就是一种在体验中的自我超越和变化。前者是针对社会而言，后者则更多的是从消费者个人着眼。在商品交换的过程中，创意旅游成为大众参与，拥有话语权的重要领地，是主动选择和决策，是互动交流和交往的空间。创意旅游虽然也充满着符号，但众多符号构成的并不是一个冰冷的铁板，而是一种丰富的多元化的符号空间。如果说这个时代，符号是大众的宿命，至少创意旅游为大众赢得了些许的自由空间。

首先，创意消费的符号意义在于对自身生活方式的确认。工作抑或旅游，意味着不同的生活状态。代表生活方式的符号有许多。在消费社会中，最常见的比如居住地，比如私人轿车，比如层出不穷的、不同版本、型号、性能的个人手机和电脑。

其次，创意消费的符号意义充满着自身意义的确立。创意旅游在物的方面，同其他消费一样，表征着个人的生活方式；另外，创意旅游多数并不是直接指向物的，人们在旅游活动中获得的体验，主要是指向心智自由的，这种心智自由的追求与获得，

① ［美］约翰·菲斯克著：《解读大众文化》，杨全强译，南京大学出版社，2006年版，第65页。

② ［英］弗兰克·莫特著：《消费文化——20世纪后期英国男性气质和社会空间》，余宁平译，南京大学出版社，2001年版，第5页。

③ ［法］让·波德里亚著：《消费社会》，刘成富，全志钢译，南京大学出版社，2006年版，第9页。

是与个人的自由发展和全面发展休戚相关的。

再次，创意旅游的符号意义在于人们对社会关系的诠释，甚至构成了一种诠释体系。休闲消费极为深刻地体现着社会的差别次序。在新的时代，对旅游的选择与消费决策，折射出特有的社会结构。只是与其他消费不同的是，创新和创造冲动为创意旅游提供了一种价值基础。

乐观地看，正是在此基础上，创意旅游者通过体验、创造和参与，能动地实现了一定的自我实现和自我发展；悲观地看，这样的自我发展也许被消费所裹挟。然而，在这样一个万物普遍联系的世界，又有什么可以悬置在外呢？仍然回到马林诺夫斯基所说的“自由是文化的一个礼物”①，我们可以相信：创意是自由的一个礼物；我们可以对自己说：让我们好好享用并好好珍惜“创意”这个礼物吧！

① 转引自：高宣扬：《布迪厄的社会理论》，同济大学出版社，2004年版，第63页。

后　记

2020年，曾经是多少中国旅游人憧憬的未来。新世纪伊始，世界旅游组织曾经预测，到2020年中国将成为世界第一大旅游地和第四大旅游客源地。

然而，当2020年的春天如期到来的时候，一切却变得如此不确定。未来已来，却并不是我们想要的未来，突如其来的新冠肺炎疫情，改变了我们的生活：疫情在全球的蔓延，极大地影响着世界经济的格局，至少成为世界格局改变的催化剂和拐点。旅游，作为当代人员交往，文化交流，经济交换的重要理由和载体，再次成为人们关注的对象。

大形势的确不乐观。中国现代意义上的旅游业，是从改革开放以后开始的。回顾40多年的发展历史，对于疫情影响和产业恢复的分析和前瞻，唯一可以参 照的经验也许只有2003年的“非典”。但是，作为一个经历过“非典”的老旅 游人，也越来越感觉到无法把“非典”与新冠肺炎相提并论。“非典”的影响是 局部的、短时间的：而新冠肺炎的影响则是全球的、长时间的。

对于旅游产业的恢复，我个人一直持有谨慎乐观的态度。基于两个原因：第一，从短期需求来看，因为疫情的禁足，疫情恢复期以及疫情过后，人们旅游外出的需求肯定会比疫情前更迫切：第二，从长期发展和大趋势来看，再次确认了旅游行为已经成为人们的生活必需品，旅游已经成为人们重要的休闲活动之一。刚刚看到一组数据，4月4日—6日的清明小长假，浙江景区游客接待量已经到达45%（根据疫情要求，景区接待游客量不能超过50%）。虽然为了恢复人气，景区多数是免费开放；虽然从疫情防控和游客角度出发，国家文旅部特地在节后下发文件，要求各地暂不开展跨省旅游。这些信息无疑表明，人们的旅游需求之迫切。

因此，能否流动，只是时间问题：能否安全流动，是技术问题；想不想旅游，需不需要旅游才是根本问题！到哪里旅游，采用什么方式旅游，游客肯定会有与以往不一样的想法：提供什么产品，更能吸引当下的游客，则是旅游产品供给者需要日夜思考的问题：如何在混乱的形势中，不仅“活”下来，还要“活”得更好，则是今天全球所有旅游企业面临的共同挑战。

如此看来，无论是顺势而为，还是倒逼发展，旅游企业都站在一个十字路口。都需要放下过往，破冰而行。如何破冰，那就是打破常规思路，创新、再创新！没有点新花样，如何吸引游客？没有点新产品，如何求生存？没有点新渠道，如何开拓市场？正因为此，创意旅游、旅游创意更彰显出独特的光亮和意义。

感谢本书写作过程中给我提供建议的师长，感谢给我的案例调研提供支持的各级领导。特别感谢杭州艺尚小镇的沈萌女士、温州洞头文旅局金鸣先生，洞头民宿主/民谣歌手胡鹏飞先生、浙江湖州安吉县应急管理局潘黎明先生、浙江湖州安吉县鲁家村朱仁斌先生，更要感谢我的学生陈美红和张羽同学，认真参与了本书的写作，合作完成了书稿第六章和第七章（约两万字）。

在艰难的2020之春，期待疫情早日过去，笑容和放松能重回世界。是以为记。

2020年4月